農村における結合関係の比較史

日本・中国・より広い世界

編著 坂口正彦
飯田 恭

日本経済評論社

農村における結合関係の比較史——日本・中国・より広い世界

目次

目次

序章　日中村落比較史論の再検討に向けて

坂口正彦・飯田恭

1　農村の「結合関係」を重層的・多面的に比較する

本書の中心的な目的は、日本と中国の村落比較史論を再検討することである。その際、さしあたり村落の枠にとらわれず、農村における種々の「結合関係」をできるだけ重層的かつ多面的に考察すること、そして村落を固定的に捉えず、できるだけ動態的に考察することを心がける。さらに日本と中国以外のより広い世界から見ると日本と中国の農村がどのように捉えられるのかを考察したい。

近年、日本と他のアジア諸国の村（村落、日本でいえば大字）の共同性に関しては、おおよそ次の見方が築き上げられてきた。すなわち、日本の村落における強い紐帯（家々・人々のタイトな関係性）が事業遂行を円滑に進めることを可能にする一方、他のアジア諸国の村落における弱いまとまり（家々・人々のルースな関係性）は事業遂行を困難化させた、という見方である。この見方は「日本的『村』の形成が未熟」であれば協同組合の活動が不活発であるとの指摘が端的に示している（坂根嘉弘［二〇〇九］五九頁）[1]。また、日本では「太平洋戦争後の食糧の徴発」が「ムラの組織性・自律性を基礎に、中国よりはるかに徹底して行なわれた」が、その一方で「日本の場合のような性格をもたない、あるいは〔それが〕不十分な、組織性が弱い中国社会では」食糧徴発や村内の治安維持は困難、または不可能であった、という指摘もある（奥村哲［二〇〇七］一三四～一三五頁）。

だが特に最近になって、これとは異なる見方が提示されてきていることもまた事実である。たとえば現代中国農村研究は、ルースな性格をもつとされる社会における共同性の生成過程に着目しながら、人々がいかにして事業を実施するのかを提示するようになってきている（田原史起［二〇一九］、川瀬由高［二〇一九］、南裕子・閻美若編著［二〇一九］）。なかでも田原史起は、人々が「バラバラ（原子）でありながら時として『つながり』（関係）、『まとまる』（団結）」態様に着目した（田原［二〇一九］三七頁）。一方、日本農村を対象とした歴史研究においては、むしろ共同性の限界が指摘されるようになってきている。すなわち地域社会の運営、ひいては家々・人々の生存維持のために大きな役割を果たしたとされる富裕層（名望家）の援助や村落の諸慣行が、必ずしもうまく機能しない側面が指摘されているのである（松沢裕作［二〇〇九］一三三～二〇八頁、木下光生［二〇一七］一九五～二一七頁）(2)。

このような研究状況において、村の共同性に関して日本と他の東アジア諸国とは対照的であったという見方は依然として重要ではあるものの、その再検討が必要な段階に入ったと考えられる。そこで本書では、まず、日中農村における人々の種々の「結合関係」をできる限り重層的かつ多面的に考察し、その上で村落という枠組みがそのなかでいかなる役割を果たしたのか（あるいは果たさなかったのか）を改めて検討することとする。つまり、村落という枠組みの有無や強弱を即座に論ずるのではなく、人々が共同する姿をまずは様々なレベルで発見し、描き出すことから始めたいのである。

こうした分析視角は、何か全く新しいものだというわけではなく、むしろ中国農村・日本農村双方の研究史の伝統を汲むものだと言える。まず中国農村社会研究では、もともと個々の人々が取り結ぶ「関係性」に着目する傾向があった。この分野の先駆者となった費孝通は次のように述べている（費孝通（西澤治彦訳）［二〇一九］七〇頁　初出一九四七年)。

我々〔中国〕の社会ではむしろ「関係」を取り付け、その間柄の維持に大きな力を注ぐ。「己」(自己)が中心にあるため、石を水中に投げ入れた時のように、他人との「関係」で生まれる社会関係は、団体的な構造配置の中の一員が皆一つの平面上にあるのと異なり、水面の波紋の如く一輪一輪と広がり、外に行くほど遠くなり、外に行くほど薄くなる。ここにおいて、我々は中国における社会構造の基本的な特性に行きあたるのである。

こうした視点は近年の研究にも引き継がれている。たとえば、中国社会において人々は「面子を媒介に関係のネットワークを拡げ」ており、「関係を通じて莫大な社会的資源が流通し」ているという指摘(園田茂人［二〇〇一］一九二頁)、「人間関係優先主義は、民衆が生活をやりくりしていくために欠かすことのできない活動領域で典型的に現れ、二〇世紀を通じて、社会的行為にたいする律動としての支配的位置を占めてきた」との指摘、などにである(首藤明和［二〇〇三］二七頁)[3]。

本書では、このように「己」を起点としつつ人々の様々な「関係」が放射状に立ち現れるとされる中国農村社会に、日本村落の強固なまとまりを即座に対置させることはしない。そうではなく、日本農村にもみられる種々の関係性を対置させたいのである[4]。そのさい、本書では日本農村社会の分析にあたり、村の範囲にこだわらずに家々の関係を様々なレベルで捉えることを重視した中村吉治の方法を出発点に据える。一九五六年に刊行された研究のなかで中村は次のように述べている(中村編著［一九五六］iv頁)。

諸契機・諸関係を、一つの村において総合して見るという方法が必要になってきているのである。……〔具体的には〕便宜上、郷村や部落やらをまず対象としてはじめなければならぬが、それが村・村落共同体そのものであるときめてかからずに、そこにある家家の共同し結合している諸契機・諸組織を、またその家家の共同の範囲を、そしてそのすべての歴史的変化を、対象とした「村」の範囲にこだわらずにしらべることによって、一つの家がどのようにすべての共同組織に入っているか、またそういう家と共同組織とがどのように村を構成しているかを明らかにして、共同体というものの実体に近づき、部落や郷村が、それとどういう関係になるかを再検討〔する〕。

つまり中村は、村落という枠にこだわらずに、家々の「結合関係」、すなわち「家々の共同し結合している諸契機・諸組織」を様々なレベルで探るという方法を編み出したのである。そしてこの方法を用いた結果、中村吉治とその共著者たちは、生産や生活の局面ごとに共同の範囲が重なりつつも異なっており（結合関係の重層性・多面性）、その範囲は必ずしも村落と一致しないことを明らかにしたのである。この中村吉治の方法を継承すれば、中国農村と日本農村を、村落の共同性の有無ないし強弱という視点からではなく、人々（個人ないし家）の「結合関係」を様々なレベルで探るという共通の視点から比較することが可能になる。たしかに人々（個人ないし家）の「関係」から地域の共同性を探るという視点は、小谷汪之、岩本由輝、長谷部弘等によって発展的に継承されてはいるものの（小谷［一九八五］一一七頁、岩本［一九八九］八～九頁、長谷部・高橋基泰・山内太編［二〇一二］）、この方法を用いて農村社会を国際的に比較する作業はいまだ十分にはなされていない。(5)

2　農村の「結合関係」の動態を描く

日本と中国を射程に入れた家・村の国際比較史研究の現水準を担うのは坂根嘉弘の著書である（坂根［二〇一一］）。

この著書において坂根は、経路依存的な見方に立っている。そのことは、「民族や地域による族制（相続など家族・親族制度）には大きな違いがあり、その違いが村落社会の違いを生み、族制と村落社会の違いが経済発展の違いを生む側面があるのではないのか」、この視点は「それぞれの民族・地域の族制が歴史的に形成されてきた側面をとらえれば、歴史径路依存的な考え方ということになる」という一節に端的に現れている（同［二〇一二］二八三頁）。その上で、坂根は、「農民組織化には、メンバーや領域が固定的で、メンバー間の相互規制や共同性が強くはたらく「村」型組織化と、自己中心的な信頼関係をたどる放射線状の「講」型組織化があった。講は東アジア（日本・朝鮮・中国）、途上国も含め世界各地にみられたが、「村」は世界的には地域偏在的であった」とし、「日本の農民組織化の特徴は、「村」型組織化と「講」型組織化の両様がみられた点にあった」と論じたのである（同、一九九頁）。

重要な知見である。ただし「歴史径路依存的な考え方」を選択するがゆえに、社会の動態（変動）を把握し難い側面が存在することも確かである。そこで本書では、近世・近代から現代に至る長期的視野に立つことにより、経路依存的な考え方には解消しえぬ農村の「結合関係」の動態を捉えることを試みたい。またそのことを通じて「『村型』組織化」が中国においては本当に出現し得ぬものなのか否かを検証することとなる。

歴史と現在をつなぐ長期的な視野に立ち、現代までを見通すことは、家・村についての経路依存的な見方を脱することを我々に要請するであろう。現代日本農村について、秋津元輝は、「農村社会編成の転換期にあり、従来のイエ・ムラ理論によっては明らかにしえないような新たな社会編成が現れてきている」としており、この新しい枠組みのなかで、「個々の単位が取り結ぶ関係を分析する視点」に立つ必要があると述べている（秋津［一九九八］二四、三八頁）[6]。つまり現代を見通すときにこそ、村や家の枠にとらわれず、人々の「結合関係」を様々なレベルで捉えることが真に必要になるのだ。

以上の分析視角のもと、本書第Ⅰ部では近代・現代における日本・中国華北・台湾の農村の国際比較を行う。具体的には、第一章の「近代日本村落の特質を再考する」（坂口正彦）では一九〇〇～三〇年代の滋賀県、第二章の「中華人民共和国初期、華北村落に見る人的結合の複層性」（河野正）では一九四九年～五〇年代の中国華北を分析する。第三章の「村落二重構造論から台湾村落を捉える」（前野清太朗）では植民地期（一九世紀後半）から現在にいたる台湾、第四章の「現代山村の集落自治と存続条件」（相川陽一）では一九六〇年代の過疎化から現在にいたる島根県の山間村落を対象とする。

3　比較の視野を拡げる

以上のように、第Ⅰ部において日本・中国・台湾農村の比較を行ったのち、第Ⅱ部では、ヨーロッパやラテンアメリカなどより広い世界にまで比較の視野を拡げ、そこから改めて日中農村比較の問題を捉え直す。第五章の「プロイセンから見た日本と中国」（飯田恭）では、プロイセンの近世農村との比較で日中の近世農村の特質を見る。新たにプロイセンをもう一つの比較対象に据えることで、日中農村における「結合関係」のうち、第Ⅰ部ではあまり詳しく検討されなかった面に光が当てられることになる。その際、第一に、村落をめぐる諸関係よりもむしろ、家・家族をめぐる諸関係に光が当てられることとなる。それは、近世プロイセンの領主支配が、近世日本のような村請制をとることなく、村落の殻を打ち破って個々の農民の農場と世帯を直接に把握する性格をもったためである。そこでプロイセンでは家族がどうしても考察の中心に現れてくるのであり、その関係で、家族の比較史が中心となるのである。

前述の通り、坂根嘉弘は、「民族や地域による族制（相続など家族・親族制度）」の違いを村落社会の違いを生み出す要因として重視している。そして中国の均分相続に立脚する「父系制家族」と、日本の単独相続に立脚する「直系家族」とを対比したのである。一方、中国との対比で、西欧や中欧に広まったヨーロッパ的な家族の特質を明らかにしたのが、M・ミッテラウアーである。つまり中国の父系制的な大家族に対して、西欧や中欧では、中世以来「夫婦中心の家族」が普及するとしたのである。この理解は、一九六五年にJ・ヘイナルがレニングラード（サンクト・ペテルブルク）＝トリエステ線以西に「ヨーロッパ的結婚パターン」を発見したこと（Hajnal, John［1965］）、そしてP・ラスレットがそれに対応する「西洋家族」という家族類型の存在を発見したこと（Laslett, Peter［1977］）を基礎に構築されたものであった。それでは同じく中国を比較対象にとりつつ、一方では日本の、他方では西欧・中欧の長期にわたる家族構造の特質を析出した坂根とミッテラウアーの著作を統合しつつ、家族の三者比較をいかに行いうるのであろうか。また、家族構造の違いは、それぞれの農村社会の他の「結合関係」と、どのように関係していたのだろうか。このような問題の解明に一定の手がかりを提供することが、第Ⅱ部の一つの目標となろう。

そしてこの家族の三者比較のなかで、西欧・中欧とも、また中国とも異なる日本の家の特質を究明しようとするのが、第六章の「近世・近代日本における養子継承の歴史的位相」（中西聡）である。この章は、養子継承のあり方のなかに日本の家の特質を見出し、それについて、研究史を丁寧に整理した上で、新たな知見を提供している。その際、農村を超えた「より広い世界」にも視野を拡げながら、日本の家の特質を明らかにしようとしている。

さらに本書では、コラム「ラテンアメリカの連帯経済に見る社会関係」（佐野聖香）を配置し、二〇世紀後半のブラジル各地に設立された協同組合における「結合関係」の特質を示すことで、とりわけ現代農村の国際比較のための視座を提供する。

参考文献

日文

秋津元輝［一九九八］『農業生活とネットワーク――つきあいの視点から』御茶の水書房。

岩本由輝［一九八九］『村と土地の社会史――若干の事例による通時的考察』刀水書房。

奥村哲［二〇〇七］「成り上がり者――新たな地域権力者の肖像」（笹川裕史・奥村哲編著『銃後の中国社会――日中戦争下の総動員と農村』岩波書店）一二三～一四二頁。

小野塚知二・沼尻晃伸編著［二〇〇七］『大塚久雄『共同体の基礎理論』を読み直す』日本経済評論社。

戒能通孝［一九四三］『法律社会学の諸問題』日本評論社。

川瀬由高［二〇一九］『共同体なき社会の韻律――中国南京市郊外農村における「非境界的集合」の民族誌』弘文堂。

岸本美緒［二〇二一］『史学史管見――明清史論集四』研文出版。

木下光生［二〇一七］『貧困と自己責任の近世日本史』人文書院。

小谷汪之［一九八五］『歴史の方法について』東京大学出版会。

齋藤仁［一九八九］『農業問題の展開と自治村落』日本経済評論社。

坂口正彦［二〇一四］『近現代日本の村と政策――長野県下伊那地方　一九一〇～六〇年代』日本経済評論社。

坂根嘉弘［二〇〇九］「近代日本における農会財政と農民組織化の特徴」（大鎌邦雄編著『日本とアジアの農業集落――組織と機能』清文堂出版）三三～七〇頁。

――［二〇一一］『〈家と村〉日本伝統社会と経済発展』農山漁村文化協会。

――［二〇二四］『アジアのなかの日本――日本の農業集落と経済発展』清文堂出版。

佐々木衛［一九九九］「中国社会研究と日本社会学」（佐々木衛・松戸武彦編著『地域研究入門一　中国社会研究の理論と技法』文化書房博文社）一七～四三頁。

首藤明和［二〇〇三］『中国の人治社会――もうひとつの文明として』日本経済評論社。

園田茂人［二〇〇一］『中国人の心理と行動』日本放送出版協会。

高野和良［二〇二二］「生活研究からみた現代農村の課題」（日本村落研究学会企画・高野和良編『年報 村落社会研究五八　生活者の視点から捉える現代農村』農村漁村文化協会）一一～四一頁。

高橋明善［二〇二〇］『自然村再考』東信堂。

立川雅司［二〇二一］「『消費される農村』再論――集合体、関係性の視点から」（日本村落研究学会企画・藤井和佐編『年報 村落社会研究五七　日本農村社会の行方――〈都市―農村〉を問い直す』農山漁村文化協会）四七～八一頁。

田原史起［二〇一九］『草の根の中国――村落ガバナンスと資源循環』東京大学出版会。

寺田浩明［二〇一八］『中国法制史』東京大学出版会。

中村吉治編著［一九五六］『村落構造の史的分析――岩手縣煙山村』日本評論新社。

日本村落社会学会企画・長谷部弘編［二〇〇七］『年報 村落社会研究四四　近世村落社会の共同性を再考する――日本・西欧・アジアにおける村落社会の源を求めて』農山漁村文化協会。

長谷部弘・高橋基泰・山内太編［二〇二二］『近世日本における市場経済化と共同性――近世上田領上塩尻村の総合研究Ⅱ』刀水書房。

費孝通（西澤治彦訳）［二〇一九］『郷土中国』風響社。

平井進［二〇二一］「共同体論と経済史」（社会経済史学会編『社会経済史学事典』丸善出版）一四～一五頁。

松沢裕作［二〇〇九］『明治地方自治体制の起源――近世社会の危機と制度変容』東京大学出版会。

南裕子・閻美芳編著［二〇一九］『中国の「村」を問い直す――流動化する農村社会に生きる人びとの論理』明石書店。

渡辺尚志［二〇〇七］「日本近世村落史からみた大塚共同体論」（前掲小野塚知二・沼尻晃伸編著『大塚久雄『共同体の基礎理論』を読み直す』）九七～一二八頁。

欧文

Hajnal, John [1965] "European Marriage Patterns in Perspective," in D. V. Glass and D. E. C. Eversley (eds.), in *Population in history: Essays in Historical Demography*, London: Edward Arnold, pp. 101-143〔ヘイナル、J.（木下太志訳）「ヨーロッパ型結婚形態の起源」（速水融編『歴史人口学と家族史』藤原書店、二〇〇三年）第11章〕
Laslett, Peter [1977] "Characteristics of the Western Family Considered Over Time," *Journal of Family History*, 2(2), pp. 89–115.

Mitterauer, Michael [2003] *Warum Europa? Mittelalterliche Grundlagen eines Sonderwegs*, München: C. H. Beck.〔英訳 Mitterauer, Michael, *Why Europe? The Medieval Origins of its Special Path*, translated by Gerald Chapple, Chicago: The University of Chicago Press, 2010〕.

注

（1）　協同組合の比較研究については坂根嘉弘による最新の論稿も参照（坂根［二〇二四］八五～一一五頁）。坂根は齋藤仁を批判的に継承しており、齋藤による次の指摘も着目される。「日本では農協がともかくも自生的に生まれ、アジアの低開発諸国ではなかなか生まれない」。その要因は「日本のような、封建制の下で形成された自治村落に直接に由来するそれ自体に一種の公権力をもった村落社会と、そういういわば上部構造をもたず単なる相互扶助関係にとどまる村落社会との違い」に「見出すことになるのではないか」（齋藤［一九八九］一一〇頁、初出一九七三年）。さらに小野塚知二・沼尻晃伸編著『大塚久雄『共同体の基礎理論』を読み直す』は日本史・中国史・ヨーロッパ史の立場から「大塚共同体論」を再検討した。比較の論点は村落、家、支配などに及ぶものであるが、村の紐帯が強い日本、弱い中国との構図が導かれている（小野塚・沼尻編著［二〇〇七］）。

（2）　なお筆者は戦前日本における町村役場の政策執行における村落の役割を見定めるなかで、富裕層の非協力を要因として村落の事業が挫折する事例を示したことがある（坂口［二〇一四］八四～八六頁）。

（3）　中国農村社会史論については岸本美緒による研究史整理も参照（岸本［二〇二一］五二～一〇〇頁）。

（4）　この点、中国研究の側からも佐々木衛の指摘がある。すなわち、中国農村社会研究は「集団が一つの凝集力として表現される日本的村落像が暗黙里〔裡〕に前提となっていて、これを中国村落に一方的に投影して、そこに映し出された像を描くに留まった」と（佐々木［一九九九］二六頁）。さらに高橋明善は「個人ネットワーク論の過度な強調は中国社会の理解を過たせるのではないか」と指摘している（高橋［二〇二〇］三五九頁）。

（5）　渡辺尚志や平井進も「関係」を問う研究動向に言及している（渡辺［二〇〇七］九八～一〇二頁、平井［二〇二一］一五頁）。加えて長谷部弘らによる共同研究は、個々に「関係」を重要な視角とする論文が採録されているが、全体として「関係」を基準に国際比較する方法は選択されていない（日本村落研究学会・長谷部編［二〇〇七］）。

（6）その後、「関係性」はより強く現代農山漁村社会分析の視角となっている。立川雅司は「関係論」に焦点を当てて研究動向を整理し（立川［二〇二一］）、高野和良は「農村の内部と外部との関係を包括的に捉えることによって、はじめて現代の農村の生活が把握できる」との認識を表明する（高野［二〇二二］一二頁）。

第Ⅰ部　日本・中国・台湾の村落比較

第一章　近代日本村落の特質を再考する――中国農村社会論をふまえて

坂口正彦

はじめに――分析視点と対象地（滋賀県神崎郡）

本章では近代日本村落の特質について日中村落比較の視座から再考する。日本と中国の村落を比較する際、いかなる論点が提示されてきたのか。まず、戒能通孝は日本と中国の村落を分ける最も大きな違いとして、「高持本百姓意識」が存在した日本の村落、それが存在しなかった中国の村落という構図を提示する。概して「高持本百姓意識」とは単独の「有力者」による「専制」というよりは、複数の「有力者」の集団が合議して村落を統治する局面が存在すること、この統治の一環として「高持本百姓」達が村落内の貧困層を救護・救済する態様を指す（戒能［一九四三］一五四、一五八、一五九頁）(1)。これに対して本章では、こうした「高持本百姓意識」が日本近代村落においていかなる形で存在したのかを検証する。

次に福武直は日本農村とは異なる中国農村の特質として、無償の相互扶助など「利害計算を無視して」互いが行動する事例が見出しにくい点を挙げる。すなわち福武は、中国農村では人々が「協力」する際に「合理的打算性」が存在すると述べる。ただし福武は、中国農村でも「婚喪時の協力、家屋建造の際の手伝ひ」などでは「非打算的な相互扶助が見られる」と規定している（福武［一九五一］四九七頁）(2)。

現代中国農村社会論をみると、深尾葉子、安冨歩は中国内陸部の農村を事例に「農民の経済合理的な行動と関係的互酬的な行動のスイッチングのシステムに着目」する。具体的には村内における労働の対価として、労働を依頼する者・提供する者のあいだの「関係」の「濃淡」によって「有償労働供与」と「無償労働提供」を両極としつつ、様々な形態があることを示した（深尾・安冨［二〇〇三］三二一、三四七頁、同［二〇〇九］四九六、五一三～五一五頁）。加えて閻美芳は住民が「合理的打算性」にもとづいて行動するパターンとは別に、とくに非常時において「村の公」という規範にしたがって奉仕的に行動する住民の姿を析出した（閻［二〇一二］一七二～一七五頁）。これらは現代中国農村において、いかなる場合にどの程度「有償労働供与」（さしあたり合理的打算性を象徴）と「無償労働提供」（さしあたり互助や「村の公」という規範を象徴）という二つの行動原理が現出するのかに着目したものといえる。

以上の中国農村社会研究を受けて、本章では村における「有償労働供与」と「無償労働提供」の双方をふまえると、いかなる近代日本村落像が導けるのかという問いを立てる。これは日本農村と異なり中国農村では「合理的打算性」にもとづく行動がみられるとの福武直の比較史像を日本村落の側から検討することを意味する(3)。

分析対象となるのは、概ね一九〇〇～三〇年代の滋賀県神崎郡五峰村佐生村落（現在の東近江市佐生町）であり、なかでも村落の有力者である田附《たづけ》太郎兵衛に焦点を当てる。以下、本論では田附家の経営、佐生《さそ》村落の運営を検討することにより上記課題に迫る。

1　商人地主・田附家の経営と家族

まず、佐生村落の最大の地主である商人地主・田附太郎兵衛家について述べる。田附家は一九三三年現在、田地八

表 1-1　田附太郎兵衛家の家族構成

続柄	生年	没年	備　考
父	1834	1908	
母	1835	1915	
太郎兵衛	1860	1939	
妻	1867	1904	
妻	1869	1922	前妻死去につき、1911年再婚
長男	1886	1959	1905年慶應義塾卒業、1905-43年大阪田附商店勤務
次男	1888	1910	1907年県立商業学校卒業
長女	1889	1893	
次女	1891	1891	
三男	1893	戦後	1912年八幡商業学校卒業、1918年村落内分家（結婚は1922年カ）、1914-45年佐生田附商店勤務
四男	1895	1898	
五男	1896	1914	1910年八幡商業学校中退（病気）
六男	1898	1964	1915年彦根中学校卒業、1927年結婚、1932年村落内分家、1918-33、37-45年佐生田附商店勤務
七男	1899	戦後	1917年まで学生、1928年結婚。戦時期には植民地にて事業展開
三女	1902	1979	少なくとも1918年まで学生、1939年結婚
八男	1903	戦後	少なくとも1918年まで学生、1935年結婚、村落外に分家。1921-33年佐生田附商店勤務
九男	1914	2005	1931年まで学生、1944年結婚、村落外（神崎郡能登川町伊庭）に分家

注：戦後は第二次世界大戦後を指す。

出所：田附太郎兵衛『寄付金及諸祝儀香儀見舞帳』1910-17年（B2）、県立八幡商業学校長「卒業証書」1912年３月25日（Q48-1）、県立商業学校長「卒業証書」1907年３月25日（Q47-4）、田附太郎兵衛『金銭出納簿』1913-14年（H3-1）、1914-15年（H3-2）、1916年（H3-4）、1917-18年（H3-5）、1918-19年（K3-8）、1920-23年（K3-2）、1923-24年（K3-3）、（田附商店）『決算』1925-44年度（B64、B65、B66、B67、B68、B69、B70、B71、B72、B73、B74、B75、B76、B77、B78、B79、B80、B81、B82、B83）。以上、田附太郎兵衛家文書（能登川博物館所蔵）。近江人協会編［1931］、284頁、田附［2021］94～105頁。

六・四反、畑二・四反、雑地七・二反を所有していた。[4] 田附家の所得の推移をみると、その比率に変動があるものの、地主経営による所得よりも商業所得が上回る。[5] 田附家は麻布の買置商であり、機屋から「布を買い集め、晒や仕立に出して仕上げ」、より大きな販売網をもつ商人に販売した（東近江市史能登川の歴史編集委員会編［二〇一四］二〇三頁）。

商業活動には田附家の実子が深く関与した。表1-1では田附家の家族構成を示した。これによれば田附太郎兵衛の次男・長女・次女・四男・五男が早逝している。しかし「多産」により後継者（三男・六男・八男）

を確保している。(6) 田附家文書をみても実子が農業に従事した形跡はなく、同家は戦後農地改革まで一貫して非耕作地主である。史料から判明する限り、いずれの実子も中等または高等教育を経験している。なお田附太郎兵衛は実子に対して分割相続（生前贈与）を行っている。(7)

2　村落における地主小作関係(8)

（1）佐生村落の住民構成と土地所有・土地利用

田附家の地主経営の特質は、居住地である佐生村落全体の地主小作関係を検証することにより明らかとなる。一九〇四～四〇年において佐生村落は三〇～四〇戸によって構成される。村落といえども農家の比重が高いわけではない。佐生村落（一九一七年）の農家（耕作者）は一一戸、非農家（非耕作者）は二〇戸である。(9) 地主の職業は商人が多く、麻布商一戸（田附太郎兵衛家）、米穀商四戸、呉服商一戸、畳商一戸、菓子商一戸、薬種業一戸、貸金業一戸である（一九一〇年代）(10)。

佐生村落全体の土地所有を検討する（以下、坂口［二〇二〇］二～五頁）。佐生は田地が一六町あり、その内訳は次の通りである（一九二五年）。

自作地一町三反
在村地主所有小作地（佐生村落に居住している地主が所有する小作地）一一町四反
不在地主所有小作地三町三反

田地小作地率は九一・九％にのぼる。畑地は村落全体でも一町四反と少なく、佐生の土地は田地、かつ在村地主所有小作地が多い。佐生村落の規約（一八九四年三月）には「大字内の地所は他村他字の人民に売却することを得ず」（村落の土地は村落住民が所有する）との取り決めがある。実際に各家の土地所有の変動をみると、この取り決めどおり、不在地主は一貫して大きな存在とはならなかった。

その一方、佐生村落の田地耕作者（土地利用者）をみると、村落外に住み、佐生の土地を耕作（利用）する小作人が増加する傾向にある。

佐生在住の小作人が耕作する佐生の土地
一九〇六年　　九町五反五畝（一六戸）
一九三八年　　四町三反一畝（一〇戸）
佐生村落外に住む小作人が耕作する佐生の土地
一九〇六年　　五町九反六畝（三〇戸）
一九三八年　一〇町九反一畝（三〇戸）

佐生村落を含む五峰村の「大正一〇年小作慣行調査」一九二一年には次の記述がある。

当地方に於ては、農業以外の労働多きを以て近時斯業を嫌ふの風あり。其の原因は他の労働賃銀高きに比し、普通農業の収支不利なるを以て漸次耕作を減少し、小作は地主に返還せむとするもの昨今増加せむとするの傾向あり。

表 1-2　小作期間

（単位：%）

	5年未満	5年～	10年～	20年～	30年～
日本・岡山県（1924年）	10.8	13	23	17.8	35.5
中国・河北省（1937年）	60.7	11.2	8.1	3.1	16.9
バングラデシュ（1977・78年）	77.2	22.8[1]			
インドネシア（1986年）	66.2	21.5	12.3[2]		
ガーナ（1995・96年）	64.6	14.6	20.8[2]		
日本・滋賀県・田附太郎兵衛家（1902-39年）	30.4（14戸）	13（6戸）	19.6（9戸）	15.2（7戸）	21.7（10戸）

注：1）バングラデシュの22.8%は5年以上を指す。
2）インドネシアの12.3%、ガーナの20.8%は10年以上を指す。
3）合計が100%にならない場合がある。

出所：岡山県からガーナまでは坂根嘉弘［2011］156頁を一部加工。田附太郎兵衛家は田附太郎兵衛『小作米取立帳』1902年（B33）、1903年（B32）、1904年（B31）、1905年（B30）、1913年（B47）、同『小作宛米取立帳』1912年（B23）、同『年貢米取立帳』1909年（B26）、1910年（B25）、1911年（B24）、同『小作人宛米取立帳』1906年（B29）、1907年（B28）、1908年（B27）、同『田畑年貢宛米取立帳』1914年（B46）、1919年（B41）、1920年（B40）、1922年（B38）、1923年（B37）、1924年（B36）、1925年（B35）、1926年（B34）、1927年（B61）、同『田畑年貢取立帳』1917年（B43）、1935年（B53）、1937年（B51）、1938年（B50）、1939年（B49）、同『田畑年貢米取立帳』1916年（B44）、1918年（B42）、1936年（B52）、同『田畑年貢小作宛米帳』1915年（B45）、1928年（B60）、1929年（B59）、1930年（B58）、1931年（B57）、1932年（B56）、同『田畑小作米取立帳』1921年（B39）、同『田畑年貢米明細帳』1933年（B55）。以上、田附太郎兵衛家文書。

佐生では農外労働市場が発達しているという条件のもと、佐生に住む小作人の離農・耕作面積縮小がみられ、土地利用者が流動的となったのである。[11]

村落外小作人の主たる居住地は神郷村落である。佐生の土地を小作する神郷の小作農家数は二〇戸・小作地面積は九町三反三畝におよぶ（一九三八年）。神郷は佐生村落に比して農家が多く、五反以上耕作者が分厚く存在する。[12]

神郷の住民は佐生の住民にとって全くの「よそもの」ではない。神郷・佐生・佐野（の一部）・長勝寺の四村落は同じ神社（乎《お》加《か》神社）の氏子圏に属する（東近江市教育委員会編［二〇〇七］一頁）。ただし、佐生と神郷は水利における共同はなく（滋賀県内務部編［一九二二］二七～二八頁）、近代行政村（村役場）も別である（神崎郡五峰村佐生、同郡八幡村神郷）。

佐生村落の住民が、村落外住民の田地利用を問題化した形跡はない。むしろ村落外住民の方が良質米を作る傾向がある（坂口［二〇二〇］六、一五頁）。

村落における土地利用について、川本彰は次のよう

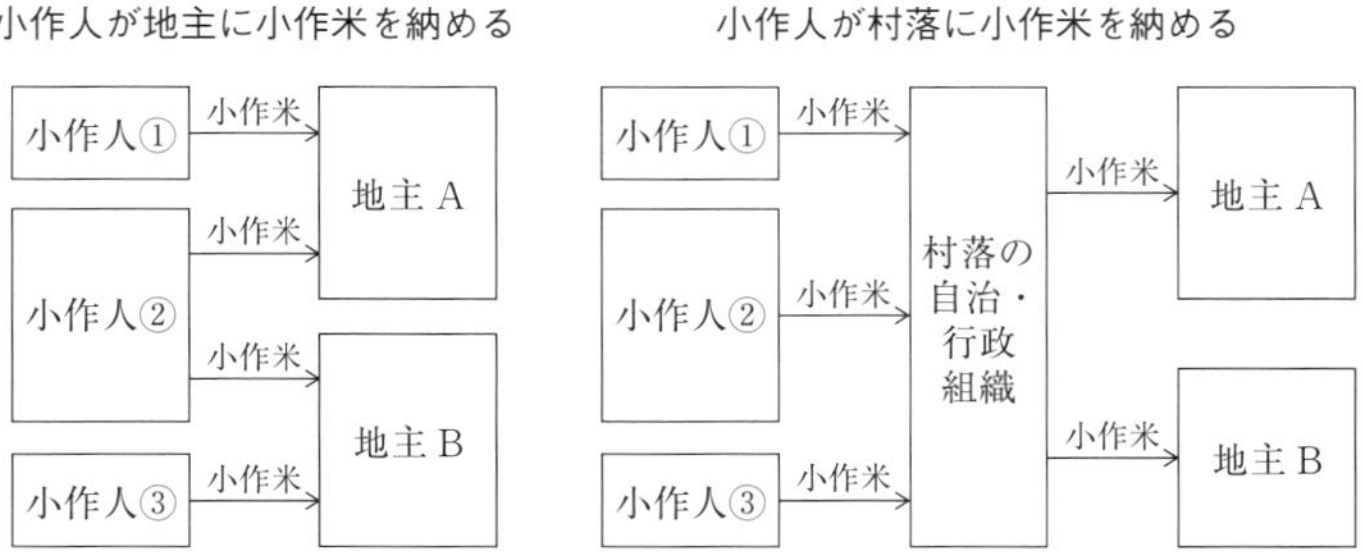

図1-1　小作米の納入方法

出所：筆者作成。

に述べる。「ムラは領域内の土地をできるだけムラの外に出さないようにしてきた。土地の先買権、先借権はムラにあった。ムラ人たちが一体となって先祖代々永続的に土地を守り、保全してきたその血と汗と涙は決定的である。そのムラの土地をムラに無断で外部に売ったり、小作に出すのは、ムラに対する背信行為であった」と（川本彰［一九八三］一五頁）[13]。村落の土地は村落住民が利用（耕作）するという強い規範があるとの見解である。しかし、農外労働市場が発達した佐生村落において、この原則はあてはまらなかった。

関連して、坂根嘉弘は他のアジア・アフリカ諸国との比較のうえで、日本では小作期間（同じ地主・同じ土地のもと同じ小作人が耕作する期間）が長期になる傾向を指摘している（坂根［二〇一一］一五六～一五七頁）。表1-2では坂根氏が作成した小作期間に関する表に、田附太郎兵衛家の情報を付け加えた。坂根氏の見解は妥当といえるが、田附太郎兵衛家小作人の小作期間は想定されるより短期であり、岡山県（一九二四年）と中国河北省（一九三七年）のあいだに位置する。

(2)　村落の地主小作関係への介入

こうした土地所有・土地利用の状況のもと展開された、佐生における小作米の納入方法は着目すべきである（坂口［二〇二〇］）。佐生村落では基本的に小作人は地主の家ではなく、村落の自治・行政組織（佐生区長事務所）に小作米を納めた。集めた小作米は佐生区長事務所が検査のうえ地主に渡している（図1-1）。

なぜ地主個々ではなく村落に小作米を納めるのか。制度的要因として、米質向上のため一八八八年より滋賀県一円で産米検査が実施された。近世期に使用していた村落の施設（蔵）において米質検査を行うために、小作米が村落に集められる場合があった。(14)

加えて以下の要因が考えられる。前述のように、佐生の地主は商業との兼営が多く、地主が土地と密着し、小作農家と濃密な結合のもと生活しているわけではない。小作農家も相対的には流動的な存在である。こうしたなかで地主個々が小作人個々と向き合うのではなく、村落を単位とした集団的な地主小作関係が存在したものと推定される。すなわち、地主小作間の相対的な関係性の希薄さを村落が代替したといえる。ただし、小作料滞納は各々の地主が対応しており、この意味で地主小作関係の全局面を村落に委ねているわけではない。

さらに佐生区長事務所は、村落内小作人のために肥料や作喰米（困窮時の米）に関する事業を行っている。肥料については佐生区長事務所が共同購入し、かつ購入資金の低利貸付を行った。この事業は村落居住者に利用資格があり、実際に利用した九家中七家が小作農家であることから（一九一二年現在）、実態として村落内の小作農家に便宜をはかる仕組みの一つであった。実際、佐生に住む小作農家は肥料の多くを村落（佐生区長事務所）経由で購入する傾向にあった。(15)

米（作喰米）について佐生区長事務所は概ね一五俵前後を準備しており、一〜五月に無利子で貸与し、一二月に返済を求めた。その利用状況について一九一〇〜二〇年代中盤を例にとると、毎年一五俵を七人に分割して貸与している（坂口［二〇二〇］、一五頁）。作喰米利用者も村落内居住小作農家に限定されている。

このように佐生区長事務所による肥料や作喰米に関する事業は、村落内居住小作農家を救済するためのものであった。先行研究をみると、地主個人が小作人に肥料や米を貸与する事例は知られている（庄司俊作［一九九一］三五頁、大栗行昭［一九九七］二三四〜二五〇頁、沼田誠［二〇〇一］二二五〜二四〇頁、坂根［二〇二四］二六〇〜二六一頁）。その一方、佐生の場合、地主個人ではなく村落が貸与の主体となった[16]。

3　田附家における労働——日雇に着目して

(1)　概　観

田附太郎兵衛家は農事・家事・法事などの労働を日雇に頼んでいる。同家における日雇の労働日数は一九〇八年一八七日、一四年二一九日、一八年一三五日、二三年一二四日、二七年二三一日と推移している[17]。日雇の内容は畑や雑地での作業が多い[18]。具体的に日雇の内容（一九一二〜二六年）をみると、畑作業は計二五四・八日、雑地での作業と推定されるもの計二〇四・〇五日である[19]。田附家は畑二一・四反、雑地七・二反を所有していた（一九三三年現在）。

(2)　屋根葺き、葬儀における日雇

田附家では、ほかにも日雇の内容（一九一二〜二六年）として屋根葺き四八日、冠婚葬祭三四日がある。屋根葺きについては、職人とは別に日雇（通常、畑仕事に従事している人物が屋根葺きを担う）に頼んでいる[20]。一九一四年九・一〇月における「本宅」の屋根葺きでは、職人を九二・七人分、日雇を四三・五人分雇っている。日当は職人七〇銭、日雇五三銭八厘である[21]。

先行研究は次のように指摘する。「家普請や屋根替えは……きまった助け合いの仕組みができていた……ムラで一戸一人という規約を設けているところが多く、そのうちでも近隣や村内親類は余分に手伝いに出るならわしであった」と（竹内利美［一九六九］二一一頁）。つまり、他の地域を対象とした先行研究は屋根葺きが村落・近隣・親族を担い手とする相互扶助慣行の一環としてなされることを示している。これに対して、田附太郎兵衛家の屋根葺きは職

人と日雇による有償労働であった。

この点を掘り下げると、滋賀県学務部社会課『生活改善調査』という史料がある[22]。これは一九二二〜二三年に滋賀県庁が各町村役場に対して「風俗」、「年中行事」をめぐる慣習の実態を記述させたものである。同史料には、家の普請（建築）をめぐる相互扶助慣行について次の記述がある（上層・中層・下層は経済的地位を示す[23]）。ともに佐生の近隣の村である。

神崎郡旭村
上層「親類又は普請関係者より申し出るも大抵拒絶す」。
中層・下層「親類又は隣家より手伝ふ。普請の程度に応じ五、六人」。

神崎郡南五箇荘村
上層「大抵雇人にて親類・近親の手伝は受けず」。
中層・下層「親類・近親の手伝を受くるものあり」。

中層・下層と異なり、上層は親族や隣家による相互扶助を受けず、「雇人」に任せるという傾向がある。相互扶助慣行を活用するのではなく、有償労働をもって家の普請・修繕を実施する点は村落上層の特徴であったと捉え得る[24]。

関連して、田附家は葬儀でも日雇を使っている。一九一〇年の田附家葬儀をみると、近隣兼親族六戸、近隣三戸、日雇三人が手伝いとして動員されている[25]。少なくとも日雇三人は有償労働である。一九一四年の葬儀では日当三七銭五厘が支払われた[26]。相互扶助の典型たる葬儀手伝いも日雇を利用したのである。田附家の日雇賃金は一九二二〜三〇年日当一円二〇銭～一円五〇銭である。なお、近隣の一九一〇年の神崎郡栗見荘村における農業日雇賃金（日当）は二五銭、二四年の神崎郡における農業日雇賃金（除草）は日当一円五〇銭である。[27]

（3）日雇の担い手

表1-3では田附家における日雇の担い手を示した。居住地をみると、判明する限り全員が佐生の近隣住民である。ただし、表1-4のように一九二〇年代において日雇労働者の主な担い手が神郷村落住民から佐生村落住民に変化している。その一方、前述のように神郷村落住民が佐生の小作地の多くを耕作するようになり、佐生村落住民は離農、または耕作面積を縮小化させている。

表1-3の備考をみると、日雇は田附家の小作人を兼ねることが多い。加えて判明する事例は少ないが、戸数割等級によれば日雇の経済的地位は下層が中心である。さらに日雇と同じ家族の世帯員が田附家の「女中」や店員（佐生田附商店）に就く事例がある。

（4）小作米滞納と日雇

小作料滞納に代表される負債と、日雇との関係を探る。先行研究は、一般論として「小作料の代償として小作人を日雇に働きに来させた」事例が多いことを指摘している（竹内［一九三四］九八頁）。[28] 田附家に対する小作米滞納石数（一九一四～二七年）をみると、最も滞納石数が多いのが田中たけ（七石七斗）、次いで田中次郎（二石六斗九升）である。[29] 両者は佐生に住む貧困層である。しかし田中たけ、田中次郎とも田附太郎兵衛家への日雇日数は限定的である（戸数割、日雇日数とも表1-3）。

なぜ田中たけ・田中次郎は労働による返済をしていないのか。田中たけ（一九二四年現在六四歳）は一九二〇年に

表 1-3　田附太郎兵衛家における日雇（1904-30年、日雇日数の上位順）

氏名	日雇日数	居住村落	日雇に従事した年次	備考
K・H	1124.3	神郷	1904-18	小作
島川伝吉	1031.3	神郷	1905-26	小作・「女中」・店員
斉藤与	334.25	佐生	1925-29	小作、37/40等
S・M	296.9	神郷	1914-19、22、26-28	小作
田中源	165.95	佐生	1925-30	小作、35/40等
田中新吉	96.6	佐生	1910-14	「女中」・40/40等
K・S	84	神郷	1912、14-18	
M・S	47.25	佐野	1922-23	37/40等
T・G	35.2	神郷	1922・24・25	
T・O	32.5	佐野	1914-15、18-19・25	30/40等
H・T	23.5	神郷	1911・22・26・27	
N・S	20.75	長勝寺	1911-13	小作
Y・T	17	葉枝見	1912	「女中」
S・S	15.3	神郷	1926	
S・M	15	神郷	1911・28	
F・H	13	長勝寺	1911・13	
斉藤喜	13	佐生	1928-29	33/40等
N・K	11.9	佐生	1926	
田中たけ	10.1	佐生	1925・26・28・30	小作、等外
M・H	8	佐野	1920	
M・H	7	神郷	1923	小作
S・K	6	神郷	1911・12	
F・N	6	神郷	1926・27	
M・M	4	神郷	1913	小作
田中富	4	佐生	1924	
田中次郎	3.95	佐生	1911	小作、38/40等
Y・M	3	神郷	1924	小作
H・U	3	葉枝見	1927	
O・U	2	不明	1922	
H・M	1	不明	1922	
O・M	1	種	1928	

注：氏名はイニシャル、または仮名である。葉枝見のみ行政村である。備考欄のたとえば37/40等とは1914年度の五峰村村税等級であり、40等級中37等級（1等級が最上層）であること、等外（田中たけ）とは極貧層のため税金が免除されていることを指す。

出所：日雇は田附太郎兵衛『萬覚帳』1904-11年（B16）、1912-22年（C6）、1922-26年（C10）、同『諸雑用控帳』1927-32年（B14）。「女中」・店員は田附太郎兵衛『雇人扣帳』1902-16年（B4）、（田附太郎兵衛）『決算』1925-44年度（B64、B65、B66、B67、B68、B69、B70、B71、B72、B73、B74、B75、B76、B77、B78、B79、B80、B81、B82、B83）、田附太郎兵衛『金銭出納簿』1913-14年（H3-1）、1914-15年（H3-2）、1916年（H3-4）、1917-18年（H3-5）、1918-19年（K3-8）、1920-23年（K3-2）、1923-24年（K3-3）、1925年（K3-4）、1919-24年（K3-7）、1921-22年（H4-1）、1922-24年（H4-2）、1923-37年（H4-5）。小作は表1-2における田附太郎兵衛『小作米取立帳』（各年次）。村税等級は五峰村長「神崎郡五峰村大正三年度県税戸数割等差議案」1914年4月（Q32）。以上、田附太郎兵衛家文書。

家計を支えていた長男の死後、娘の病気により「何も生産業に従事することも出来ず、他人の家に雇はれて行くことも出来ず、毎日糊口を凌ぐに閉口」する状態にあり、近隣の家が「時々金子やお米を施して」いた[30]。田中次郎は田附太郎兵衛家親族唯一の貧困者である[31]。田附太郎兵衛が、恒常的に田中たけ、田中次郎に対して労働による返済を求めた形跡はない。

その一方、同じ佐生村落の貧困層である田中新吉は一九一〇～一四年において田附家の日雇である。加えて一九一三年一二月から一年二ヶ月間、田中新吉の実子は田附家の「女中」でもあった[32]。田中新吉は田附太郎兵衛家から借金しており、「女中」である実子の給金を借金の返済に充てている[33]。一家の負債を「女中」となった実子が給金で肩代わりする事例はもう一家確認できる（神郷村落の島川伝吉家[34]）。

　このように同じ村落に住む貧困層というだけでは負債が免除されない。生計を支える担い手が老齢者である（田中たけ）、

表 1-4　田附太郎兵衛家における日雇（居住村落別）

年	佐生村落		神郷村落		他の村落		計	
	人	日数	人	日数	人	日数	人	日数
1904			1	168.7			1	168.7
1905			2	108.3			2	108.3
1906			2	160.9			2	160.9
1907			2	183.9			2	183.9
1908			2	187.2			2	187.2
1909			2	185			2	185
1910	1	15.6	2	114.1			3	129.7
1911	2	9.95	5	126.2	2	22.25	9	158.4
1912	1	6.3	4	112.4	2	18.5	7	137.2
1913	1	53.7	2	44.95	2	10	5	108.65
1914	1	15	4	186.35	1	18	6	219.35
1915			4	137.2	1	7	5	144.2
1916			4	124.4			4	124.4
1917			4	151.5			4	151.5
1918			4	132.2	1	3	5	135.2
1919			2	97.05	1	2.5	3	99.55
1922			5	78.4	2	18	7	96.4
1923			2	93	2	31.25	4	124.25
1925	3	84.05	2	41.75	1	2	6	127.8
1926	4	105.45	5	81.6			9	187.05
1927	3	171.6	4	57.2	1	3	8	231.8
1928	4	152.15	2	26	1	1	7	179.15

注：史料の欠落が確認できた1920・21・24・29・30年を除く。なお1929・30年はそれぞれ16.5日、5.5日分の日雇しか判明しないが、すべて佐生住民が担っている。
出所：前掲田附太郎兵衛『萬覚帳』1904-11年（B16）、1912-22年（C6）、1922-26年（C10）、前掲同『諸雑用控帳』1927-32年（B14）。

太郎兵衛の親族である（田中次郎）といった条件が加わってはじめて返済を猶予されている。(35)

4　村落運営——合意形成過程、「むら仕事」

（1）「一戸前」による合意形成(36)

前述のように佐生村落の自治・行政組織は佐生区長事務所である（一八八九年から一九四六年まで）。佐生区長事務所において「大字内公共の事件を議決す」るのは評議員会である。評議員会の構成員は区長・評議員であり、村落内において「一戸前」という一定以上の税を負担する家より評議員会メンバーは選出される。(37)

「一戸前」について説明する。「戸」は家の経済力をはかる単位であり、町村役場レベルの税（五峰村税）を基準とする。五峰村税は所得割六・見立割四の割合で賦課された。最上位の家は六・四戸（田附太郎兵衛家）、最下位の家は〇・一戸である。(38)「一戸前」（一戸）以上の家は一九〇四年一三戸（全戸数三七戸）、一八年一四（全戸数三二）、三一年一二（全戸数三四）と推移する。実際の評議員会の構成員を一八九〇年代から一九四五年までみると、例外なく「一戸前」の家が就任している。(39)

小作米減免も評議員会の合議で決定される。その模様を一九四一年一二月一九日の佐生区長事務所の『日誌』にしたがって記すと、まず小作者より区長に小作料減免の願が口頭で示される。これを受けて評議員会では地主一人が加わり、「全員協議の結果」、小作料「二割減額」が決定した。この結果を区長は小作人代表者に伝達した。すなわち、小作料減免の決定過程において小作農家（一戸前未満の家）は議論に加わっていない。(40)

先行研究は両大戦間期において「高持本百姓意識」が変化する姿を示している。すなわち、地主小作関係の緊張化を受けて、村落のなかで地主と小作人が対等に小作料減免などを協議する体制が成立する事例を明らかにしている

（坂根［一九九〇］六一～九九頁、庄司［一九九一］七五～一九二頁、森武麿［二〇〇五］二九六～二九九頁）。その一方、本章は両大戦間期にこうした体制が成立せず、「高持本百姓意識」にもとづく村落運営（なかでも地主小作関係の管理）が戦後農地改革まで継続する事例を示している。

（2）「むら仕事」の特質

「一戸前」に満たない家は村落を単位とした共同労働、いわゆる「むら仕事」をより多く担う傾向にあった。「むら仕事」とは村落が計画・執行主体となって村落住民に労働を課す行為であり、水路・道路整備などを指す。[41] 佐生村落が実施する「むら仕事」をみると、水路・道路整備が最も多い。以下、「むら仕事」に出勤した一年あたり延べ人数であり、紙幅の都合で一部の年次を示す。

一九一三年　水路・道路整備七〇人、消防四七人、もぐら捕獲一二人、他五人
一九二〇年　水路・道路整備七二人、消防二五人、もぐら捕獲一八人
一九三三年　水路・道路整備六七人、消防一七人、もぐら捕獲一二人、他八人
一九〇三～四四年の合計　水路・道路整備一八二九人、消防四五六人、もぐら捕獲五六一人、他二七七人[42]

表1-5では「むら仕事」の出勤回数（一九〇三～四四年）の上位七家を示した。これによると上位六家までが「一戸前」未満の小作農家である。

佐生では「むら仕事」に参加すると労賃が支給される場合がある。[43] 毎年四月に行われる水路整備「新井人足」の労賃は六時間で米一升四合であり、一九二四年現在五二銭に相当する。「臨時井立」は耕作者（実態としては小作農家）

のうち数人が出勤するもので、六時間作業を行えば米二升四合（八九銭）である。神崎郡の農業日雇賃金（一九二四年、男性・除草、一円五〇銭）には達しないものの、一定の労賃が得られた。その一方、村落全戸出勤が求められる「新井人足」（年一回）に欠席した場合は出不足金（罰金）を支払う。出不足金（一九一三〜五一年）は米二升である。

「むら仕事」の見逃せない変化として、一九三三年以降は村落外に住み、佐生の田地を小作する者が佐生の水路整備に出勤している。村落内小作人の離農・耕作面積縮小化の傾向により、佐生の土地を利用する村外者が「むら仕事」に加わったといえる[44]。

の出勤回数（上位順、1903-44年）

出勤回数計	出不足金支払回数計	出勤率（%）	「1戸前」か否か（戸）			田地所有（反）	田地経営（反）
			1904年	18年	31年		
132.5	1	99	0.15	0.2	0.25	1.7	5〜10
132	5	96	0.05	0.2	0.4	0	10〜15
122	2	98	0.25	0.35	0.7	1	10〜15
116	0	100	0.12	0.3	0.7	0	5〜10
100	6	94	0.15	0.1	0.3	0	5〜10
88	7	93	0.15	0.25	0.1	1.2	5〜10
85	7	92	1.6	1.7	2	11	5〜10

仕事」の出勤を記録した史料について、1904・05・22年は残存せず。1925年は上半期、
有・耕作面積は1917年現在。「1戸前」か否かについて、たとえば1904年の田中源（最上
段）は1.6戸のため「1戸前」以上の家となる。
(F73)、1914年（F74）・1916年（F76）、1919年（F75）、1920年（F77）、1921年（F78）・
(F81-1)、1929年（F82）、1931年（F84）、1932年（F85）、1933年（D88）、1934年（D89）、
(D93)、1942年（D94）、1943年（D95）、1944年（F86）。同『前半期協議費割合帳』1917
1926年7月（F136）、1930年7月（F137）、1938年7月（D126）、1939年7月（D127）。同
1月（E10）、1910年1月（E11）、1911年1月（E12）、1912年1月（E13）、1913年1月
(E20)、1927年1月（E25）、1931年1月（E29）、1939年1月（E37）、1940年1月（E38）、
10月（F71）、大字佐生『灌漑設備記録並に割合帳』1940年7月（F173）、同『供出人足控
開田土地改良事業精算書』1944年2-10月（P46）。大字佐生『戸数割等級表』1904年
一月調　農商務省統計に係る田畑所有者調耕作者調」（大字佐生区長『大正五年度中区長
21)。以上、佐生町共有文書（佐生町草の根ハウス所蔵　複写版は能登川博物館所蔵）。

おわりに

概ね一九〇〇〜三〇年代の滋賀県神崎郡五峰村佐生村落では、「村落の土地は村落住民が所有する」原則、米穀制度の展開、商業との兼営ゆえ地主と小作農家との関係が相対的には希薄であるというなかで、（家々が個々に解決すると想定される）地主小作関係を村落の自治・行政組織（佐生区長事務所）がまとめて管理した。戦前期の佐生村落

表 1-5 「むら仕事」

氏名	出勤回数（回）				
	1903-09年	10年代	20年代	30年代	40-44年
田中源	8	15	43	54.5	12
田中富	6	28	40	47	11
斉藤徳	5	38	47	25	7
久保留	6	26	43	35	6
斉藤与	4	22	31	37	6
斉藤喜	5	29	36	13	5
斉藤伝	2	21	31	26	5

注：氏名は仮名であり、表 1-3 の仮名と対応している。「むら
1903・06・08-12・15・41年は下半期のみ記録あり。田地所
段）は0.15戸のため「１戸前」未満、同年の斉藤伝（最下
出所：大字佐生『諸入費及人足帳』1907年（D87）、1913年
1923年（F79）、1924年（F90）、1927年（F80-1）、1928年
1935年（D90）、1936年（D91）、1937年（D92）、1940年
年７月（F131）、1918年７月（F132）、1925年７月（F135）、
『皆済勘定帳』1904年１月（E7）、1907年１月（E8）、1909年
（E14）、1916年１月（E17）、1918年１月（E19）、1919年１月
1942年１月（E40）。区長・委員『郷蔵改築諸要費覚』1925年
帳』1944年（F171）、大字佐生農事実行組合『暗渠排水幷ニ
（G34-3）、1914-27年（R26）、1931-55年（R29）、「大正六年
に係る諸書類』J11）、大字佐生「農事費反別割」1917年（F

は、小作料減免を含めて「一戸前」以上の有力な家々による合議で村落を運営した点で「高持本百姓意識」を体現する社会といえる。

佐生区長事務所は村落内小作人に肥料資金の低利貸付、共同購入、困窮時の米の無利子貸付を実施しており、小作人は積極的にこの事業を利用した。この意味で地主は「一戸前」以上の家々の「高持本百姓意識」により、小作人保護、すなわち「一戸前」未満の小作農家の扶助に取り組んだ。

小作米滞納については、村落の組織ではなく地主が個別的に対応している。そこで同じ村落に住む貧困者が地主に対して負債（小作米滞納や借金）がある場合の地主の対応について検討した。その結果、同じ村落に住む貧困者というだけでは負債は見逃されず、地主の親族である、または、家の基幹労働力が老齢者であるという条件が加わってはじめて、地主は滞納や借金を見逃した。負債を見逃されなかった貧困者は、実子が地主一家の「女中」として働いた給金を借金返済に充当している。このように本章では「一戸前」以上の地主による「高持本百姓意識」は「一戸前」未満の小作人や貧困者に対してどれほど扶助・救済し得るものであるのか、その範囲を探るものであった。

さらに本章では日本農村と異なり中国農村では「合理的打算性」にもとづく行動がみられるとの福武直の比較史像を検討するため、「有償労働供与」（さしあたり合理的打算性を象徴）と「無償労働提供」の双方をふまえて村落内の労

働を検討した。商人地主・田附太郎兵衛家における労働の様相をみると、相互扶助の典型たる屋根葺きや葬儀手伝いさえも「有償労働供与」が発生する場合があった。また近隣の旭村、南五箇荘村における家屋普請でも上層は中層・下層と異なり、親類・隣家による相互扶助を受けず、有償で「雇人」に任せる傾向にある。

加えて無償労働と想定されてきた「むら仕事」には農業日雇賃金以下ではあるが、労賃が支払われていた。ただし「むら仕事」に不参加であった場合の罰金（出不足金）も存在する。たしかに「むら仕事」という村落を単位とした共同労働が定期的に存在すること自体が中国の村と比較した場合の日本農村の特徴といえる。(45) この意味でより互助の原理が強いのは日本農村である。ただし、全くの互助の原理（その典型としての無償労働）のみで「むら仕事」が運営されていたわけではない。もちろん、人々が「合理的打算性」に基づき行動する側面があること自体は自明であろう。本章が強調するのは、無償労働と想定されるであろう葬儀手伝い、屋根葺きの助力、「むら仕事」さえも有償労働の側面があった点である。

参考文献

有賀喜左衛門［二〇〇〇a］『有賀喜左衛門著作集Ⅱ　日本家族制度と小作制度（下）［第二版］』未來社（初版は一九六六年刊）。

有賀喜左衛門［二〇〇〇b］『有賀喜左衛門著作集Ⅲ　大家族制度と名子制度――南部二戸郡石神村における［第二版］』未來社（初版は一九六七年刊）。

内山雅生［二〇〇三］『現代中国農村と「共同体」――転換期中国華北農村における社会構造と農民』御茶の水書房。

閻美芳［二〇一二］『日本と中国の村落秩序の研究――生活論からみた「村の公」』御茶の水書房。

近江麻布史編さん委員会編・渡辺守順［一九七五］『近江麻布史』雄山閣出版。

近江人協会編［一九三二］『近江人要覧』。

大栗行昭［一九九七］『日本地主制の展開と構造』御茶の水書房。

大場修・高木美佐・葉賀伸子［二〇〇六］「稲葉家住宅における普請過程の実録とその特質――近代民家普請における大工・工程・用材・行事」（『住宅総合研究財団研究論文集』第三二号）一四一～一五二頁。

戒能通孝［一九四三］『法律社会学の諸問題』日本評論社。

嘉田由紀子［一九九一］「環境管理主体としての村落組織とその変容――琵琶湖岸の村の百年の歴史から」（村落社会研究会編『年報 村落社会研究二七　農村社会編成の論理と展開Ⅲ』農山漁村文化協会）七九～一一二頁。

川本彰［一九八三］『むらの領域と農業』家の光協会。

坂口正彦［二〇一九］「近代日本の『むら仕事』――滋賀県神崎郡栗見荘村乙女浜」（『社会経済史学』第八五巻第三号）四九～六八頁。

――［二〇二〇］「近代日本村落における地主小作関係――滋賀県神崎郡一村落の郷蔵」（『歴史と経済』第二四九号）一～一七頁。

――［二〇二一］「近代日本の『むら社会』――滋賀県各町村の相互扶助とつきあい関係」（『大阪商業大学論集』第二〇二号）六五～八七頁。

坂根嘉弘［一九九〇］『戦間期農地政策史研究』九州大学出版会。

――［二〇一一］『〈家と村〉日本伝統社会と経済発展』農山漁村文化協会。

――［二〇二四］『アジアのなかの日本――日本の農業集落と経済発展』清文堂出版。

滋賀県内務部編［一九二二］『大正九年十一月　農業水利及土地調査書一（蒲生・神崎・愛知郡ノ部）』。

庄司俊作［一九九一］『近代日本農村社会の展開――国家と農村』ミネルヴァ書房。

高久嶺之介［一九九七］『近代日本の地域社会と名望家』柏書房。

高橋明善［一九六〇］「部落財政と部落結合」（『社会科学紀要』第九号）六七～一二九頁。

竹内利美［一九三四］「山村に於ける奉公人――長野県上伊那郡北部地方、上水内郡西山部地方の事例」（『社会経済史学』第四巻第五号）七九～一〇二頁。

――［一九六九］「相互扶助」文化庁文化財保護部監修・祝宮静・関敬吾・宮本馨太郎編『日本民俗資料事典』第一法規出

版。

田附弘明［二〇二一］『田附家の系譜――或る商家の記録』サンライズ出版。

田原史起［二〇一九］『草の根の中国――村落ガバナンスと資源循環』東京大学出版会。

中村吉治編著［一九五六］『村落構造の史的分析――岩手縣煙山村』日本評論新社。

沼田誠［二〇〇一］『家と村の歴史的位相』日本経済評論社。

東近江市教育委員会市史編纂室編［二〇〇七］『能登川地区民俗調査報告書二　祭礼・年中行事Ⅱ・地域調査Ⅰ』滋賀県東近江市。

東近江市史能登川の歴史編集委員会編［二〇一四］『東近江市史　能登川の歴史』第三巻近代・現代編、滋賀県東近江市。

深尾葉子・安冨歩［二〇〇三］「中国陝西省北部農村の人間関係形成機構――〈相夥〉と〈雇〉」（『東洋文化研究所紀要』第一四四冊）七五～一一四頁。

――――［二〇〇九］「中国農村社会論の再検討」（安冨歩・深尾葉子編著『「満洲」の成立――森林の消尽と近代空間の形成』名古屋大学出版会）四九三～五二七頁。

福武直［一九五一］『中国農村社会の構造　増補版』有斐閣（初版は一九四六年刊）。

松村圭一郎［二〇〇八］『所有と分配の人類学――エチオピア農村社会の土地と富をめぐる力学』世界思想社。

森武麿［二〇〇五］『戦間期の日本農村社会――農民運動と産業組合』日本経済評論社。

安冨歩［二〇〇九］「スキナー定期市論の再検討」（前掲安冨歩・深尾葉子編著［二〇〇九］『「満洲」の成立』四五七～四九二頁）。

山本英治［一九六八］「村落の集団構造」（余田博通・松原治郎編著『農村社会学』川島書店）七五～九三頁。

注

史料引用にあたっては適宜、句読点を打ち、カタカナをひらがなに改める。〔　〕内は引用者注である。史料について田附太郎兵衛（田附商店）関係の文書は能登川博物館所蔵・田附太郎兵衛家文書、注では田附家と略記）、佐生区長事務所（大字佐生）関係の文書は佐生町草の根ハウス所蔵（複写版は能登川博物館所蔵）・佐生町共有文書である（注では佐生共有と略記）。滋賀県立公文書館所蔵文書は県公文書と略記する。紙幅の関係で、注では田附太郎兵衛、および佐生区長事務所が作者となった史料は、史料群の総称（田附家、または佐生共有）を付記しない場合がある。

（1）以下の戒能通孝による記述を筆者なりに要約した。「日本では旧時代中、名主・庄屋の専制形態がみられるにも拘らず、通常村には年一回以上の寄合が行はれ、其処に出席する者は高持本百姓一同であつて、寄合決議の成立を証するため、決議事項を文書に書き、一同の加判がなされて居た……我々は支那の村落調査を読む場合、かうした意味での高持本百姓意識の欠除するであらうことは、可成痛切に感ぜられる所であり、高持本百姓一同が、村内理事者の行為を内面的に監視すると言ふ現象は、殆ど見受けられない事実である」、「自然村落の形成は、村内に一応集団生活の遂行に必要な秩序を形成するに足る、高持本百姓意識の存在を予定するもの」である、中国では「小作人であるからと言つて之を軽蔑し、水呑其他の名称を以て呼ぶ代りに、村全体で或る程度の面倒をみてやると言ふ慣習もな」い（戒能［一九四三］一五四、一五八、一五九頁）。「支那」も歴史的用語としてそのまま引用した。

（2）その後、内山雅生は村落住民が「生活の一面において結ぶ」、「合理的打算的」関係を中国社会の「表層」、「村落の伝統的自治組織」を「深層」と捉える見方を提示した（内山［二〇〇三］六一頁）。

（3）近代日本村落史研究における本稿の位置づけは適宜示していく。

（4）田附太郎兵衛家における土地所有の村落別の内訳（一九三三年）は次の通り。佐生村落は田二六・三反、畑一・四反、雑地〇・一反、佐野村落は田五九・九反、畑〇・九反、雑地五・六反、長勝寺村落は田二反、雑地一・五反。史料が残る一九三一～四五年の田附家における田地所有の変動は次の通り。佐生と佐野のみ示すと、佐生は二六・三反（一九三三年）→二五・九反（三四年）→二六・一反（四二年）、佐野は五九・九反（一九三三年）→三六・四反（三七年）→三五反（四二年）→四〇・六反（四四年）。田附商店『決算』一九三三～四四年度（B七二～B八三、田附家）。一九三七年の田地減少は生前贈与によるものであり、注（7）を参照。

（5）田附家所得の内訳は次の通り（円以下四捨五入）。一九二五年度は商業六千円・地主経営三九九〇円・株式投資（配当金）一三六二円、一九三〇年度は商業四一三五円・地主経営二六〇七円・株式投資（配当金）一三七六円、一九三五年度は商業千五百円・地主経営二〇五九円・株式投資（配当金）一一七五円、一九四〇年度は商業六千円・地主経営三三〇八円・株式投資（配当金）一四二〇円。前掲田附商店『決算』一九二五年度（B六四）・三〇年度（B六九）・三五年度（B六九）・四〇年度（B七九）。

（6）田附太郎兵衛家の家督を相続した長男は大阪田附商店の店員（後に取締役）。佐生田附商店の田附太郎兵衛と大阪田附商店の田附政次郎とは父方の従弟の関係にある。大阪田附商店（田附政次郎）は実子の相次ぐ早逝により同族から二人の養子を招いた。養子のほかに田附太郎兵衛長男が大阪田附商店に勤めるのは、大阪田附商店からみれば後継者候補を複数獲得するための戦略であったと考えられる。この点、本書第六章（中西論文、一七三頁）の実子が早逝するなか滋賀県・能登川の「阿部一族は、一族内で婚姻や養子関係を密接に結んで、同じ会社の役員を阿部一族で複数を占めるなど、同族への凝集性を高めた」事例と同じ志向が確認できる。また慶應義塾を卒業した田附太郎兵衛長男を大阪田附商店に招いた点は、同じく第六章の高等教育を経験した人材を確保するという近代商家の行動形態とも一致する。

（7）田附家における分割相続（生前贈与）は存命する実子（学生であった九男、結婚した三女をのぞく）に対して、一九三七年（太郎兵衛が死去する二年前）に実施された。その内容は商店出資金約七万九千円のうち三万円、土地計二町一反六畝を三男、六男、七男、八男に分けて贈与し、残りを長男が相続した。田附商店『決算』一九三七年度（B七六）。一九四四年には結婚を契機に九男（末子）にも商店出資金、土地が贈与された。田附商店『決算』一九四四年度（B八三）。

（8）本項目は拙稿を要約したものである。詳細な史料や出典については拙稿を参照されたい（坂口［二〇二〇］）。

（9）史料の性格上、佐生の土地、なかでも田地に限定して農家・非農家を区分した。大字佐生「大正六年一月調　農商務省統計ニ係ル田畑所有者調耕作者調」（大字佐生区長『大正五年度中区長ニ係ル諸書類』J一一）佐生共有。なお佐生のような一定の非農家が存在する村落を取り上げた点は、日中比較史でいえば利点とも捉え得る。一般的に中国農村では各家の農外就業率が高い点が指摘されている（安富［二〇〇九］四九〇～四九一頁）。よって可能な限り比較の条件を一致させるためには、日本村落のなかでも非農家が混在する村落を選択したほうがのぞましいという見方が成り立つであろう。

（10）五峰村「明治四四年度県税戸数割賦課表」G三四-九、大字佐生区長→五峰村役場「来ル八月一日度量衡検査執行……」一九一七年七月二五日、「届出写」（大字佐生『諸書類』一九一七年度、J七）、「営業者氏名」（大字佐生『諸書類』一九一九年度、J八二）。以上、佐生共有。

（11）佐生在住の耕作者は一九〇六年一八家、一九一七年一一家、一九三八年一〇家。経営（耕地）面積は一九〇六年五反未満八戸、五～一〇反八戸、一〇～一五反一戸、一九一七年五反未満四戸、五～一〇反五戸、一〇～一五反二戸、一九三八年五反未満六戸、五～一〇反四戸。一九〇六年から一七年は離農の傾向、一九一七年から三八年は耕作面積縮小化の傾向がある。大字佐生『米作付反別票台帳』一九〇六年（O三一）、「大正六年一月調 農商務省統計ニ係ル田畑所有者調耕作者調」（大字佐生区長『大正五年度中区長ニ係ル諸書類』J一一）、大字佐生「農事費反別割」一九三八年（D六二）、「小作人反別調（昭和十三年七月）」佐生『役場書類』一九三八年度（G一〇）。

(12) 神郷（一九二五年）は農家七九戸・工業六戸・商業七戸・その他一〇戸。各農家の耕作面積は五反未満二三戸、五反以上一〇反未満三八戸、一〇反以上一五反未満一七戸、一五反以上二〇反未満一戸。「小作事情調査 神崎郡八幡村神郷」一九二五年一二月（滋賀県経済振興課『大正一二年小作調停 附大正一四年小作事情調査神崎郡』大た三七、県公文書）。

(13) 川本彰の問題意識を継承するものとして沼田誠の論稿がある（沼田［二〇〇一］、三一八頁）。

(14) 滋賀県「最近ニ於ケル小作事情」一九三七年九月には次の記述がある。「明治二一年各郡に滋賀県米質改良組合を設置せしめ産米検査を実施せる。以来各地に残存せる郷倉を集合検査場とし全時に大字区長又は米質改良総代は検査場に於て小作料の共同取立をも行ふに至れり」。以上、滋賀県農地課『小作問題』一九二四年一二月五日～三九年九月（大正た三一、県公文書）。

(15) たとえば、八・八反の田地を耕作するある小作農家は、六・一反分の肥料を佐生区長事務所経由で購入したことが推定できる。一九〇〇年代後半から一〇年代前半を対象とした推計であり、詳細は坂口［二〇二〇］一五頁、注三九を参照。

(16) ただし一九三〇年代以降は村落内小作人の離農、ないし耕作面積の減少傾向により、佐生区長事務所による肥料や作喰米に関する事業は縮小している（坂口［二〇二〇］六、八頁）。

(17) 紙幅の関係で数年分のみ示した。前掲田附太郎兵衛『萬覚帳』（一九〇四～一一年B一六、一九一二～二二年C六、二二～二六年C一〇）、同『諸雑用控帳』一九二七～三一年（B一四）。

(18) 前掲田附太郎兵衛『萬覚帳』（C六、C一〇）。

(19) 史料に畑、麦、大根、桑、葱・いも・人参と記されているものを畑作業、籔行・木切・植林・竹・竹切・柴・割木・根刈と記されているものを雑地での作業とみなした。

(20) 家修繕に関する日雇労働の内訳（一九一二～二六年、判明分）は屋根葺き四九・八日、瓦葺き八日、しっくい五日、ひさし三日、壁土一日、風呂直し一日。前掲田附太郎兵衛『萬覚帳』（C六、C一〇）。
(21) 前掲田附太郎兵衛『萬覚帳』（C六）。
(22) 史料名は滋賀県学務部社会課『民力涵養勤倹奨励附生活改善調査 風俗、風慣、年中行事中主ナル部』一九二九年（昭和その三、県公文書）。この史料の全体的な検討については（坂口［二〇一二］七七～七九頁）。
(23) 同右史料には「上流」、「中流」、「下流」と記されているが、本章では上層、中層、下層と表記する。
(24) 有賀喜左衛門は岩手県二戸郡荒沢村石神の大屋（大地主）をもってしても、「数部落にわたる屋根葺組の結合」のなかにあることを示している（有賀［二〇〇〇b］一五九～一七八頁）。加えて、大場修等は京都府・久美浜の一民家を対象とし、家の「社会的地位を改めて顕示」する意味でも上層農家がより多くの近隣住民を民家建築に動員した点を指摘している（大場修・高木美佐・葉賀伸子［二〇〇六］一五二頁）。こうした岩手や京都の事例とは異なるタイプの有力者の行動を田附家の事例は示している。
(25) （田附太郎兵衛）「葬送時刻 廿四日午前一〇時……」一九一〇年（S一三）。
(26) 前掲田附太郎兵衛『萬覚帳』（C六）。
(27) 滋賀県農会編『滋賀県神崎郡栗見荘村是』一九〇二年、一七頁、滋賀県農会編『滋賀県農会報』第一四三号、一九二五年、四頁。
(28) 小作料を労働で返済する事例は複数の論稿において示されている（有賀［二〇〇〇a］四九八頁、中村吉治編著［一九五六］一一七、一四四、一七一、二三三頁、大栗［一九九七］一八八頁）。
(29) 小作米滞納石数については、田附太郎兵衛『小作米取立帳』（各年次）であり、史料番号等は表1-2の出所を参照。
(30) 五峰村自治協会長「御同情を御願申上ます」一九二五年三月二五日（G三二-三、佐生共有）。
(31) 田附太郎兵衛の親族は前掲（田附太郎兵衛）「葬送時刻 廿四日午前一〇時……」（S一三）によって判明する。
(32) 田中新吉の妻は一九〇二年に死去。田附太郎兵衛『寄付金及諸祝儀香儀見舞帳』一九〇〇～一七年（B二）。
(33) 田附太郎兵衛『雇人扣帳』一九〇二～一六年（B四）。

(34)　島川伝吉は小作米滞納石数三位（計約一石三斗三升）であり、一九〇五年九月に借金「残り九円三〇銭、内雇人（島川伝吉長女）二円二〇銭、引七円五〇銭」と長女の給金を借金返済に充当している。前掲田附太郎兵衛『萬覚帳』C六。

(35)　比較史的に検討すると、親族ゆえ優遇するという行動それ自体は決して自明ではない。松村圭一郎はエチオピア農村を事例に、緊張関係を保持するため農作業のメンバーから親族を外す事例を示している（松村［二〇〇八］一五九～一六一頁）。

(36)　高久嶺之介は明治前中期の滋賀県神崎郡南五箇荘村金堂を事例に、有力な家々による村落運営の態様を示している（高久［一九九七］六九～一四三頁）。これに対して本章では明治後期以降の村落運営の特質を探り、また村落内貧困層に対する救済に焦点を当てる。

(37)　大字佐生「大字佐生統治規約」一八九四年三月（U二）には区長、評議員は「諸税費の戸数割一戸額已上を負担する者に限る」とある。

(38)　一九三六年現在、極貧による税免除世帯をのぞく。五峰村「特別税戸数割賦課額表」一九三六年度（大字佐生『〔来翰書類綴〕』一九三六年、G一四）。大字佐生『戸数割等級表』一九三一～五五年（R二九）。

(39)　ただし「一戸前」未満であった家が、徐々に経済力を持ち、一九三九年に「一戸前」となって評議員に就任するケースが一例存在する。（坂口［二〇二〇］四、五、七頁）。大字佐生『戸数割等級表』一九〇四年（G三四-二）、一九一〇年（G三四-七）、一九一四～二七年（R二六）、一九三一～五五年（R二九）。大字佐生『役員人名簿』一八八八～一九八〇年（U一）。

(40)　以上、大字佐生区長『日誌』一九四一～四四年（P二）。一九〇三年の評議員会の記録も残るが、合意形成の方法は同じである。すなわち「小作者一同より小作米減少の依頼により区長席に於て評議員一同及び地主協議をなしたる」と（田附太郎兵衛『小作米取立帳』一九〇三年度、B三一、田附家）。つまり、協議の場に小作者はいない。なお、近隣の村落と比較すると、佐生の小作料減免率は遜色なかった（坂口［二〇二〇］一六頁、注四九）。

(41)　川本彰は「むら仕事」を村落の「最大の機能」である「領土保全の具体的表現」と位置づける（川本［一九八三］二〇頁）。「むら仕事」は無償労働提供であるとの見解が一般的であるなかで、本章では以下二つの研究に着目する。一つは嘉田由紀子の論稿であり、「むら仕事」は貧困層を含む村落住民にとって現金稼得機会となるものであったと分析している（嘉田［一九九二］九八、一〇七～一〇八頁）。ただし聞き取り調査の成果であり、具体的な「むら仕事」への出役回数・労賃は判明していない。これに対して本章では、どれほどの出役回数や労賃であったのかを史料に基づいて示す。この「どれほど」かを探る作業は、はじめにで示した日本近代村落においていかなる場合にどの程度「有償労働供与」と「無償労働提供」が現出するのかを示すことを意味する。もう一つは高橋明善等の論稿であり、第二次世界大戦後になって「部落的強制がきかなくなった」結果、「むら仕事」が有償労働になる場合があることを指摘した（高橋［一九六〇］八六頁、山本英治［一九六八］八六頁）。本章は二〇世紀初頭の段階で有償労働であった事例を示すものである。なお筆者は佐生の近隣村落の「むら仕事」について検討したことがあり、詳しい研究史整理は拙稿を参照（坂口［二〇一九］四九〜五一頁）。

（42）以下の出所は表1-5を参照。

（43）同右。

（44）村落外居住小作農家の「むら仕事」への出勤回数（一九三三〜三九年）は、延べ一一人二二回である（同右）。

（45）福武直は中国において「むら仕事」がみられない、もしくは極めて少ないことを指摘している（福武［一九五一］二三六、四六三、四九五、附録一一五頁）。現代中国農村でも、村を範囲として定期的に道路の補修をする行為は確認できない（田原史起［二〇一九］一二五、一四三、一七三頁）。

第二章　中華人民共和国初期、華北村落に見る人的結合の複層性
——対策としてのむすびつき

河野　正

はじめに——華北村落における「結合」

本章で対象とする華北農村の社会結合を巡っては、これまで多くの研究が蓄積されてきた。まず紹介すべき代表的な研究は、平野・戒能論争[1]と、それを解決に導いたとされる旗田巍による研究である（旗田［一九七三］）。紙幅の関係で本論争についてここで詳しく述べることはしないが、これは華北村落に共同体的性格を見出そうとする平野義太郎と、それに否定的な戒能通孝による華北村落における社会結合の強弱をめぐる論争である。

本論争は南満洲鉄道株式会社（以下、満鉄）調査部による華北地域における農村調査の分析の過程で発生したものだが、その解決をしたとされる旗田による研究もやはり同調査をまとめた『中国農村慣行調査』[2]を利用している。旗田は、村の土地の境界や看青（農作物の見張り）などの共同行為、また村公会などについて考察した上で、戒能と同じく華北村落における村落共同体の存在を否定し村の団体的性格の弱さを示している。また、華北農村は、村を超えて所有する飛び地も多く、村の土地の境界が曖昧であることも指摘されている。

華北村落の性格を巡っては、二一世紀に入ってからも論争と呼ばれる状況が発生した。これは内山雅生の研究とそ

れに対する奥村哲・三品英憲による批判である。内山は農村における互助慣行には村落の共同体的集団を維持する温情主義的役割があったと指摘する（内山［二〇〇三］）。これに対する奥村・三品の批判は概ね共同行為はあくまで私的なものであり、それによって共同体的集団を維持しているとは言えないという立場のものである（奥村［二〇〇三］、三品［二〇〇三a］、三品［二〇〇三b］）。

しかし内山の共同体に関する指摘は仮説の提起にとどまるものであり、また奥村・三品の批判もそれ自体が実証的な研究ではない。他方で近年、社会学の分野から注目すべき研究が相次いで出されている。田原史起は中国国内の複数の村落の比較検討を行い、中国の農村社会を時に応じて多様な結びつきを見せる動態的な社会層であると説明する（田原［二〇一九］三七、二〇六頁）。また川瀬由高は言語学の用語である「韻律」という言葉を用い、中国の農民の行動を、明文化された規則ではなく時と場合に応じた「韻律」に基づくと説明し、境界的なコミュニティ概念とは異なる視点で基層社会の人間関係を捉えている（川瀬［二〇一九］）。

筆者はこれまで、華北村落における人々の結びつきを複層的なものとして論じてきた(3)。すなわち、筆者のこれまでの研究では華北村落における社会結合の在り方を、「村か否か」といった二元論ではなく、近隣関係・地縁・村など複層的なものとして論じてきた。本章はそのような筆者自身のこれまでの研究を基礎としながら、農民の生存戦略という視点の下に改めて整理を行う。また、これまでの研究では十分取り上げられなかった「家」についても考察を行うものである(4)。

また、このようなテーマを扱うこれまでの歴史学的な研究の多くは、前述の『中国農村慣行調査』を使用してきた。この調査は限られた村落を対象とし、また一九四〇年代のある瞬間だけを切り取った史料である。そのため歴史的な変化を考察するのは難しかった。本章では中華人民共和国（以下、人民共和国）初期という歴史過程の中での変容を考察したい。

ここで本章のタイトルについて説明もしておきたい。「中華人民共和国初期」とは単に時期的な区分ではなく、以下に見るように中国共産党（以下、共産党）の到来によって社会が不安定化するとともに、慢性的な貧困状態にあった時期として位置づけるものである。また「対策」とは、中国語の「上有政策、下有対策（上に政策あれば下に対策あり）」の対策という意味を含んだものである。これは中国では政府が様々な政策の浸透を図っても、社会の側ではそれぞれ対策を立てて対応し、政策が骨抜きにされてしまう状況を説明する言葉である。そのため本章で使用する対策とは、上で見たような人民共和国初期の状況の中で、社会の側が共産党の諸政策に対応し、時にリスクを最小化し、時に利益を最大化する手段として位置づけるものである。

1　華北村落における結合

（1）　華北村落概況

ここではまず旧来の華北村落の在り方について整理しておきたい。そもそも中華民国以前の中国の統治体制では中央政府の派遣する官僚は県レベルまでしか来ておらず、それより下は在地有力者を通じた間接統治体制が採られていた。そのため村落は一種の自治空間としての機能を有していた。

そのような華北地域の村が近代以降に担っていた役割は、看青や防衛、他村との衝突の際の仲裁、学校の設立や徴兵、徴税などである。しかしこれらを担っていた青苗会や公会といった組織は任意団体であり、必ずしも村落全体を包括するものではない。青苗会は事実上村政を担う組織であったものの、看青に基づいて組織されたものであるため、土地所有者や耕作者のみが参加をする組織であった。また、結びつきの紐帯になりえるような村の共有財産が乏しかったことも指摘されている（福武直［一九七六］四二二頁）。

そして村の内実として排他的な本村人としての結びつきが弱く、社会が流動的であったことが指摘されている。しかしその資格の在り方や意味は、地域によってそれぞれ異なっていた。たとえば本村人の資格が緩い村では、外から村にやってくればすぐに本村人として認められ、その際に家や土地を所有する必要はなかった。また、村から出ていっても、家族を残していれば本村人として認められる場合もあった。一方で本村人の条件が厳しい村においては、家と土地を村内に所有することが本村人の条件となっており、村に居住し生活していても、その条件が整わなければ外村人のままであった。旗田はここに歴史的傾向を見出し、華北村落における近現代を、村落の結びつきが解体し、散漫な村が変化していく過程と位置づけた（福武［一九七六］一六四～一六六頁）。

このため、交通が不便な奥地などで他村からの移住者などが少ないほかは、旧来から華北村落には多くのヨソモノが暮らしていた（旗田［一九七三］一四一頁）。どのような人がいたか整理しておきたい。まず想定されるのは長工（長期雇いの農業労働者）である。長工は多くの場合他村出身者が充てられた。この場合、長工は本来の生活の基盤は他村にある。そのため彼らはあくまでヨソモノであり続け、本村人になることはない。次に挙げるべきは女性である。中国農村では基本的に村が外婚単位となるため、村にいる既婚女性の多くは結婚を機に他村から移ってきたものである。しかし彼女たちはいわゆるヨソモノとして扱われることなく、その配偶者の家の一員として扱われる。三つ目に挙げるのがいわゆる移住者である。このような人々は多く存在したし、本村人の条件が緩いところでは移住と同時に村人として扱われていた。そして入村と同時に、古くからの村人と同様に扱われ、特に差別を受けることはなかった（旗田［一九七三］一三四～一三五頁）。加えて農民は必ずしも農業だけに依存しておらず、出稼ぎや仕送りを含む多様な経済に基づいて生活をしていた（浜口允子［二〇〇九］）。すなわち、華北村落の村民たちは地理的にも経済的にも村に縛られない生活をしていたと言える。

しかし本章で扱う人民共和国初期という時期について考えるならば、そのような民国以前の社会像を無批判に適用してよいのかは検討を要する。たとえば間接統治という体制について考えても、人民共和国時期には中国の歴史上はじめて全国規模で村レベルの政権機構が樹立された。村政府と共産党村支部が設置され、個々の村に直接的な管理を行うとともに、土地改革や農業集団化などの政策を通じて既存の村落秩序や所有関係の解体・再編成を試みていた。これは、社会に対する統治が強化されるのと同時に、これまでなかった干渉によって社会の動揺・不安定化を誘発した。

そのような動揺・不安定化に加え、人民共和国の農村は慢性的な貧困状態にあった。二〇二〇年一二月、中国が正式に「貧困脱却」達成を宣言したことは記憶に新しい（吉田健一［二〇二〇］）。貧困からの正式な「脱却」を宣言できること自体が中国の特色だと言えるが、この背景には中国では「貧困」の基準が明確に定義されていることがある。この基準は時期によって変遷があるが、最も早い段階で定義された貧困ライン、すなわち現在の基準から見ると最も緩い貧困ラインが定められたのは一九七八年である。この時点では貧困と脱貧困の境界として設定されたのはエンゲル係数が八五％を超えるか超えないかであった（鮮祖徳ほか［二〇一六］）。すなわち、エンゲル係数が八五％以下であれば貧困でないとみなされたが、これはほとんど食べていくのにやっとというレベルである。つまり、この時点で貧困の定義はかなり緩やかなものであり、貧困の範囲に含まれない人々も実際にはかなり苦しい生活をしていたと思われるが、この基準でも二億五〇〇〇万人が貧困人口として認定されていた。

ならば、このように不安定で貧困な社会において、農民は共同や紐帯の無い状態で生きていられるのであろうか。社会福祉の面から考えるならば、このような貧困から保護するために政府の側が人為的なつながりを創出し、農民の生活の安定化を図ることもあり得るだろう。共産党は確かに、本章で見るような互助組や農業生産合作社の組織化を促進した。しかしこれは農民の生活の安定化を意図したものではなく、あくまで都市の工業建設という目的のためのものである。

端的に言えば、中国式の社会主義とは、都市の工業化や都市住民のみが社会主義的な福祉を享受できるものであり、農村住民は基本的に自給自足を行う立場、さらに言えば都市から搾取される立場に置かれていた（Wemheuer, Felix [2019] p. 18）。ならば、そのような社会では農民たちが生きていく対策として、何かしらの自発的な結びつきが必要だったはずである。

（2）村と結びつき

それではどのような結びつきを想定すべきなのだろうか。ここでは、華北村落における結びつきを探すヒントとなる要素を考えてみたい。中国における結びつきとしてしばしば指摘されるのは、最小単位である「家」や、そこから派生する血縁によるものである。(5) たとえば華南などの場合、基本的に一つの姓しか存在しない単姓村というものも多くある。そこには事実上の村の公有地である族田が多く、土地改革にも影響していたことなどが指摘されている（山本真［二〇一六］）。他方、華北では単姓村を作るような大規模宗族というものはあまりないし、族田のようなものもあまり見られない。しかし華北地域でも村落内で同族による集住が見られ、それが農業集団化時期の生産小隊の構成にも影響していたことが指摘されている（祁建民［二〇〇六］二七九～二八一頁）。

血縁および結びつきの最小単位である「家」についても言及しておきたい。中国の家は「四世同堂（四世代同居）」という言葉で表されるように、大家族が理想視されていたが、実際には大部分が核家族である（福武［一九七六］五五～五七頁）。それと関連して、中国では旧来から男子均分相続であり、長幼の差なく、兄弟は等しく財産を相続する権利を持った。また正式に分家するまでは、次男三男も含めて婚姻後、必ずしも家を出る必要がない。そのため大家族を養い得る豊かな家の場合は、前述のような大家族を形成する可能性を有した。

次に華北村落の地理的な特徴からも考えたい。一般的に華北地域の村落は集村と呼ばれる形態をとっており、これは華北平原の中で比較的大規模な村落が集中的に点在しているものである。他方、華中や華南、とりわけ稲作を行う地域では小規模集落が点在する散村が一般的である。

華北村落の多くが集村の形態をとることについて王建革は、治水が整備されている華南などと異なり河川の氾濫に備えて高台などに集住する必要があったこと、灌漑のために耕作地の近くに分散して居住する稲作地帯とは異なり、農地が遠くても良かったことと、(6) 防衛の必要を挙げ、それらと並んで村落社会の凝集性も理由として挙げている（王［二〇〇九］三六二〜三七九頁）。

このような集村の特徴として、中間的な集落が存在せず、また規模が大きいために、自然集落たる自然村と行政単位である行政村が概ね重なることが挙げられる。表2-1は一九七五年時点の人民公社の生産大隊と自然村の数を省内の地区ごとに表したものである。

表2-1　河北省の生産大隊・自然村数（1975年）

（単位：村）

	生産大隊	自然村
承徳地区	3,104	17,284
保定地区	6,188	9,007
唐山地区	7,455	8,959
張家口地区	4,346	8,016
石家荘地区	4,480	6,228
邢台地区	5,184	5,524
邯鄲地区	5,332	5,394
滄県地区	5,801	5,360
衡水地区	5,006	5,258
廊坊地区	3,196	3,111
合計	50,092	74,141

出所：河北省革命委員会民政局［1975］1頁。

生産大隊は基本的に行政村に置かれるが、ここから見ると承徳専区や張家口専区などで生産大隊・自然村の数が大きく離れているのを除くと、多くのところで両者の数字は大体一致している。すなわち、大部分の自然村がそのまま行政村となる。

規模についても触れておきたい。表2-2は一九八〇年代のデータだが、河北省の村落の規模を示したものである。尚義県は張家口専区に属する高原地帯であり、寛城県は承徳専区に属する山地で、ともに関外（万里の長城より北の地域を指す）の県である。そのため典型的な華北地域とは状況が異なる。覇県・寛城県はそれぞれ廊坊地区・保定地区に属しており、河北省内の多数派と言えるタイプの県

表2-2　自然村平均人口（1980年代初頭）

（単位：人）

県名	地形	1村当たり人口
尚義県	高原	264
寛城県	山地	126
覇県	平原	1,222
安新県	平原	1,708

出所：魯西奇［2013］113〜130頁。

である。

それでは、これまでの研究で指摘されてきた散漫な結びつきと、このように大規模で、行政的な機能も持ち、一種の自治空間としての性格も有した村落という一見矛盾する二つの像をどのように理解すればよいのだろうか。そこでヒントになるのが、前述の田原や川瀬らの研究である。

華北村落の結合の希薄さを強調するこれまでの研究も、決して村内にいかなる結びつきも存在せず、全てがバラバラであると主張するわけではない。むしろ、華北村落では村ではない様々なレベル、近隣や血縁、友人関係などで助け合いや共同行為が見られた。またそもそも旗田による華北村落に対する分析も、全ての村落が散漫であると指摘していた訳ではない。旗田は結合が強固な村落と希薄な村落を整理し、そこに強固な結合が崩壊していく歴史的な傾向を見出した（旗田［一九七三］一六四〜一六六頁）。しかし旗田が歴史的傾向と説明するのは根拠が不明確であり、この点は先行研究でも指摘されている（Duara, Prasenjit［1988］p. 212）。

これらの点から考えると、華北村落の在り方について従来の研究とは少し異なる視点からとらえることができるだろう。すなわち、普遍的に結びつきが弱い地域なのではなく、時に応じて様々なレベルで結合し、そして時として結合しない社会である。そして旗田の指摘するような結合が弱まっていく過程なのではなく、『中国農村慣行調査』のように、ある時期を切り出してみたとしても、その中にまとまりが強い地域と弱い地域が混在していたのである。[7]

本章の結論を先取りすると、華北村落における社会結合は、村だけ、血縁だけ、といった一元的なものではなく、多様な結びつきがそれぞれの時期に応じて見られる複層的なものである。そして農民たちは生存の危機にある時には防衛のために結び付き、拡大が可能な時には拡大のために結び付きを強化していた。本章はその過程を共産党政権の到来と一九五〇年代という時代の中で歴史的に位置づける。

2　農村政策の変遷

(1)　土地改革

本節では議論の前提として、一九五〇年代の農村政策の概略について簡潔に述べておきたい。まず取り上げるべきは土地改革である。

土地改革は端的に言えば地主や富農など、土地・財産を多く持っている人々から取り上げ、貧農や雇農など、土地・財産が少ないか全く持っていない人々へ分配する政策である。本章との関連で中国の土地改革の特徴を位置づけると、まず土地や財産の分配先が挙げられる。土地改革では規定上の分配対象は個人とされ、男女問わず等しく分配されるものとされた。しかし実際には土地は戸を単位として分配された。そのため土地改革では家父長制や家のつながりが解体されないどころか、むしろ強化されたことが指摘されている（J・ステイシー［一九九〇］一八六頁）。次に、土地改革が実質的に村を単位として行われたことが挙げられる（小林弘二［一九九七］七五九頁）。そのため土地改革では土地や財産を村ごとに没収し、村ごとに分配していた。また、土地改革の過程で村の純農村化が進行したことも指摘されている（小島泰雄［二〇〇九］）。前述のように旧来の華北農村では農民は多様な収入に基づいて生活をしており、農業は決して唯一の収入源ではなかった。しかし土地改革でほぼ全ての農民が土地を手にしたことで生活における農業収入の比重が高まっていったことが指摘されている。すなわち土地改革を経て、家という枠組みが強化されるとともに、農民は地理的にも経済的にも村に縛られる存在に変わりつつあった。

(2) 農業集団化

共産党は土地改革を完了した地域で、農業集団化政策を進めた。これは大きく分けて互助組、初級農業生産合作社(以下初級社)、高級農業生産合作社(以下高級社)、そして人民公社という段階に分けられる。

華北地域は乾燥した気候で乾地農法を行うため、農作業や鋤などの農具の利用のために、複数の家畜が必要な場合が多かった(大日本農機具協会ほか編[一九九五]四〇~四七頁)。しかし一戸で複数の家畜や大型農具を所有するのは難しく、多くのところで労働力や家畜、農具の相互融通が必要となり、自発的な助け合いを行う農民が多かった。この場合、居住地や耕地が近接しているものや血縁関係にあるもの、関係の良いもの同士で行われた。また、兄弟が分家する際、大車のような大型農具や井戸、家畜など分割が難しいものについては、分家後も共同所有とされ、共同で使用された。これも兄弟、すなわち血縁関係による共同所有・共同利用と言える(仁井田陞[一九七八]一三八~一三九頁)。水車のような大型農具で、もともと村で共有されていたものについては、土地改革でも分配せず、引き続き村全体の共有財産として土地所有証に記入されていた(8)。

共産党による互助組は、このような旧来の助け合いや農具の共有を固定化することを目指し、上からの政策として、これまで助け合いが不要だったものまで巻き込んで広く展開したものである。互助組は農業集団化の初歩的な段階に位置づけられ、数戸の農民が単純な労働力交換や家畜・農具の相互融通を行った。その後、一九五一年頃より本格的に組織された初級社は、土地を共有し、労働点数に基づいて農作物の分配を行うようになる。とはいえ土地による分配も完全に消滅したわけではなく、土地を合作社に対して「出資」した分が一種の「株」として残り、それに基づいて分配も行われた。そのため初級社は後述する高級社との対比において、「半社会主義的合作社」と紹介される。

初期に組織された初級社は、互助組より若干大きい程度の規模から開始された。たとえば模範的合作社として全国的に知られた饒陽県の耿長鎖合作社は最初、七戸で組織されたことが知られている(Friedman, Edward et al.[1991])。

そのためこの時点では村落内に複数の合作社が存在する一村数社規模が一般的だったが、徐々に合併が進んで合作社の規模が拡大する。高級社組織化前夜、河北省の一九五五年時点の合作社は一〇万三一四五社であり、これを同時期の自然村数六万九五四〇村で割ると一村平均一・五社である（黄道霞主編［一九九二］一三七頁、許高飛編［二〇〇六］二一五〜二二〇頁）。多くの村で一村一社規模の合作社が成立していたと言える。

この後、一九五五年から初級社を合併する形で組織されたのが高級社である。(9) 高級社の特徴としてまず挙げられるのは、初級社時期には残っていた土地の出資分に基づく分配が取り消され、完全に労働点数だけに基づいて分配が行われた点である。また規模の変化も見られる。高級社の増加に伴い一社当たりの戸数は減る傾向にあるが、一九五六年三月の全国平均が一社当たり二五〇戸、同年六月に二四六戸、一二月の数字でも一九九戸である（葉揚兵［二〇〇六］五四三頁）。一九五六年四月の承徳専区を除く河北省全体の統計によると、複数の郷から組織された連郷社が六三〇社、一郷一社の郷社が七九六一社、複数の村落から組織されている連村社が三一二三社、一つの村落から組織される一村一社が一万二三四九社、一つの村落に複数の小規模合作社が存在している一村数社が二五〇社あった。(10) つまり、少なくとも全体の約半数が村落を超えた規模で組織されていた。また大規模合作社は一社当たりの戸数が多くなるため、参加戸数から見た場合農民のかなりの割合が大規模社に参加していたことが指摘されている（葉［二〇〇六］五四三頁）。またここまで見てきたように、これらの組織はどれも個人ではなく家を単位として参加する制度になっている。

このような急速な規模の拡大に伴い、高級社の組織化の過程では様々な問題が発生していた。それについては次節で改めて考えたい。

3　村から見る諸政策

(1)　土地改革

①　村の土地

本節ではここまで概観を述べてきた共産党の諸政策について、村という枠組みから見た実態を整理したい。ここでは特に、これまでの研究でしばしば言及されてきた村の土地と村民の枠組みについて検討を行う。

前述の通り華北村落では明確に定まった村の土地の範囲がなく、各村の人々が所有・耕作する土地は流動的で入り乱れていた。先行研究では、基層幹部が土地改革を通じてこの是正を図っていたことが指摘されている（小林［一九九七］七五八〜七六四頁）。それによると共産党は村の土地の整理の必要を感じており、国共内戦期（一九四六〜四九年）の土地改革では地主・富農が他村に所有する小作地は一律に没収するという属地主義的方法で土地の整理を行っていた。自作地についても徹底的均分が行われた地域では飛び地はかなり減少し、村界の確定が指示されていたことが指摘されている。

他方、本章で扱う人民共和国時期の土地改革は徹底的均分を採っておらず、このような手段での村界画定は難しい。共産党側は特に明確な基準を示しておらず、村の土地の整理には消極的だったと言える。(11) 総じて共産党は村の土地について、あくまで暫定的に土地改革の範囲を決めるための関心しかなく、村の土地の固定化等は意図していなかったのである。一方、村の側では土地改革という刺激を通じて、村の土地に対する関心が高まっていた。つまり村を単位として土地や財産を分配するため、個々の農民にとって村の利益が自らの利益に直結するようになった。そのため社会の側では積極的に村として結びつきを強め他村の土地の吸収を図るとともに、他村からの攻撃や上からの徴集に対する防衛も図っていた。具体例を見ていきたい。

たとえば欒《らんじょう》城県寺北柴村では村民が耕す土地の大部分を村外の地主が所有していたが、土地改革ではそれらを没収して小作人である農民に分配しており、「村の土地が増えた」と認識している（三谷孝編［一九九九］一七六頁、魏宏運・三谷孝主編［二〇一二］第一巻、二三八頁）。同村には、村民の借金により他村の地主に質入れしていた土地が二〇〇ムー[12]あったが、これらも回収され、村人たちは「土地が実家に戻ってきた」と喜んだ（三谷編［一九九九］一〇六頁、魏・三谷編［二〇一二］第一巻、一三七頁）。

このような他村の土地を吸収する際の積極的な団結だけでなく、反対に土地を侵害されそうになった場合にも、村としての対応が見られる。密雲県の村では、村の公産地に隣村の農民が勝手に作物を植えるという事態が発生した（『河北日報』一九五〇年五月二八日）。同じ頃、束鹿県の村では農民が自分の土地が足りないことを理由に、隣村の農民の土地で勝手に麦を刈り取った（『河北日報』一九五〇年七月一九日）。これらはどちらも個人ではなく、村同士が話し合いを行って解決を図るが、決着がつかず区と県に訴えに行っている。しかしどちらの例も区や県は真面目に対応せず、困った農民が『河北日報』宛に投書をするという結果に至った。

前者の例はそもそも村の公産地であり、この例だけではあくまで村自身が当事者として対応したことしか確認できない。ところが後者は個人の土地をめぐる事例であり、本来は家同士の問題だった。しかしここでは事件の発生後、各戸で解決を図る前にまず二村の幹部が話し合いを行っている。少なくも侵犯された側の村では、公有地などと同じく村の土地に関わる事件と認識していたと言える。[13]ここで示唆的なのは清代の華北における水争いに対する村の対応である（小田［一九九七］）。小田則子によると、清代の華北においても他村の農民との争いに際して、個人ではなく村として対応することもあった。村を単位として土地改革を行う中で、このような村の意義が増大していた。

このように村の外から見ると、土地改革時期に土地をめぐって村のつながりが強化されたように思える。しかし村の中に目を移すと、そのつながりの多様性が明らかになる。ここでは土地改革時期の「村民」をめぐる問題について考えてみたい。

② 村人とヨソモノ

既述の通り、華北村落の多くの村では本村人の条件が緩かった。この背景として考えるべきは、本村人であることの意義の薄さである。本村人の条件が厳しい村においても、その条件は村費を本村人が負担するという「苦の分担」のようなものであり、他方で落穂拾いや共有地の利用など、本村人であることで特に特権を享受することはできなかった（旗田［一九七三］一六三〜一六四、二三三〜二四八頁）。

ところが村を単位に土地改革を行ったことで、土地や財産を分配される本村人と、分配されないヨソモノという分断が生じることになった。そもそも村内にヨソモノがごく普通に居住し、生活しているという環境下では、そのような人々へ土地や財産を分配すべきか否かというのは幹部にとって悩ましい問題である。新聞の投書欄ではこの問題についての質問が多く見られる。たとえば一九四九年一一月には読者からの質問に対して、二重に土地を分配されるのを防ぐために、本籍地へ照会する必要があるとしながらも、外籍の者に土地を分配することは可能であり、また分配された土地の所有権について他人が干渉してはならないとしている（『河北日報』一九四九年一一月四日）。

省レベルでは、一応このように方針を示していたが、幹部たちにとってこれはやはり悩ましい問題であった。一九五〇年六月の投書では渉県の幹部から同様の問題について質問されている（『河北日報』一九五〇年六月二日）。それによると、同県の村に前の年に河南省から来た青年がおり、一九五〇年春、六ムーの土地が分配された。しかし幹部たちは彼に対しても正式に土地証を発行するべきか否かが分らず、悩んだ末に『河北日報』へ投書した。

これら幹部は、必ずしもヨソモノに対する排斥を意図していたわけではない。しかし基準が不明確な中で、社会の側はヨソモノの排除に傾いた。これは限りある土地や財産の分配を行う中で、分配の分母を少しでも減らそうとするためである。以下は元氏県の土地改革について報じた『河北日報』の記事である。

四区の某村では、六戸の農民が本来分配されるはずの果実〔土地や財産など、地主・富農から没収し、貧雇農に分配する土地改革の成果〕を分配されておらず、五区でも同じような現象があった。これらの一部は外来戸であり、村幹部のセクト思想のために、果実を貰っていなかった。この村は既に二～三世代住んでいる貧雇農に対して、紹介状がないことを理由にして、土地を分配しなかった（『河北日報』一九五〇年一月四日）。

文中の紹介状とは、従来一部の村で移住の際に必要とされていた、もともと住んでいた村の村長に書いてもらう紹介状のことであると考えられる（旗田［一九七三　一三〇頁］）。そもそもこの村が入村に対して紹介状を要した村だったのかについてはここからは不明だが、長年にわたって村に居住し、特に問題もなく生活していた者が、土地改革の過程でヨソモノであることが「発見」され、排斥の対象になったのである。(14)

このようなヨソモノの排斥は、本村人であることの意義の強化と表裏一体のものである。つまり土地改革で限りある土地や財産を分配する中で、これまで大きな意味を持たなかった本村人が、土地改革の分配を得る権利、もしくは土地改革の規定を超えて土地や財産を没収されない権利を有する存在となり、他方でヨソモノは土地や財産を分配する権利を有さない、もしくは土地改革の規定によって土地や財産を保護されない存在として位置づけられていった。

（2）　土地改革と家

家という視点からは、土地改革の異なる面も見られる。それは核家族化の促進である。史料から見られる事例は多くないものの、土地改革に先立って分家を行う地主・富農の存在が指摘されている。ここで言う分家とは父親の財産を兄弟で分けることであり、父親が死去した際に宗族によって行うこともあったが、父親の存命中に財産を分けることもあった（仁井田［一九七八］一三二〜一四三頁）。後者の場合、父母には生活するための「養老田」を残すか、兄弟たちが順番に父母の面倒を見るという方法が採られた。

一九四九年一一月三〇日の『河北日報』紙面では、まだ土地改革を行っていない地区に住み、折り合いが悪いという兄弟からの投書が見られる[15]。それは、土地改革前に分家することの可否を問い合わせるものだったが、『河北日報』編集部からは、分家自体は可能であるものの、できる限り兄弟で力を合わせて生活・生産を行うべきだという返答に続き、以下のような回答がされている。

もし土地改革の政策を理解しないために分家をするのであれば、土地改革の政策を広く宣伝して、土地改革では中間を動かさず、中農の利益を絶対に侵害しないというのを群衆に理解させなくてはならない。分家して目標を減らそうとする地主・富農もいるが、これは間違ったことであり、このような者に対しては対応が必要である。

ここでは分家によって一戸当たりの土地面積を減らすことで中農や貧農など低い階級成分になり、闘争を逃れようとする地主・富農の存在が示唆されている。また、投書の主に対しても、分家を希望するのが本当に兄弟の不仲が原因であるのか懐疑的に見ているように思える。

実際、この前後の『河北日報』の投書欄では、分家に関する問い合わせが多く見られる[16]。具体的な数値を出すことは難しいが、この時期に分家が多く見られたことが推測される。農民たちは、土地改革で自らの財産が分割されてしまうことを恐れ、まさに生き残りのための戦略として家の範囲をも収縮させたのである。また前述のように、土地改革時期には家父長制の強化が進んでいたことが指摘されている。この時期には、家という枠組みが強化されながらも、その家の内実では変化が発生していたのである。

(3) 農業集団化と村

① 初級社の組織化

土地改革時期に見られた村の結びつきの変化は、土地改革後には固定化したのだろうか。農業集団化時期の状況から検討してみたい。

土地改革の後、互助組を経て全国的に初級社が組織された。土地改革に村の土地の調整が十分行われなかったため、この時期に至っても村や合作社に属する土地の境界は不明確であり、入り乱れていた。そのため初級社時期にも村や合作社の間で土地の調整が行われている。たとえば欒城県寺北柴では合作社時期に、県の決定により近くの土地の少ない村に土地を提供していた（三谷編［一九九九］一七六頁、魏・三谷編［二〇一二］一三八頁）。また順義県沙井村では人民公社時期にも他村に土地を分けており、そのため自分たちの村の土地が減少する例や、村同士で土地の交換をした例が見られる（三谷編［一九九九］五七九頁、魏・三谷編［二〇一二］五一頁）。

これに対し村の側の自発的な土地の調整の動きや、それに対する不満や反対は見られない。土地改革時期には積極的に他村の土地の吸収に動き、自らの土地への侵害に対しては村ぐるみで抵抗していた状況から考えると奇異にも思える。

この理由として推測できるのが、初級社の組織の在り方である。すなわち、初級社は設立当初は数戸の規模であり、また互助組と同様に労働には労働で返すという比較的単純な助け合いを行うのみだった。しかし初級社が拡大し、次第に一村一社規模に近づくと、社内に下部組織として生産隊が組織された。生産隊が組織されると「包工包産」と呼ばれる一種の請負制が実行される。これは、分配自体は合作社で統一して行いながらも、隊ごとに耕作区を割り振り、土壌や面積に応じて生産量を請け負わせ、超過生産分は隊に分配し、請負量を下回った分は隊への分配から差し引く、という制度の上に組織された。

そのため個々の農民にとって重要なのは自らの所属する生産隊の耕作区であり、それを超えた村や合作社の土地は農民にとって関心の外にあるものだった。他方でこの時期には、生産隊同士の対立が顕在化した。たとえば沙河県の合作社は耕作区を割り振る際、多くの隊で「自己中心主義（本位主義）」が見られ、どの隊も自分たちのことだけ考えて合作社全体のことを考えていなかったとして批判されている[17]。清河県の合作社でも、合作社が混乱している一つの例として、生産隊同士が団結せず、合作社が不安定になっていることが指摘されている[18]。

ここで考えておきたいのは生産隊の成り立ちである。生産隊の多くは居住地の遠近や元々の自発的な助け合い関係、互助組を基礎に組織されていた[19]。つまりこの時期には土地改革時期にいったん強まった村としての結びつきが弱まり、近隣や血縁などそれより小さな単位での結びつきが強化されたことになる。このような村の結びつきの低下は、村内におけるヨソモノ排斥の減少とも密接にかかわる。この時期、生産隊同士の対立が高まる一方で、土地改革時期に見られたような本村人によるヨソモノの排斥は見られない。

他方、この時期には貧富間の対立や、新旧社員の対立が見られるようになる。合作社では、社の総生産量から積立金などを差し引いた上で、社員に生産物を分配する。そのため、生産量が大きく伸びない限りは、分配量は個人経営の時と比べて減少することになる。また、新社員が増える場合、とりわけ労働力が多く、土地が少ない戸が入社した場合、生産量の伸びには限界があるため、分配量の低下につながる。そのため早くから合作社に参加していた戸にとって、新社員、特に土地が少ない新社員は排斥の対象になった[20]。総じて、この時期にも土地改革時期と同様に特定の戸の排除はあったものの、それはヨソモノであるか否かという個別の属性に関するものではなく、単純な貧富の差によるものに変わっていた。

②　高級社時期の村

初級社の組織後、一九五五年頃より全国的に高級社が組織される。これは極めて短期間で急速に組織されたほか、大規模化が進んだことも指摘されている。前述のように、河北省では多くの社が郷以上の規模で組織され、半数近くが複数村落から組織されている。そのため高級社は成立後様々な問題に遭遇した。その一つが、規模拡大に伴う実情に見合わない生産計画による減産である(21)。農民たちは増収への期待を込めて高級社に参加していたため、減産・減収に対する不満はより大きいものだったことも指摘されている（葉揚兵［二〇〇六］七八〇頁）。

そのため高級社の組織後、最初の分配が行われた一九五六年の秋以降、全国規模で分社や退社の要求が噴出する。表2-3は一九五七年三月時点の河北省の分社をめぐる状況である。滄《そう》県専区のような多いところでは既に七〇％以上の合作社が分社しており、これ以降に分社した合作社も存在することを考えると、かなりの割合が分社したことが推測できる。

共産党側はこのような問題に対応すべく、様々な対策を立てた。問題点として想定されたのは、たとえば高級社化に伴って

表2-3　合作社の分社をめぐる状況（河北省、1957年3月時点）

	元々の聯村規模の合作社数	既に分社した社数	分社した社の割合（%）
張家口専区	1,290	140	10.8
通県専区	874	300	35.4
天津専区	339	165	48.7
唐山専区	1,054	229	21.8
滄県専区	1,197	866	72.5
保定専区	996	664	66.7
石家荘専区	607	395	65.0
邢台専区	205	87	42.5
邯鄲専区	424	100	23.6
承徳専区	291	114	39.2
合計	7,277	3,060	42.0

注：1957年３月10日の統計による。
出所：「河北省委農村工作部関於生産整社問題的綜合報告」（1957年４月３日）河北省檔案館 879-1-77。

樹木や家畜、大型農具などを公有化した際に評価価格が低かった点や、合併の際に帳簿の統一が不適当だった点などである。[22] つまり共産党はこの時点で問題の所在は減収など経済的要因にあると考えており、採った対応も経済面のものに限られていた。他方、社の大きさそのものや村同士の対立に関する問題も認識され、多少の対応は採られたものの、省レベルでの対応は限定的だった。省委員会農村工作部の報告では、「盲目的に大きさを求めるのは防止しなければなら[23]」ないとしながらも「助けるべきところは助けるべきであり、現在の一部の地区で行われているような、積極的に助けようとせず消極的に分社しようとする現象は禁止しなければならない[24]」と強調しており、社の規模の調整には必ずしも積極的ではない。

しかし以下に見るように、分社の要求において、減収など経済的問題は必要条件の一つであるとは言えるが、十分条件ではない。すなわち、減収が発生したからといって、それが必ずしも分社の要求に結び付く訳ではない。表2-4は河北省檔案館所蔵のある史料群に見られる一一の合作社について、分社の要求が確認できるところ（既に分社したところを含む）と、分社の要求が確認されないところを分け、それぞれで指摘されている問題点や特徴をまとめたものである。

ここでは一一の社のうち七社で分社の要求があり、四社からは確認されなかったが、減産や減収など問題は双方の社で起きている。また、村同士の格差についても、分社が要求されていない合作社からも発見されているし、農民から郷や社の幹部への不信感というものも、双方の社から発見される。同じように経済的問題がありながら、それが村同士の対立、ひいては分社に結びつく場合と結びつかない場合にはいかなる差異があるのだろうか。

分社の要求が出ていない合作社のうち、徐水県勝利社は、格差はあるとはいえ、もともと豊かな合作社であり、そもそも農民の不満が大きくなかった。ここは社内の各村の距離も一～二里（現代中国における一里は五〇〇メートル）と離れず、かなり近い範囲に集中した合作社であったことも、村同士の対立に結びつかなかった背景にあるだろう。[25]

表 2-4　1956年時点における合作社の分社要求状況

分社の要求有り	分社の要求無し
安国県蕲新社 村同士の団結が依然と比べて希薄。 社員や基層幹部の上級に対する信頼が薄い。	**楽亭県徐家店郷社** かなりの数の家で収入が減る。 農民の士気下がる。 郷・社幹部に不信感。
徐水県黄土崗聯盟社 村同士の距離は比較的近い。 村々は経済的にも同程度だが災害後の収穫に格差が存在。 村同士で対立。	**徐水県勝利社** 経済格差はあるが村同士の関係は良い。 社員の仲も良い。かなり豊かな社。
高陽県紅星社 ４年連続で災害が発生。 この秋はほとんど収穫なし。 村々の距離は近い。格差は多少ある。 条件を顧みずに耕作を行う。 農民の士気が低い。 社へ不信感。大衆は幹部を恐れる。 自分の村の幹部へは不満少ない。 他の村から圧迫されるのを警戒している。	**棗強県星火燎原社** 増産したが、支出が多くて一部で減収。 聯村社に不満は小さいが、隊の指導に不満。 村同士で格差は比較的少ない。 一部の人は外で副業をしている。 そのため農業生産に本来ありえない損失。
満城県紅旗社 大社に対して信用なし。他村へ疑いがある。 労働点数に対しても信用がない。 減産は大雨のせいでなく人災であるという主張がされる。 社から個人の活動に対する制限が非常に不満に思われている。 帳簿上は食糧があるとされているが、実際は足りていない。 労働力が外部に流出している。	**満城県城内郷灯塔農業社** 生産が比較的良い。幹部も強い。 村同士の労働に不公平があり解決されていない。 村々土地の量は合併時に調整した。 元々上手くいっていたところでも減産。
定県４区紅旗社 土地に合わない技術改良のために減産。 村同士が対立。 村々でそれぞれ勝手に分配を行う。 小社の時より困難が増している。 名目上は豊作だが分配に足りない。	
徐水県乾溝郷社 １村１社の方が便利と言われる。 村と村の間で本位主義が深刻。 減産についての言及は無し。	
饒陽県大曹郷 生産量が大きく落ち込み。 村々の距離近い。 しかし村同士で心が１つにならない。 上級が自らと相談するよう大衆が要求している。	

出所：河野［2023］208頁。

また棗強《そうきょう》県星火燎原社では減収していたものの、村同士の格差は大きくなく、ここでも村同士の対立に結びつかなかった。(26) 加えて、この合作社内の各村は高級社の組織前から様々な面で協力関係にあったことも報告されており、そのために対立が起きなかったのだと思われる。満城県灯塔社では減産していながらも、生産は比較的良いと報告されており、そもそも経済的問題が大きくなかったと考えられる。(27)

他方、楽亭県の徐家店郷社ではかなりの部分の社員の収入が減り、農民の士気が下がっていることも報告されているが、村同士の対立については報告されておらず、そのため分社の要求も確認されていない。これはいかに考えるべきであろうか。ここで発見できる特徴として、村内で作物や公共物の泥棒が問題視されており、これが一部の村では幹部たちによって半ば黙認されているということである。ここから、徐家店郷の村々がそもそも、村としてのまとまりが強固でなく、村として外に対して団結することが難しく、そのために減収などの経済的問題が村同士の対立に結びつかなかったと推測される。

当然、これだけで徐家店郷に明確な村同士の対立が無かったと断定する訳ではない。とはいえ、少なくとも観察者の目から見て、村同士の対立よりも各村内の対立や問題の方が相対的に大きく見えたということは事実である。徐家店郷の村々においては経済的困難に際して、村として団結して対応したり、そのために村同士で対立を引き起こしたりすることは限定的であったと言える。このように、村同士の対立が起きるのは、村同士の関係というよりもむしろ村内の団結の在り方によるものであった。

この結果、村の結合強化によって対応することができる村では、村の団結と他村との対立が並行して進み、大規模合作社の維持は難しくなった。そのため河北省でも分社の要求が相次いで発生したのは前述の通りである。こうして人民公社による再度の大規模社の組織化まで、つかの間の一村一社規模の組織が成立した。

分社をめぐっては、表2-3を見ると地域的な偏りも見られる。すなわち、滄県専区や保定専区、石家荘専区などが比較的分社の割合が高い一方で、張家口専区、邯鄲《かんたん》専区、唐山専区などが比較的低い。この要因を具体的に示すことは難しいが、張家口専区は高原地区であり、邯鄲専区も太行山脈にかかる山地が多い地域である。山地は環境の悪さもあり、旧来から農民たちの自発的な助け合いが根付いており、互助組などの組織化も比較的順調だった(28)。そのため、高級社化に伴い問題が発生した際にも、このような互助への親和性の有無によって、社会の側の反応に多様性が生じたと考えられるだろう。

おわりに

本章で見たように、人民共和国初期という時代の中で、基層の農民たちは政策に対する対策として、能動的に様々なつながりを利用してきた。それらのつながりは本来複層的なものであり、色々なレベルでのつながりが重なり合っていた。たとえば土地改革の際には、戦略的に家という結びつきの範囲にまで収縮させた。その後、一九五〇年代半ばに村を超えた大規模合作社が組織されたことで、結びつきの在り方が方向づけられたと言える。すなわち、高級社の一旦の分社などを挟みながらも、大規模合作社、そして人民公社という流れの中で、様々な結びつきが村という範囲に収斂していったのである。

ここで見た村という範囲は人民公社時期には生産大隊として人民公社の中核として機能する。そして人民公社解体後は村民委員会という形で、地域差はありながらも現在まで機能を果たし続けている。

そして、基層社会が政策に対する対策を立て、共産党の理想通りに政策が行われないにもかかわらず、農業集団化政策は一旦の分社などを挟みながらも完全に頓挫することはなく、一九八〇年代まで人民公社体制が維持されていたという、一見すると矛盾にも思える状況はなぜ発生していたのだろうか。それは、基層社会が共産党に対して能動的に対応することによって大きな問題の発生を回避し、少なくとも表面的には共産党の政策がスムーズに行われたためだと考えられる。そして、人民公社初期、権限が生産大隊ではなく上位の公社に置かれた時期には、基層社会で対応することが難しくなり、大躍進運動の悲劇を招いたのである。

本章で見た河北省の状況は他地域との比較で考えるとどのように位置づけられるだろうか。一九五〇年代に村が存在感を増していく構図は、本書の第四章相川論文と対をなすものだと言える。ほぼ同じ時期に進行する、日本の村の過疎化や挙家離村という現象と、中国における村の存在感の増大という相反する二つの現象は、ともに基層社会における冷戦構造のそれぞれ別の現れ方である。日本では冷戦と、そして戦後の高度経済成長の中で人々が村から離れていった。そして中国では冷戦、そして自力更生路線の中で都市の工業化が求められたが、その結果農民たちは社会的にも地理的にも村に縛り付けられる結果につながったのであった。

参考文献

日文

上田信［一九八六a］「村に作用する磁力について（上）浙江省鄞県勤勇村（鳳渓村）の履歴」（『中国研究月報』第四五五号）一～一四頁。

――――［一九八六b］「村に作用する磁力について（下）浙江省鄞県勤勇村（鳳渓村）の履歴」（『中国研究月報』第四五六号）一～二〇頁。

内山雅生［二〇〇三］『現代中国農村と「共同体」――転換期中国華北農村における社会構造と農民』御茶の水書房。

奥村哲［二〇〇三］「民国期中国の農村社会の変容」（『歴史学研究』第七七九号）一八～二四頁。

小田則子［一九九七］「一九世紀の順天府宝坻県における「村庄」と「村庄」連合――清代華北における農村組織の一考察」（『愛知大学国際問題研究所紀要』第一〇七号）一四九～一八一頁。

川瀬由高［二〇一九］『共同体なき社会の韻律――中国南京市郊外農村における「非境界的集合」の民族誌』弘文堂。

祁建民［二〇〇六］『中国における社会結合と国家権力――近現代華北農村の政治社会構造』御茶の水書房。

河野正［二〇二三］『村と権力――中華人民共和国初期、華北農村の村落再編』晃洋書房。

小島泰雄［二〇〇九］「中国農村の基層空間にとっての二〇世紀」（森時彦編『二十世紀中国の社会システム』京都大学人文科学研究所）三四三～三五九頁。

小林弘二［一九九七］『二〇世紀の農民革命と共産主義運動――中国における農業集団化政策の生成と瓦解』勁草書房。

ステイシー、J（秋山洋子訳）［一九九〇］『フェミニズムは中国をどう見るか』勁草書房。

大日本農機具協会・華北産業科学研究所・華北農事試験場編［一九九五］『復刻 華北の在来農具』慶友社。

田原史起［二〇一九］『草の根の中国――村落ガバナンスと資源循環』東京大学出版会。

中国農村慣行調査刊行会編［一九五二～一九五八］『中国農村慣行調査』第一～六巻、岩波書店。

旗田巍［一九七三］『中国村落と共同体理論』岩波書店。

仁井田陞［一九七八］『中国の農村家族』復刊、東京大学出版会（初版は一九五二年）。

浜口允子［二〇〇九］「中国華北農村社会と副業」（『近きに在りて』第五五号）八～二〇頁。

福武直［一九七六］『中国農村社会の構造〈福武直著作集 第九巻〉』東京大学出版会（初版は一九四六年、有斐閣）。

三品英憲［二〇〇三a］「近現代華北農村社会史研究についての覚書」（『史潮』新五四号）二七～四六頁。

――［二〇〇三b］「書評 内山雅生『現代中国農村と「共同体」――転換期中国華北農村における社会構造と農民』」（『歴史学研究』第七八三号）三一～三四頁。

――［二〇〇七］「大塚久雄と近代中国農村研究」（小野塚知二・沼尻晃伸編『大塚久雄『共同体の基礎理論』を読み直す』日本経済評論社）一二九～一六二頁。

三谷孝編［一九九九］『中国農村変革と家族・村落・国家――華北農村調査の記録』第一～二巻、汲古書院。

山本真［二〇一六］『近現代中国における社会と国家――福建省での革命、行政の制度化、戦時動員』創土社。

吉田健一［二〇二〇］「習氏「貧困脱却」党の功績を強調」（『読売新聞』東京版朝刊、一二月五日）。

中文

王建革〔二〇〇九〕『伝統社会末期華北的生態与社会』生活・読書・新知三聯書店。

河北省檔案館編〔一九九〇〕『河北土地改革檔案史料選編』河北人民出版社。

魏宏運・三谷孝主編〔二〇一二〕『二十世紀華北農村調査記録』第一～四巻、社会科学文献出版社。

許高飛編〔二〇〇六〕『河北行政区劃変更大典――一九四九―二〇〇五』方志出版社。

黄道霞主編〔一九九二〕『建国以来農業合作史料彙編』中共党史出版社。

鮮祖徳・王萍萍・呉偉〔二〇一六〕「中国農村貧困標準与貧困監測」（『統計研究』第九期）。

張思〔二〇〇五〕『近代華北村落共同体的変遷――農耕結合習慣的歴史人類学考察』商務印書館。

葉揚兵〔二〇〇六〕『中国農業合作化運動研究』知識産権出版社。

英文

Duara, Prasenjit [1988] *Culture, Power, and the State: Rural North China, 1900–1942*, Stanford: Stanford University Press.
Friedman, Edward, Paul G. Pickowicz, and Mark Selden [1991] *Chinese Village, Socialist State*, New Haven: Yale University Press.
Oi, Jean C. [1989] *State and Peasant in Contemporary China: The Political Economy of Village Government*, Berkeley: University of California Press.
Wemheuer, Felix [2019] *A Social History of Maoist China: Conflict and Change, 1949–1976*, Cambridge: Cambridge University Press.

注

（1）平野・戒能論争の経緯と内容については三品英憲による整理が詳しい（三品〔二〇〇七〕）。
（2）中国農村慣行調査刊行会編〔一九五二～一九五八〕。

（3）河野正［二〇二三］。

（4）本章は前掲拙著のうち、主に第四～七章の内容の一部を基に、大幅な加筆・修正を行ったものである。

（5）田原史起は中国における社会構造の出発点は血縁にあり、地縁は後から人為的に作られたものであると指摘する（田原［二〇一九］二〇六頁）。

（6）華北地域における灌漑率は非常に低い。北方一四省の一九五五年のデータによると、灌漑している土地の比率は個人経営戸で七・七％、合作社で一一％だった。（葉［二〇〇六］七五八頁）。

（7）示唆的なものとして上田信による「砂鉄論」がある。これは村落を「砂」ではなく「砂鉄」として捉え、普段はまとまりがないが、外から刺激が加わると「磁力」が発生してまとまりを見せるというものである（上田［一九八六a］、上田［一九八六b］）。

（8）「河北省人民政府政策研究室関於頒発土地証的幾点意見」（河北省檔案館編［一九九〇］六九二～六九六頁）。

（9）高級社は一般的にはここで述べたように初級社の合併によって組織された。しかし高級社化が急速に進んだ一九五六年初頭には「初級社は飛び越えてはならない段階ではない」という言葉が提起され、初級社を経ずに直接高級社化したことが良い事例として紹介されることもあった。「建社簡報」第二一期（一九五六年一月五日）河北省檔案館八七九‐一‐一四。

（10）「河北省公安庁関於執行第七次全国公安会議関於保衛農業合作化的決議的情況報告」（一九五六年四月）『公安建設』第一五八期、一九五六年、一四～一六頁。

（11）「中共河北省委関於具体執行華北局《新区土改決定》与老区半老区結束土改的指示」（河北省檔案館編［一九九〇］六四九～六五二頁）。「問事処」『河北日報』一九五〇年一月二七日。

（12）一ムー（畝）は六・六六七アール。

（13）同時期には土地争い以外に、農業税の徴収でも村ぐるみで団結して税逃れをする例が報告されている。一九五〇年の農業税の徴収は、朝鮮戦争の参戦直後ということもあり重点的に行われていたが、ある村では外来の幹部に対して村民が「収穫量を二割少なく報告しよう」と持ち掛けていたことが報告されている。この例は幹部が外来の者であり、県の幹部大会において「政府が民主的であるのを見て、生産量を誤魔化さずに農業税を納めることにした」と、良い例として報告がされているが、仮に幹部が十分地元に根付いた人間であったならば、農民とともに生産量を誤魔化していた可能性はあるだろう。どちらにしても、ここでは少なくとも村民は村として生産量を偽ることを考え、また幹部も同意するものと思って不正を持ちかけている（『河北日報』一九五〇年一一月六日）。

（14）同様の事例は同じ時期の多くの地域で見ることができる。たとえば「中共河北省石家荘地委結束土改工作総結報告（節録）」（一九五〇年三月二三日）（河北省檔案館編［一九九〇］七三〇～七三七頁）など。
（15）「問与答」『河北日報』一九四九年一一月三〇日。
（16）「問与答」『河北日報』一九四九年一二月二日。「問事処」『河北日報』一九五〇年三月一六日。
（17）「沙河県葛村昌明農業生産合作社介紹」（一九五四年一一月一日）河北省檔案館九七九‐五‐一五。
（18）「生産整社通報」第一五号（一九五五年五月一〇日）河北省檔案館八七九‐一‐五九。
（19）注（15）に同じ。
（20）「互助合作簡報」第九号（一九五四年四月二日）河北省檔案館八七九‐二‐一二。「建社簡報」第一一期（一九五五年一〇月一九日）河北省檔案館八七九‐二‐二四。
（21）「河北省委農村工作部関於生産整社向省委的簡報」（一九五六年四月三〇日）河北省檔案館八七九‐一‐七一。
（22）「河北省委農村工作部関於生産整社問題的綜合報告」（一九五七年四月三日）河北省檔案館八七九‐一‐七七。「河北省委農村工作部生産整社簡報」（一九五七年五月一五日）河北省檔案館八七九‐一‐七七。
（23）中共河北省委農村工作部関於検査沙河、邢台、任県、大廠等県転辦高級社情況向省委的報告」（一九五六年一月二〇日）河北省檔案館八七九‐一‐七〇。
（24）「河北省委農村工作部関於生産整社工作向省委的報告」（一九五六年三月六日）河北省檔案館八七九‐一‐七一。
（25）「徐水県王鉄荘郷勝利社的情況」（一九五六年一一月一五日）河北省檔案館八五五‐三‐九七六。
（26）「棗強県恩察郷星火燎原農業生産合作社的情況」（一九五六年一一月一七日）河北省檔案館八五五‐三‐九七六。
（27）「満城県城内郷灯塔農業社（聯郷社）秋収分配情況調査報告」（一九五六年八月二三日）河北省檔案館八五五‐三‐九七六。
（28）河北省人民政府農業庁「河北省一九五零年的互助運動」『河北日報』一九五一年二月一七日。なおこの時期の「互助組織」

とは、大部分が互助組を指しているが、一部の合作社も含まれている。そのためここでは「互助組」とは訳さず、原文に従い「互助組織」とした。

第三章　村落二重構造論から台湾村落を捉える――制度とその受容

前野清太朗

はじめに――三つの社会の普遍と特殊

(1) 漢人社会としての中国と台湾

台湾の人類学者・謝国雄によれば、台湾社会の研究には「相容れぬ」二大潮流があった。すなわち一方は「国家」と資本主義経済によって台湾に作られてきた社会の構造を描こうとする研究であり、他方は台湾に存在する「漢人の社会」[1]についてそれを貫く根本原理を描き出そうとする研究であったという（謝国雄［二〇〇三］二頁）。

日本など他の社会の研究に従事する研究者は、もしかするとこの二つの視点が「相容れぬ」ものとして取り扱われてきたという事実自体を奇妙に思うかもしれない。そもそも両者は相補的な要素であって、わざわざ対立させる必要はないのではないか、と。なるほどもっともな疑問ながら、それに答えるためには、台湾と中国大陸部の「社会」に関する研究が背負ってきた前提からまず説明を始めなくてはならない。

研究史上、漢人がマジョリティである地域＝「中国」においては、「国家」から独立して人々が活動する社会的・文化的な領域が存在すると長らく考えられてきた（以下、この領域を中国―漢人社会と呼ぶ）。分離した「国家」と「社会」というイメージの産生は、一九世紀以来の欧米諸国の勢力拡大とも結びついていた。欧米人の旅行者や宣教師が内陸の村落地帯に分け入っていくに際し、彼らの眼に現地の人々は「国家」と無縁に生活を成り立たせているもののように映った。一九二〇年代になると、中国の大学に赴任していた欧米人教員と、若手の中国人研究者らが共同で村落部での社会調査を実施するようになる。彼ら若手の中国人研究者は、旅行者や宣教師の記録を「先行研究」としてふまえつつ、当時の英米で最新のシカゴ学派社会学や構造機能主義人類学の影響を受けながら、フィールドワークによるコミュニティ研究の技法を習得していった（稙山新［二〇一六］三〜四頁）。そして当時の各学派の流儀に則り、彼らはコミュニティの内部に焦点を当てた民族誌を次々に作成した。

当時の中国人研究者の著作を現在読んでみると、「国家」はあくまでフィールドの環境条件としてのみ記述されていることが少なくない。それは清末戦乱から軍閥割拠の続いた当時の社会情勢という、彼ら自身の生まれ育った生活状況とも合致したものであった。中国―漢人社会の研究は、弱い「国家」や戦乱のもとで、一見それらと無関係に存続する「社会」について、それらを動かす根本原理を探求する学問として成り立っていた。

一九四九年に成立した中華人民共和国は、当初かならずしも国内外の研究者による調査研究を排除していたわけではなかった。しかし一九五〇年代以降、東西対立の深化とともにとりわけ外国人による中国大陸部の調査はほぼ不可能となっていった。そこで新たな調査地として着目されるようになったのが台湾や香港であった（瀬川昌久［二〇〇四］七九〜八〇頁）。

「国家」とは独立して存続してきた領域が中国―漢人社会なのであるから、たとえ異なる「国家」体制であろうと中国―漢人社会の研究は可能なはずである。台湾や香港であろうと、そこにある中国―漢人社会を調べれば、中国大陸部の社会についての理解を深めることになるとの前提が当初の研究者たちの脳裏にはあった。

冒頭の話題に戻りたい。謝の整理は、台湾が経験してきた歴史的その他の背景をいかに評価するかの問題をふまえている。中国大陸部の社会を理解することを遠い目標に据えて台湾の社会を分析しようとするかぎり、台湾の特殊な背景——王朝辺縁部から植民地に転じた歴史や独自の資本主義発展による影響——は、台湾と中国大陸部の共通性と「相容れぬ」ノイズでしかなかったのだ。

(2) 比較の視点——村落二重構造論

中国—漢人社会を理解しようとする諸研究において、一九世紀以来調査がなされ記述が残されてきた村落部は「国家」から独立して存立する「社会」の代表例と捉えられてきた。実際、近代以前の段階において王朝の村落部に対する統治は総じてゆるやかな、多分に「間接統治」的なものであった。

一七世紀に成立した清朝は、先の明朝が導入していた隣保制度「里甲《りこう》」を公式の制度上最末端の行政区画として引き継いだ。「里甲」とは里《り》（一一〇世帯からなる）を通じて徴税・賦役・戸籍管理を一括して担わせる制度である。ところが同制度は明朝統治下においてすでに実態との乖離が著しくなっており、清朝統治下において形式的に「里」に類似する行政区画は残ったものの、その内実は地域の有力者や有力な家系が一定の納税を請負う納税単位[2]としての性格が強いものとなっていった（山本英史［二〇〇七］二三〜三九頁）。地方ごとに「図《と》」「牌《はい》」「堡《ほ》」などローカルな名称で残った納税単位の性格が強い「行政区画」には、雑務を担う役職者が置かれ、民間への積極的介入を嫌う地方官庁に代わって一般住民とのやりとりを担った。

日本においては一六世紀末から幕藩体制の成立後まで繰り返し検地が行われ、いわゆる藩政村が制度的に形成されたのは周知の通りである。藩政村の「村落」の領域は自生的でもあり人工的でもあったが、徐々にこの空間領域に人々の密な生活空間は適応し、集約されていった[3]。一方台湾の場合は、中国大陸部と同様、北部に「堡」、南部に「里」という名称の十数余の集落を統括する区画ごとに取次役である「総理」とその補佐役たる耆《き》老《ろう》・庄正・地保らが置かれ、地方官庁と一般住民の間を幅広くかつゆるやかに仲介して結びつけていた（村上玉吉［一九三四］一二九〜一三二頁）。

前近代台湾の状況をあえて強引に日本に例えるならば、代官らは十数村から数十村からなる郷《ごう》を束ねる大庄屋ともに接触し、時折大庄屋を通じて村々の庄屋・肝煎に指示を出しこそするが、各村々の村高も、そもそも書面上存在するそれらがいかなる村かも把握していなかったような状況を想像してもらうのがよいかもしれない。

ドゥアラなどの研究が示す通り、在地の役職者たちを介したゆるやかな村落部の統治は二〇世紀以降中国大陸部の「国家」が直接統治をめざすなかで組み替えられていった（Duara, Prosenjit［1988］pp. 194-244）。こうした「国家」の社会末端への浸透は中華人民共和国成立後の統治によって完成していくのであるが、台湾における「国家」の浸透は一九世紀末の植民地化を機にゆっくりと、しかしながら中国大陸部に先んじて進んでいった。

本章では、台湾における村落部の社会構造を論じるにあたって、いわゆる村落二重構造論的な視点を援用して議論を展開してみたい。村落二重構造論とは、近代国民国家以降の日本村落の構造を論じるにあたって出現した議論の枠組みである。一連の議論では、町村制（一八八八年）により創設された近代的公法人＝行政村を国家の延長としての「構造」と捉え、人工的な行政村の下には人々が自生的に形作ってきた「構造」＝自然村・旧村・集落・区・字が対立的に存在していると捉える二元的な図式がしばしばとられた（石川一三夫［二〇〇二］一〇三頁）。このような二元論的な「構造」から日本村落を把握しようとする枠組みに対して、大石嘉一郎らのグループは、国家が人々の間にある自生的な集団を公共の名のもとに組織化してきたのは事実であったとしても、人々の側が行政村の内部に新たな地域的公共性を作り出してきたとする観点から批判を行った（大石嘉一郎・西田美昭編［一九九一］七五七〜七六二頁）。自生的な集団が近代以前にあってどの程度まで強固に実在していたかについては現在でもなお議論があるが（たとえば荒木田岳［二〇二〇］）、それでもやはり人々の側が外部より設定された枠に適応し、やがてそれらを当然なものとしてすら考えるようになった事実は重要である。

過去の村落二重構造論が主な議論の対象としてきたのは主として日本の村落であった。しかし「国家」の社会への浸透は、日本に限られた現象ではない。前出のドゥアラの研究などのように二〇世紀以降の中国大陸部についても同様な枠組みは見出しうる。この意味において村落二重構造論は普遍的な枠組みとしての価値を有している。

台湾においても、謝国雄をはじめいくつかの研究が「国家」概念の受容の問題を論じているが、それらを主として人々が「国家」をいかなる存在として概念的に理解しているかに関心の重点がある（たとえば謝［二〇〇三］、丁仁傑［二〇一三］）。村落二重構造論においてみられたような、人々が活動を展開する社会的・空間的な領域として人工的につくられた行政村といかに向き合ってきたかという問題については、台湾を対象とした分析においてなお検討の余地がある。一九世紀末以来ほとんど中国大陸と隔絶された社会であり続けた台湾社会において「村落二重構造」的な関係はいかに変容してきたのであろうか。

1　「祭祀圏」と自生的な社会関係

⑴　フロンティア社会として

台湾の村落に言及するにあたっては、台湾自体がもつ相対的に新しい開拓社会としての歴史にまず触れておくべきだろう。古来よりオーストロネシア系先住民諸族が居住をしてきたとはいえ、多くの土地の開発は一七世紀以降の漢人入植によってすすみ、その開拓の勢いは一九世紀末まで続いた。概ね九州程度の面積の台湾本島には南北に三〇〇〇メートル級の山脈が走っており、開けた平野と中山間の盆地からなる西側と、大部分が中山間の東側に大きく分かれている。歴史的には西南の台南近辺から次第に北へと漢人入植がすすみ、西北の台北盆地からの後発の入植の流れと合流した後はさらに山間部や東側へと入植の波が及んでいった。早い段階より漢人入植の行われていた地域であっても、集落の周囲にはしばしば開墾の余地が残されており、未開墾地への二次的な入植が行われた。

一九世紀も中頃となると、まだ開墾の余地は残されていたが、本島西側の社会は徐々に「安定」に向かった。開発地主（墾戸《こんこ》）が自ら耕作を行う段階から、小作（佃戸《でんこ》）を招き耕作を行わせる段階を経て、公的な租税負担を行う土地所有者（大租戸《だいそこ》）が在地で「地主」経営を行う者（小租戸《しょうそこ》）に土地を貸し、その土地をさらに借り受けた小作が実際の耕作を行う複雑な権利関係が形成されていった。そして墾戸や「地主」経営に成功した者たちは、地方官庁から「総理」やそれに準ずる一般住民の取次役に任じられていった(4)。

墾戸たちは地方官庁から開墾許可を取得してはいたが、開拓そのものはあくまで彼らの独力によるものであった。社会が一応「安定」したのちにあっても、具体的な紛争が生じそれが訴訟や陳情に発展した場合を除いて、地方官庁は民間への直接介入を嫌った。この意味で「国家」の存在の希薄さは植民地期以前の台湾社会にも多分にあてはまっていた。

フロンティア的な開拓のなかで、中小の家族あるいは親族の集合は重要な役割を果たした。開拓の進行とともに、村落内で有力な家系や相対的に豊かな町場的集落に基盤を置く家系は、共同の所有地と共同の祖先祭祀儀礼の整備を通じて親族集団「宗族《そうぞく》」をつくっていった。香港など中国大陸部の南方においては、しばしばそうした「宗族」が大規模に形成され、地域社会の統治に大きな役割を果たしたとされる（たとえばFreedman, Maurice [1958]）。一方、台湾においては「宗族」的な装いを持つようになった親族もその多くは小規模に留まり、単独の姓のみが住民すべてを占める「単姓村」集落は希で、開墾に従事した異なる姓の家族・親族が複数寄り集まる「多姓村」集落が主体であった（陳其南［一九八七］一三七～一四〇頁、田井輝雄（戴炎輝）［一九四三］二三四～二三五頁）。

（2） 村落論としての「祭祀圏」論

冒頭においても記したように、中国大陸部における調査が難しかった一九五〇～七〇年代にかけては、台湾・香港を代替地とするフィールド調査が盛んに行われた。ところが香港におけるのと同様の大型の「宗族」を探し求めていた研究者たちは、台湾において親族がもつ政治的・社会的影響力の相対的な小ささに直面し、その事実をいかに解釈するかに困惑を深めた。

一九六〇年代半ばころより、欧米人研究者たちの研究に刺激を受けて台湾人研究者による独自のフィールド研究が試みられるようになっていった（張珣［一九九七］二二五頁）。一九七二年には台湾中部の二河川（濁水渓《だくすいけい》・大肚渓《だいとけい》）流域を対象とした領域横断型研究プロジェクトが実施され、新旧世代の台湾人研究者がこれに参加した。新旧世代の交流を通じ、「宗族」のような親族関係に代えて着目されるようになったのが、集落や複数集落からなる地域を統合する（とされた）民間信仰の祭祀儀礼を共にする人々の「祭祀圏」であった（許嘉明［一九七八］六〇～六二頁、張［一九九七］二二九～二三〇頁）。

「祭祀圏」の概念は、植民地期の人類学者・岡田謙による研究（岡田［一九三七、一九三八］）の再評価的援用であるとされている（施振民［一九七三］一九七頁）。ただし、岡田のオリジナルの議論と、一九七〇年代に生まれた「祭祀圏研究」とではやや概念の用いられ方に差異がみられる。

岡田による元来の研究は、台北郊外の中洲と河の北岸丘陵部を対象に、特定の神を対象とした祭日の儀礼あるいは「盆」[5]の祭祀について調査を行ったものであった。調査では、各種の神の祭日の儀礼[6]について、入植の早かった北岸丘陵部で散居的に住まう住民は植民地期の「政治的区分」である大字《おおあざ》を「祭祀圏」とした儀礼を共同で行う傾向があったのに対して、入植の遅かった中洲の住民には集住傾向が強く、小字《こあざ》となっている集落を「祭祀圏」とした儀礼を共同で行う傾向が見出された。ところが「盆」の祭祀に着目してみるといずれの住民も複数の大字単位でまとまり、費用負担の関係で時に離れた集落が共同で儀礼を行う場合があった。調査結果をふまえ岡田は「盆」の祭祀の大きなまとまりが、同じく複数の大字の範囲で行われる通婚と同様に住民の生活・社会交渉の範囲を指し示している可能性があると判断した（岡田［一九三七］五四～五五頁、岡田［一九三八］一七～一八頁）。

岡田のオリジナルの研究では、複数の集落をふくむ地域において、人々が主に生活する空間領域を示す指標の一つ――通婚関係、同郷関係、同業関係などと並ぶ――として「祭祀圏」が取り上げられたにすぎなかった。ところが岡田の概念を援用した「祭祀圏研究」では、通常複数ある祭日の儀礼のうち一種のみに着目し、「祭祀圏」はその祭祀が主軸となって人々を結びつける「地域コミュニティ」そのものであるとみなす読み替えが行われてしまった。このことは、「祭祀圏研究」が共同儀礼の存在する空間的領域を直ちに「地域コミュニティ」と結びつけ、十分な検証なしにその空間的領域を他の社会活動が行われる社会的領域と同一視してしまうとの批判につながっている（張珣［二〇〇二］八三、九八～九九頁）。実際、宗教的な儀礼はあくまで信仰内のロジックで決定されるため、実践される「祭祀圏」の空間的領域は信仰の内部のロジックによっていくらでも変動しうる創発的な側面をもつのも事実である（謝［二〇〇三］、二一～七、二一八、二六四～二六五頁）。「祭祀圏研究」をめぐる批判をふまえつつ、近年では実践による地域の再生産に着目して祭祀儀礼を捉え直す研究（たとえば丁［二〇一三］）も出現している。

過去の「祭祀圏研究」が抱えていた問題は、それが民間信仰を研究しているのか地域コミュニティを研究しているのかが研究者自身によってしばしば混同されてしまう（張［一九九七］二三七頁）ことであった。次節では、「祭祀圏」をめぐる問題について、筆者が長らくフィールドワークを行ってきた台湾本島南部の事例を元に具体的に見てみたい。

（3）集落と廟の儀礼の空間的関係

本論が取り上げる事例は、いずれも行政村「大斗村《だいと》」を舞台にしたものである。大斗村は、台南市の最北端にある農業地帯の後壁区《こうへき》に属している。人口は二〇二三年現在一三〇〇人強であり、平坦な水田地帯に分布する五集落——頂大斗《ちょうだいと》集落と相対的に規模の小さい林辺《りんへん》・下大斗《かだいと》・大厝《だいせき》・田仔《でんし》の四集落——によって構成されている。なお、以下に出現する後壁区内の地名は大斗村を含めすべて仮名である。また、ここでは仮に行政村との呼称を用いるが、台湾における行政村「村里《そんり》」の独特の性格については本章後半で改めて述べる。

大斗村の北には上桐樹《じょうとうじゅ》、西には下桐樹《かとうじゅ》という二つの町場的な集落がある。伝承によると両集落は一七世紀ころ中国大陸部からの入植者により開拓がなされたという。両集落に比べると大斗村各集落近辺への人々の居住はやや遅く、現在の村内の有力家系の世代深度などから推定して一九世紀前半ころようやく集落が形成されたと思われる。下桐樹集落には泰安宮という名の大型の廟があり、後壁区・白河《はくか》区など周辺の集落とは儀礼上密接な関係を有している。旧正月の時期には周辺の廟からの神輿が泰安宮に詣で、また三年ないし四年に一回[7]、泰安宮からの神輿が周辺の集落を巡回する。

一見、大斗村の各集落は下桐樹の泰安宮を中心とした「祭祀圏」に組み込まれているかのようにみえる。もちろん「祭祀圏」を単純にある種の祭祀を共にするだけの範囲ととらえるならば問題はない。しかしそれを歴史的に存在し、かつその他の社会活動をも担ってきたような「地域コミュニティ」とみるのは難しい。

第一に、泰安宮の神輿が周辺の集落を巡回する儀礼そのものが植民地期に生まれた比較的新しい行事である。最初の巡回儀礼は一九二六年に下桐樹集落の有力者・廖炭《りょうたん》が発起したもので、翌一九二七年にも続けて開催されたが、その後には実施が途絶えていた。一九六七年の廟改修に際して一時巡回儀礼が復活するものの、定期的に行われるようになったのはようやく一九八七年以降のことにすぎない（卅六庄下茄苳泰安宮旌忠廟管理委員会［一九九九］一八～二三頁）。そして復活後は巡回儀礼に参加する廟の数が増え続け、一九六七年時点では三六であった廟が二〇一〇年代には六〇前後で推移するようになった[8]。第二に、それぞれの廟は直接に泰安宮との関係を有している。五九ある廟（廟

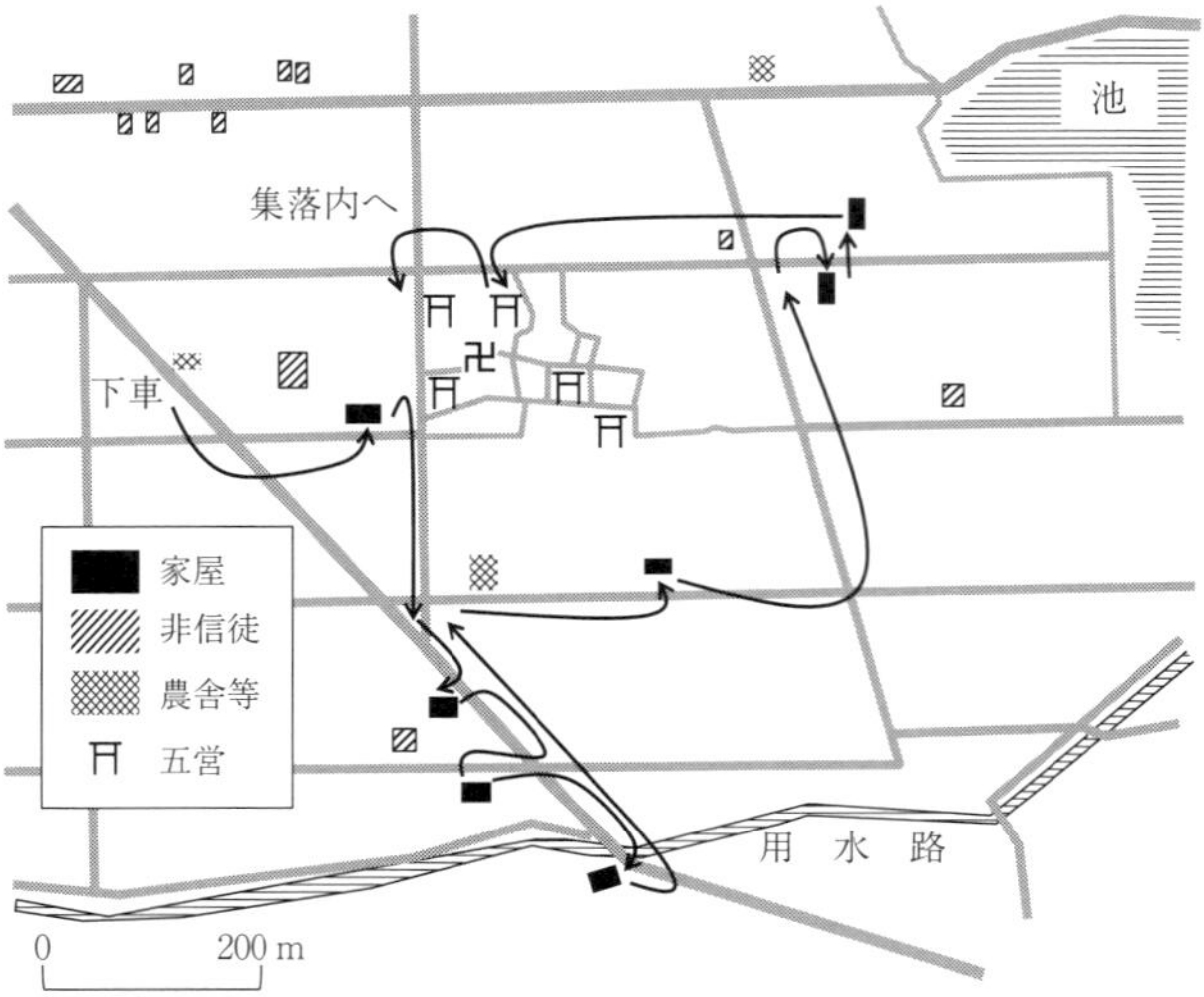

図 3-1　田仔集落における新年の巡回儀礼

出所：内政部国土測絵中心 Taiwan e-Map（https://emap.nisc.gov.tw）を元に現地調査の成果を加え筆者作成。

をもたない祭祀団体もある）からは代表者が泰安宮の運営委員会に送り込まれているが、廟同士は相互に対等な関係であって、泰安宮の下位にさらなる入れ子構造は存在しない。台湾内の他地域の事例で報告されているような巡回儀礼に参加する特定集落同士の交際関係（植野弘子［一九八八］六七～六八、七三～七七頁）も存在しておらず、各集落と泰安宮との関係のなかには祭祀儀礼上の関係以上のものは見いだせない。

同じ現象を今度は集落のレベルからみてみよう。

事例①　田仔集落の聖玄《せいげん》宮における巡回儀礼

大斗村の田仔集落は朱姓・謝姓・甘姓などの姓の住民が集まって居住をしてきた。集落にある廟（聖玄宮）内の由緒書によると、元々各家系によって祭祀されていた神像のうち、朱姓がもつ神像と謝姓がもつ神像に信仰が集まるようになり、集落外からの信仰者を迎えるため一九世紀末ころに簡易な竹の祠を設け朱姓・謝姓・甘姓の神像を安置したのが廟の来歴であるという。一九八〇年代・九〇年代の二回の改修を経て、廟は鉄筋コンクリート造となり、名前も旧名の「合竹壇《ごうちくだん》」から現在の聖玄宮に改められた。

図3-1は二〇一七年の旧正月過ぎ（陰暦一月一三日）に聖玄宮で行われた巡回儀礼のルートである。図の中央部

が田仔集落の元来の集落域であるが、現在巡回儀礼により神輿が巡る空間的範囲は大きく拡大している。これは元々集落に居住していた住民が集落外に新しい住宅を設けたり、あるいは外部からの転居者が廟の祭祀儀礼に参加することを希望したりした結果、訪問すべき住宅の分布が拡散してしまったことによる。巡回ルートの中に転居してきた新しい住民は希望すれば祭祀儀礼に参加することができるが、必ずしも義務ではない。また集落の住民は巡回ルートの外にも農地を有しているが、そちらを神輿が巡回することもない。つまりこのルートに囲まれた領域はあくまで儀礼上に限られた便宜的なものであって、集落がもつ領域というような存在ではない。

聖玄宮の旧正月の儀礼では、神輿がトラックに載せられ泰安宮に参拝をし、そのあと集落の近辺を巡回する。ところが実は聖玄宮の神像が訪問をするのは泰安宮だけではない。たとえば台湾において廟をもつ集落では、しばしば「五営」とよばれる「神兵」の駐屯所が集落の四方に設けられる（黄文博［二〇〇五］三二～四九頁）。泰安宮のような著名な廟の参拝には、霊験あらたかな廟から霊力を受け、「神兵」を連れ帰るといった説明を儀礼の参加者からはきくことができるが、聖玄宮では旧正月以外の祭日を用いて「霊力の補充」のため白河区内にある別の有名な廟（関仔嶺大仙寺）にも参拝を行っている。概念の面でも実践の面でも、田仔集落ないし聖玄宮は外部の廟とは別個に自らのロジックで活動しており、泰安宮を頂点とした固定的な「地域コミュニティ」の下部に組み込まれているとはみなし難い。

（4）集落と廟の歴史的関係

以上のような事例をふまえると、広域的な「祭祀圏」をそのまま「地域コミュニティ」と読み替えることは難しいといわざるをえない。あるいは集落のレベルならば「祭祀圏」が「地域コミュニティ」として機能しているとの解釈も可能かもしれない。しかし歴史的な角度からみてみると、これも簡単に結論付けることができない。大斗村および後壁区の少なからぬ集落においては、集落と廟に祭祀儀礼が集約されていった時期がきわめて新しいためである。

まずは大斗村の個別の事例から見ていきたい。田仔集落と聖玄宮についてはすでに廟建立の経緯を見たとおりである。大斗村にある五つの集落のうち、現在廟があるのは四つ、一つの集落（大厝集落）についてはいまだに廟がない。廟のない大厝集落において祭祀はクジで一年限りの儀礼執行役を決め、その自宅に神像を安置して行われている。廟のあるの他の集落についても、廟ができるまでの経緯をみてみるとかなり多様性に富んでいる。

事例②　頂大斗集落と天三宮

頂大斗集落は大斗村で最も大きい集落である。孫姓の住民の入植によって集落がつくられたとされ、その後、江姓・許姓などの家族が一九世紀後半ころに土地を購入して周辺に定住し、集落規模を拡大していった。元々この集落に廟はなく、同姓の家族・親族がそれぞれの家系で神像を伝承し、クジや持ち回りで儀礼執行役を決めて独自に祭祀を行っていた。集落内の高齢者の話によれば、一九六〇年代以前には個々の神像のための祭日とは別に陰暦一月二日が特別な祭日と定められ、集落内の用水池のほとりに家々の神像を集めた臨時の祭壇を設けて共同の儀礼を行っていたという。

一九六七年、それまで共同で祭祀を行っていた場所を所有していた江姓の村里長が土地を提供し、新たに常設の建屋をもった廟が建立された（廟建立の背景に関する背景は明確に伝わっていない）。廟建立に際して各々の家系で祭祀されていた神像が廟内に安置され、とくに孫姓が祀っていた三尊の神像から廟は「天三宮」と名付けられた。現在、陰暦一月二日といくつかの祭日には廟の神々がそろって神輿に乗せられて集落の周囲を巡回する。

聞き取り内容にもあるように、一九六〇年代の頂大斗集落では旧正月（陰暦一月二日）に集まって共同で祭祀を行う簡易な儀礼が存在したものの、基本的には祭祀の主体となるのは家族・親族と考えられていた。だが、一九六七年の廟建立を境に神々を祭祀する主体が徐々に集落へと切り替わっていった、田仔集落においては早い段階で家族・親族による祭祀から廟（最初期は祠）を主体にした祭祀へと移行が行われたが、集落規模が大きく親族の影響力も相対的に強かった頂大斗集落では後々まで祭祀の主体が家族・親族であり続けたのであろう。神々を祭祀する主体の、家族・親族から集落への移行が頂大斗集落とは異なる形で現れたのが、次の林辺集落の事例である。

事例③　林辺集落と慧禅宮《けいぜん》

林辺集落は牛姓の一九世紀の入植により集落が形成されたと伝わる。入植後、牛姓の男子が途絶えたことから、非血縁者の毛姓の養子をとり、別に牛姓の娘に荘姓の婿が迎えられて、林辺集落には牛姓・毛姓・荘姓の三つの家系が住まうようになった(9)。

一九二三年、牛姓の住民は牛姓祖先の位牌を祭祀する祖堂を建立した。祖堂の祭壇には祖先の位牌とともに牛姓が祭祀してきた二尊の神像が安置され、さらに近隣の上桐樹集落にある廟（顕済宮《けんさい》）から神像を勧請して祭祀するようになった。ところが一九三〇年代末にいわゆる寺廟整理運動が開始されると、後壁区はじめ台湾各地では家族や小規模な廟に安置された神像の行政回収がはじめられた。林辺集落では荘姓が牛姓の祖堂にあった神像を隠しひそかに祭祀を続けたが、混乱のなかで二尊の神像の片方が失われてしまった。第二次世界大戦後、民間信仰の復活が可能になると神像は祖堂に戻され、失われた神像に代えて毛姓が祭祀していた神像を新たに祖堂に迎え入れた。

その後、牛姓の住民が集まって共同で位牌を祭祀する機会は減少していった。それとともに建物を祖先祭祀のための祖堂とみなす意識も徐々に薄れて、牛姓・毛姓・荘姓および他の少数姓の住民による神々に対する祭祀のための場所としての性格が強まっていった。一九八五年、村外で企業経営に成功した牛姓の元住民が資金提供を申し出て、元来祖堂として用いられてきた建物が改築された。改築に際してこの建物は正式に祖堂ではなく神々を祭祀する廟として登記され、名称も「慧禅宮」と改められた。

以上の二事例は大斗村でも規模が大きい集落の事例であるが、いずれの場合もそれまで家族・親族が主体となっていた神々への祭祀儀礼が、一九六〇～七〇年代を境に廟を中心とした祭祀儀礼へと再編されていった（一九六〇年代ころから大斗村では村外への人口流出等によって徐々に親族の集住が解体されつつあった。一九七〇年代には頂大斗集落で最大の孫姓も残っていた共有財産を分割相続して解体するなど、親族の影響力が低下していった）。

大斗村の存在する後壁区全域で見てみるとどうだろうか。後壁区にある各集落について、集落に廟が建立された時期を整理したものが表3-1である。後壁区内の集落は二九、うち住民の大部分がかかわる廟をもつ集落は二七であるが、廟の建立を植民地期より前に遡りうるのは半数以下しかない。この表が示すのは、集落において廟に祭祀儀礼が集中していった時期は、後壁区において歴史的にそう古くはないこと、そして産業や都市との距離などが相対的に似通った社会・経済条件の集落が広がっているにもかかわらず、かつては多様な形の社会関係が同じ地域内に同時に存在していたということである。

表3-1　後壁区の集落における廟の建立年代

建立時代	1894年以前	植民地期 1894～45年	1945～59年	1960年～
廟の数	11	8	4	6

出所：相良吉哉［1933］、後壁郷公所［1986］、黄文博ほか［2007］および現地調査より筆者作成。

過去の研究史を回顧すると、何かしら単一の社会原理が台湾社会（正確には台湾の中国―漢人社会）に存在するとの想定に諸研究が囚われてすぎいたのではないかという印象を受ける。ある社会を構成する単一の原理を探し求めようとする志向は、オールドスタイルの構造機能主義人類学がもつ特徴でもあった（張［一九九七］二二五〜二二六頁）。同様の執着は、かつての「祭祀圏研究」においても見出せる。単身者や小家族による入植の時期から、集落形成を経て安定した廟を中心とする社会関係の形成に至るという植民地期につくられた単線的な社会発展のモデル（増田福太郎［一九三九］五〜一三頁）を「祭祀圏研究」は受け継ぎ、それを廟の形成に合わせて地域の発展を読み取る指標として用いた（施［一九七三］一九七〜一九八頁）。だがここまでみてみた大斗村の事例や、その他の調査事例が示している（たとえば末成道男［一九九一］）ように、植民地期から一九六〇年代以降のかなり新しい時期まで「廟」をもつことが決して一般的ではない地域は存在したのであって、この単線的な発展モデルそのものがどこまで台湾社会にあてはまるものかは疑問の余地がある。

一九六〇年代に台湾南部の二つの集落を対象にフィールド調査を行ったパスターナクは、一方の集落では集落内にいくつかの多数姓の家系が併存し、かつ清掃活動や共有財産が存在している凝集性の強さを見出したのに対し、もう一方の集落では一つの家系のみが大きく、他の小さな諸家族との間には共同活動が全く見られないという対照的な結果を得た（Pasternak, Burton［1972］九六〜一二七頁）。そもそも台湾社会はフロンティア的な開拓によって成立したものである以上、研究者がかつて想定していたよりもかなり多様な地域環境への適応状態が存在していたとみるべきであろう。

2　行政村をめぐるダイナミズムと適応

（1）近代と「国家」の浸透

近代以降の「国家」の社会への浸透は、各地に存在する地域的な差異を超えた統一的な管理をめざして行われた。日本「内地」においては、多様な形態を持っていた「村」なる領域を、法人たる「町村」といった行政制度によって統一的に管理しようとする試みが明治中期になされた（荒木田［二〇二〇］一五三～一五四頁）。ならば同じく明治中期、一八九五年に日本の植民地となった台湾においてはどうであったろうか。

結論からいうと、植民地期の台湾にあって「国家」は社会の末端への浸透を試みはしたが、それは日本内地における行政村の形成というような形では進まなかった。清朝統治下の台湾が他の中国―漢人社会同様に王朝による多分に「間接統治」的な体制下にあったことはすでに記した通りである。日清戦争の結果急遽台湾を領有することになった日本は、当初前政権のシステムを援用する形で「総理」などの役職者を「事務取扱人」といった名目の臨時嘱託職に任じ、暫定的ながら「間接統治」的な統治体制を維持した（前野清太朗［二〇二二］七～一四頁）。

もっとも、この最初期の応急措置的な「間接統治」の体制は、一八九八年の児玉源太郎・後藤新平コンビの台湾赴任以降急速に解体されていった。統治体制の組み替えにあたり、一八九八年には「保甲《ほこう》」制度が設けられた。「保甲」とは一〇世帯を一甲、一〇甲を一保とする組織で、清朝統治下においても部分的に存在したものである。後藤新平はこの制度を翻案し、それぞれの保には住民から保正《ほせい》を任命すると同時に、保を警察派出所の管轄下に置いてすべての住民を警察に把握させようとした。ただし「保甲」は必ずしも純粋な意味での行政区画ではなかった。住民たちは「保甲」の管轄下にあると同時に一般行政系統に属する「街庄《がいしょう》」の管轄下にも置かれていた。「街庄」とは、清朝統治下で大まかに把握されていた堡・里の下位区分を、領有後の情報収集を加味して設立された行政単位である。「保甲」は本来警察の治安業務を担う存在ではあったが、住民の識字率の低さを保正がカバーするなどの経緯もあって「街庄」と重複した役割を果たすようになっていった（佐藤正広［二〇一二］一二二～一三〇頁）。

従前の「総理」や大租戸は台湾領有当初、「事務取扱人」や「参事」といった名目の臨時嘱託職を与えられていたが、「保甲」や「街庄」の整備によってこれらの相対的に上位の有力者はフォーマルな政治の領域から後退し、集落から村落レベルの有力者が保正や街庄長のポストについていった。

一九二〇年、地方制度改正により従来の「街庄」は、新しくできた広域の新「街庄」の大字となった。新「街庄」は制度的に規定された最末端の行政単位であったが、その規模は大きく、一万～二万人前後の住民を管轄していた。制度改正にもかかわらず警察行政系統に属する「保甲」は依然として新「街庄」の管轄外にあり、実際の行政実務にあたって協力関係にはあったものの、統計などは「保甲」の編成とは必ずしも一致していない大字＝旧「街庄」を単位に作成された。警察が管轄する「保甲」が一般行政に関与し続けることは当時にあってもやはり問題視されており、一九三〇年代以降、「部落振興会」や「農事実行小組合」の組織編制を通じて「保甲」と大字を「部落」として一般行政の側が統一的に把握しようとすることが試みられた（蔡慧玉［一九九八］五七～五九、八七～九二頁）。最終的にこれら二重行政解消の試みは、日本による植民地統治の終結まで未解決であり続けた。

日本敗戦に伴い、台湾は中国国民党が率いる中華民国（国民党政府）の接収を受けることとなった。接収後、国民党政府は非常に早い段階（一九四六年二月）に行政村として「村里」を置き、その代表者たる「村里」長の選挙を実施した。台湾接収に備え接収後の統治体制を一九四四年から検討していた国民党政府内の台湾調査委員会では、植民地統治を象徴する制度として警察管轄下にある「保甲」が挙げられ、一度はその廃止が検討された。しかし治安維持と戸籍管理を理由に暫時「保甲」の留置が決められるなど方針は一定せず、脱植民地を象徴する地方選挙の実施を急ぐ当局によって、最終的に「保甲」を選挙により長が選出される「村里」によって置換することと定められた（陳鳴鐘・陳興唐主編［一九八九］四四〜四八頁）。

「村里」の領域はその後の人口増減により分割あるいは合併が行われた場所があるものの、概ね植民地期以来の旧「街庄」＝大字＝部落の領域を引き継いでいる。しかし、新しい「村里」に民主的な選挙を導入しながら、同時に「保甲」が担っていた住民統制の役割を維持しようとしたことは、次に述べるような「村里」が行政村として持つ性格の現在まで続く「中途半端さ」につながっていった。

(2) 制度外のインフォーマルな適応の形成

まず何より、「村里」はいわゆる自治体ではない。たしかに選挙によって代表者たる村里長が選出されてはいるが、法制上はあくまで上位の自治体（郷・鎮・市）[10]の出先機関でしかない（薄慶玫［一九七二］二〇九頁、呂育誠［二〇〇七］五八〜五九頁）。一方で「保甲」の性格を受け継ぐ組織として、第二次世界大戦後も長らく地方官庁に対して住民が各種手続申請を行うに際しては村里長を保証人とする必要があった。「村里」と村里長は住民が「出生から死亡にいたるまで経験するほとんどの事務においてやりとり」（薄［一九七二］二一七頁）する存在であった。

自治体ではないゆえに、「村里」は独自の予算を持たない。具体的な支出を必要とする「村里」内の事柄については、村里長が上位の自治体に提案を行って[11]、自治体予算により解決をめざす必要がある。しかし、村里長が通常提案することのできる事項は、既存の排水溝・街燈・道路の補修要望などかなり制限されている（呂［二〇〇七］一九五〜一九六、二一二頁）。さらに「村里」は自治体ではないが、日本の町内会・自治会のような任意団体でもないため、自前の自治会費を徴収してプールすることもできない。インフラ建設など特定の目的に応じて住民へ拠金をつのることはできる（呂［二〇〇七］一九五頁）が、それはあくまで臨時の呼びかけでしかない。

以上のように「村里」がフォーマルに定められた制度上の権限は脆弱なものであった。ところが住民と最も直接に接し、しかも「村里」の外の公的機関と制度上つながっている村里長のもとには、住民から様々な要望が寄せられがちであった。そこで各地の「村里」では、本来限られた問題解決機能を補うためのインフォーマルな陳情システムが発達していった。

たとえば農業用水施設や集落周辺の道路の改善といったインフラ関連の要望は、村里長が通常上位の自治体に提案できる範囲を超えている。それでいてインフラの問題は同じ「村里」内や異なる「村里」間で不平等感が生じやすく、選挙時の争点として掲げられることも少なくない。ゆえに村里長はこうした住民の要望を叶えるため、自身がもつ人脈を駆使して県市議や立法委員（国会議員）に対する陳情を行う。県市議や立法委員の方では、今度は彼ら自身がもつ人脈を駆使して自治体と中央官庁の関係部署にインフォーマルな打診を行う。自治体などの関係部署が対応可能な場合、陳情者の村里長などに陳情相手から返答があり、村里長から改めてフォーマルな提案書が上位の自治体に送付される。提案書の送付を受け、自治体（あるいは自治体から転送を受けた中央官庁）は予算を組み、インフラ改修などを実施する。

大斗村で実際に行われた事例に即し、具体的な陳情の事例をみてみたい。

事例④　農業用水施設の整備に関する陳情

大斗村内には東から西に抜ける中規模の用水路が植民地期以前から利用されていた。現在この用水路（二《に》輪中《りんちゅう》排《はい》）[12]は田仔集落の北側を通り、頂大斗集落・下大斗集落内を通過し大厝集落の西側で幹線水路に流れ込んでいる。一九六〇年代までは二輪中排の周辺に網目状の細い末端水路が走っていたが、一九六六年に実施された耕地整理事業によって碁盤目状に改修が行われた。しかし、集落の敷地の間を通る二輪中排は完全には改修されず、蛇行したまま残されていた。集落を通る部分では樹木の落葉や廃棄物によって二輪中排がしばしば詰まりがちで、豪雨が発生すると溢れた水が水路下流の林辺集落・下大斗集落へ流れこみしばしば浸水を引き起こした。

二〇〇二年、新しく村里長に就任した孫JHは、選挙公約として水利問題の改善を掲げていた。着任後、孫JHは大斗村の用水路を管理する嘉南《かなん》農田水利会[13]に対して照会を行った。しかし回答は、事業規模が大きく水路改修のための予算を農田水利会では負担できないとのものであった。そこで孫JHは立法委員李JYに改めて陳情を行った。李JYが周旋を行った結果、中央の関係官庁から予算支出を受けられる見通しのあることが伝えられた。

孫JHは後壁区公所を通じ正式に水路改修に関する提案書を提出し、二〇〇四年から二〇〇六年にかけ水路改修事業が行われた。改修工事により、下大斗集落の南にあったため池が水量調節用の遊水池に改修され、それまで手動式であった大厝集落近辺の水門も自動調節可能な電動水門へ改修された。

このような通常の制度外のインフォーマルな陳情システムは、「村里」の制度的な不備を補うものであると同時に、第二次世界大戦後の台湾の政治状況に対応して形成されたシステムでもあった[14]。国民党の一党独裁（一九四五〜八六年）下で、同党以外の結党は認められていなかったが、その代わりに各地方で形成された党内党ともいうべき地方派閥が相互に鎬を削る状況が生み出された（若林正丈［一九九二］一二五〜一四二頁）。彼らは利益誘導を行いながら地方選挙を通して各種の公職を争い地域に密着する勢力であり、その末端に連なって利益誘導を享受したのが村里長たちであった。

村里長の側もただ単に上位の地方政治家に従属していたわけではなかった。村里長自身も「村里」レベルのミクロな派閥をもっており、時に利用する地方政治家を乗り換えながら自身の選挙区である「村里」内で争っていた。インフォーマルな陳情システムとは村里長の陳情に応じて地方政治家が利益誘導を行い、それに対応して村里長たちが地

表 3-2　大斗村の歴代村里長

名前	孫 WQ	孫 S	江 SQ	孫 WQ	江 RL	牛 JS
任期	第 1 期 1946-48	第 2 - 4 期 1948-55	第 5 期 1955-58	第 6 - 7 期 1958-65	第 8 期 1965-69	第 9 期 1969-73
名前	江 RL	牛 JS	徐 QS	孫 MX	翁 SZ	孫 JH
任期	第10期 1973-78	第11-12期 1978-86	第13-14期 1986-94	第15期 1994-98	第16期 1998-2002	第17-18期 2002-10
名前		翁 LW	毛 MJ			
任期	台南市へ 編入	第 1 期 2010-14	第 2 - 3 期 2014-22			

注：過去の村里長については地方選日程が統一されていなかったため厳密に 4 年任期でない村里長もいる。
出所：後壁郷公所［1986］、黄文博ほか［2007］より筆者整理。

方政治家のために票を動員する互恵関係でもあった。

(3)　社会的・空間的領域の「外枠」としての行政村

一九八六年、民主活動家らが結集して民主進歩党を結党すると、国民党政府は同党結党を追認して国民党の一党独裁体制は終結した。一九九二年には立法院（国会）選挙が行われて「民主化」はさらに進展した。地方レベルではそれまでの地方派閥の一部が民主進歩党に移行した。またそれまで地方政治家でしかなかった人物が中央の議員となり、選挙区からの陳情に応じてより大きな利益誘導を地方に行うようになっていった（星純子［二〇一三］八二～八四頁）。「民主化」によって複数の政党ができたことは、村里長の側からすれば自らの「村里」内での影響を拡大するために選ぶ選択肢を増やすことになった。そして住民たちの側も村里長とその候補者に対し彼らの顔の広さを生かした自分たちの「村里」への利益誘導を強く求めるようになっていった。

村里長などが個人的に「村里」外にもっている陳情のためのインフォーマルなルートのことを大斗村では「パイプ」（管道。台湾語で kuan-to）と呼んでいる。そして「パイプ」を使って問題解決が出来る人物を「パイプがある」「すべがある」などと評する。

表3-2は大斗村の歴代の村里長を一覧にしたものである。一九四五年

にはじめて村里長選挙が行われて以降、大斗村では親族関係を通じてより多数の票を獲得しやすい多数姓の村里長が続いていた。

ところが一九八六年、はじめて大斗村内にわずかな同姓世帯しかない少数姓の出身の村里長（徐QS）が選出された。頂大斗集落出身の徐QSは、若いころ高雄に出て都市労働者となり、しばらくナイトクラブを経営したのち大斗村へ戻ってきた。当時の住民たちは都会帰りの徐QSが、合法・非合法双方の分野に顔が通じており、大斗村により多くの利益誘導が可能であろうと期待していたという。しかし実際には徐QSは具体的にそうした「パイプ」を持ってはいなかった。そこで今度は同様のナイトクラブ経営の経歴をもち、なおかつ多数姓である孫姓の孫MXが次の村里長となった。しかし彼も住民の期待には十分に応えきることができず、少数姓の翁SZに破れ落選した。翁SZは長らく頂大斗集落で生活をしながら、自脱型コンバインなど農業機械を保有して近隣の農作業請負業を行ってきた業者であった[15]。先の徐QS・孫MXとは異なり高雄・台北といった都市部での経験は薄いが、業者としての長年の活動経験から農業組合や農政関連の官庁に顔が利くとみなされていた。

一九八〇年代末よりの「民主化」のなかで村里長が「村里」外の様々なステークホルダーと結びつくことが可能となるにつれ、村里長の候補者の要件として「パイプ」を持つことは必須の条件となっていった。そして依然として多数姓や各集落からの支持取り付けが当選に有利な状況こそ変わらないが、いずれかの多数姓や集落への利益誘導以上に「村里」全体に幅広い利益をもたらすということが重視されるようになっていった。

一九九〇年代半ばから二〇〇〇年代にかけて制度的な整備がすすんだ地域づくり政策（社区政策）[16]の浸透もこの「村里」レベルの政治領域の形成を後押しした。台湾においては「社区」の名を冠した社会開発プログラムが一九五〇年代より実施されてきたが、一九九〇年代半ばころより、地域づくり的な活動を担う住民団体に対する補助・助成プログラムとしての制度整備がすすんでいった。インフォーマルな陳情のようにインフラ整備に直結した補助金を受

表 3-3　大斗村「村里長」選挙の立候補者と政見（2014年）

姓名	推薦	政　見
翁LW （1952年生）	民主 進歩党	1．農家の精神・忍耐・努力でプロの村長をつとめる 2．市長・市議長との協力で農水路の建設経費を勝ち取る 3．社区建設経費と社団活動経費を勝ち取る 4．女性への気配りと老人・社会的弱者へのサポート
毛MJ （1953年生）	無所属	1．経費を勝ち取って建設を 2．熱意をもって民衆へ奉仕 3．真心で社会的弱者の村民をサポート 4．農田水利会より村内灌漑区への水源増加を勝ち取る 5．全村の環境・衛生の管理維持 6．社区営造の持続的発展への協力

出所：2014年選挙公報より筆者整理。

けるのは難しいものの、コミュニティケアなどの領域ならばかなり幅広い住民活動に対して補助金の受け取りが可能である。

大斗村においては二〇〇一年に村内有志による住民団体が組織され、地域づくり関連の補助金を受領しているが、そうした活動の低調な地域では村里長が活動の主たる牽引役になることも少なくない。

次の表3-3は、二〇一四年に行われた大斗村の村里長選挙時の公約をまとめたものである。二〇〇〇年代以降は、単に「村里」の外に「パイプ」を有しているということに加えて、地域づくり政策を通じて細かな補助を引き出せる才覚をもつことも村里長に求められる条件となっていった。

地域の生活に影響を与える政治領域として、一九八〇年代末の「民主化」以降「村里」は役割を拡大させていった。それとともに単なる行政上の制度として以上の意味を「村里」の空間的な範囲は帯びるようになっていった。何より「村里」が選挙区であることによって、村里長は単に住民全体というのみならず、「村里」の空間全域に目配りをせざるをえなくなった。大斗村の場合、農業専従者は多くないとはいえ、第二種兼業的に水田を所有している住民が少なくない。よって先の陳情の事例（事例④）にみるように、住民の生産活動を守るため本来権限のない水利の領域についても、村里長が住民の全体的な利益を代弁して活動して回らざるをえない。そして水利施設の整備にしても、票の確保のためには各々の集落や

「村里」の空間的な領域内の範囲に偏りのないよう配慮しなくてはならない。

選挙のための政治領域としてではあれ「村里」が社会的領域の「枠」を形成していったことは、本来人工的な領域である「村里」と既存の自生的な社会関係を結び付けていくことにもなった。大斗村では一九六〇~七〇年代にかけてそれまでの多数姓の親族関係が徐々に弱体化していき、それに反比例して各集落では廟を介して人々が儀礼に集う機会が増えていった。この変化を背景に、多数姓の数を背景に選出されていた村里長も、次第に廟を利用して選挙アピールにつとめなくてはならないようになった。たとえば各集落にある廟の主要な祭日には村里長が陪席し、多少の布施や自身の姓名入りの花輪などを送る。また廟は集落内の共用空間として機能していることから、端午・重陽《ちょうよう》など年中行事の一環という名目で各廟に住民を集めて村里長が軽食サービスを提供することもある。これらは集落の住民が集う機会を利用したアピールにほかならないが、同時に住民たちは当人の信仰の深さとは関係なく村里長がそのようにふるまうことを求めている。廟の側でも村里長を形式的に上位の役職者として位置づけ、住民からクジで決められる儀礼執行役と村里長とが祭日には一緒に儀礼をとり行う。より実際的な面でも、何らかの名目で公的な補助を獲得し、前述の軽食提供や廟の周辺施設の整備に結びつけることが村里長には期待されている。(17)

おわりに

台湾社会は「漢人の社会」であるかとの問いは、学術的である以上に政治的であることを避けられない問いである。しかしそうではあっても、現在の台湾社会が対岸の中国大陸部とは異なる体制のもとに動いてきた社会であることは認めざるをえない。本書第二章の河野論文に描かれた中国大陸部の事例を参照してもらえばわかるように、両地域が近代以降経験してきた村落の制度史はあまりに異なっている。そして村落の側の「自生的」な社会関係にしても、現代の国民国家体制のもとで、もはや「国家」から完全に独立した領域として存在しているとはいえない。少なくともかつての研究者が行っていたように、台湾に残存する中国―漢人社会の研究を通じて中国大陸部の社会を理解しうるといった想定は困難であろう。

ならば植民地期から国民党統治を経て現代に至る、中国大陸部から分離された一三〇年近くの制度史が台湾社会のすべてかといわれればそれも異なる。「国家」から付与される制度的な構造に対して、人々の側からは適応だけではなく、その適応に応じた説明付け＝解釈がつねに作られてきた。廟と集落、「村里」と空間領域のように歴史的な検証を行うと明らかな変質を繰り返してきたはずのものが、あたかもそれらが長期にわたって絶えず連続してきたかのような解釈を与えられて存立している。そして人々の側から制度に対してミクロなレベルで付与している意味解釈は、元来の制度が想定しているものを超えてしまっている。

いわゆる村落二重構造論は日本村落論の領域において長らく展開されてきた議論であった。多分に特殊日本的な「自然村」論とも密接な関連をもったこの議論を、安易に他の地域や社会に適用することには異論もあるかもしれない。しかし制度とそれに対する適応と新たな創造という現象は、本論中において見たように他の社会にも十分にあてはまる現象である。(18)村落部の社会と近代・「国家」・制度をめぐる分析の枠組みとして、より比較史的な角度から村落二重構造論を改めて見つめ直す価値は少なくないであろう。

参考文献

日文

穐山新［二〇一六］「近代中国における社会調査の実践と困難――李景漢の社会調査論と中国農村社会」（『社会学ジャーナル』第四一号）一～二四頁。

荒木田岳［二〇二〇］『村の日本近代史』筑摩書房。

石川一三夫［二〇〇二］「村落二重構造論の形成と展開――研究史に関する覚書」（『中京法学』第三七巻第一・二号）一〇一～二五〇頁。

植野弘子［一九八八］「台湾南部の王醮と村落――台南県一祭祀圏の村落関係」（『文化人類学』第五号、アカデミア出版会）六四～八二頁。

大石嘉一郎・西田美昭編［一九九一］『近代日本の行政村――長野県埴科郡五加村の研究』日本経済評論社。

岡田謙［一九三七］「村落と家族――台湾北部の村落生活」（『社会学』第五輯春季号）三八～五五頁。

――［一九三八］「台湾北部村落に於ける祭祀圏」（『民族学研究』第四巻第一号）一～二二頁。

相良吉哉［一九三三］『台南州祠廟名鑑』台湾日日新報社台南支局。

佐藤直行［一九九一］「藩政村領域の成立基盤と統一性の変化――仙台藩領小野村の事例」（『地学雑誌』第一〇〇巻第七号）一〇九二～一一一〇頁。

佐藤正広［二〇一二］『帝国日本と統計調査――統治初期台湾の専門家集団』岩波書店。

末成道男［一九九一］「台湾漢族の信仰圏域――北部客家村落の資料を中心にして」（『国立民族学博物館研究報告　別冊』第一四巻）二一～一〇一頁。

瀬川昌久［二〇〇四］『中国社会の人類学――親族・家族からの展望』世界思想社。

田井輝雄（戴炎輝）［一九四三］「台湾並に清代支那の村庄及び村庄廟」（『台湾文化論叢』第一輯）二二三～三三四頁。

新田龍希［二〇一九］「胥吏と台湾の割譲――南部台湾における田賦徴収請負機構の解体をめぐって」（『日本台湾学会報』第二一号）一四九～一七二頁。

星純子［二〇一三］『現代台湾コミュニティ運動の地域社会学――高雄県美濃鎮における社会運動、民主化、社区総体営造』御茶の水書房。

前野清太朗［二〇二二］『初期植民地台湾における「漢文」と統治』東京大学東アジア藝文書院。

――［二〇二四］『「現代村落」のエスノグラフィ――台湾における「つながり」と村落の再構成』晃洋書房。

村上玉吉［一九三四］『南部台湾誌』台南州共栄会。

増田福太郎［一九三七］『台湾本島人の宗教』明治聖徳記念学会。

山本英史［二〇〇七］『清代中国の地域支配』慶應義塾大学出版会。

若林正丈［一九九二］『台湾――分裂国家と民主化』東京大学出版会。

中文

許嘉明［一九七八］「祭祀圏之於居台漢人社会的独特性」（『中華文化復興月刊』第一一巻第六期）五九～六八頁。

黄文博［二〇〇四］『南瀛五営誌　渓北篇上巻』台南県政府。

黄文博ほか［二〇〇七］『後壁香火』第二版、泰安旌忠文教公益基金会。

蔡慧玉［一九九八］「一九三〇年代台湾基層行政的空間結構分析――以「農事実行組合」為例」（『台湾史研究』第五巻第二期）五五～一〇〇頁。

廿六庄下茄苳泰安宮旌忠廟管理委員会［一九九九］『廿六庄下茄苳泰安宮旌忠廟簡介』廿六庄下茄苳泰安宮旌忠廟管理委員会。

施振民［一九七三］「祭祀圏与社会組織――彰化平原聚落発展模式探討」（『中央研究院民族学研究所集刊』第三六期）一九一～二〇八頁。

謝国雄［二〇〇三］『茶郷社会誌――工資、政府与整体社会範疇』中央研究院社会学研究所。

台南県後壁郷公所［一九八六］『後壁郷志』台南県後壁郷公所。

張珣［一九九七］「百年来台湾漢人宗教研究的人類学回顧」（黄富三ほか編『台湾史研究一百年――回顧与研究』中央研究院台史所籌備処）。

――［二〇〇二］「祭祀圏研究的反省与後祭祀圏時代的来臨」（『国立台湾大学考古人類学刊』第五八期）七八～一一一頁。

陳其南［一九八七］『台湾的伝統中国社会』允晨文化実業。

陳鳴鐘・陳興唐主編［一九八九］『台湾光復和光復後五年省情（上）』南京出版社。

丁仁傑［二〇一三］『重訪保安村――漢人民間信仰的社会学研究』聯経出版。

薄慶玖［一九七一］「台湾省村里制度之研究」（『思与言』第九巻第四期）二〇九～二二六頁。

――――［一九七二］「台湾省村里制度之研究（下）」（『思与言』第九巻第五期）二七〇～二八四頁。

呂育誠［二〇〇七］『地方政府治理概念與落実途径之研究』元照出版公司。

英文

Duara, Prasenjit [1988] *Culture, Power, and the State: Rural North China, 1900-1942*, Stanford: Stanford University Press.
Freedman, Maurice [1958] *Lineage Organization in Southeastern China*, London: Athlone Press.
Pasternak, Burton [1972] *Kinship and Community in Two Chinese Villages*, Stanford: Stanford University Press.

注

（1）言語や文化的な差異、および台湾への移住時期によって閩南（ミンナン）系、客家（ハッカ）系、一九四九年以降の移住者である外省系の三系統に大別される。

（2）各地の地方官庁にはローカルルールを把握し、実態とかけ離れた正規の台帳とは別に裏帳簿をもつ地元官吏＝胥吏（しょり）が存在しており、彼らが数年ごとに外から派遣される官僚出身のトップに代わって実務を担っていた。台湾における胥吏の存在形態については近年の新田龍希［二〇一九］の整理に詳しい。

（3）近年の研究には関東・畿内など幕領・藩領・旗本領が入り組んだ区域において、幕藩体制下でむしろ村落が複数の統治先によって分割されてしまったとし、町村制（一八八八年）こそが領域と住民の一体化した日本村落の成立の契機であるとする指摘がある（荒木田［二〇二〇］一八～二三、一〇六～一一六頁）。一方、大藩（仙台藩）においては本文中のように幕藩体制下で居住地・農地の集約が進んだ事例もある（佐藤直行［一九九二］一〇九六～一一〇八頁）。おそらく日本村落が制度としての「村落」と住民の自意識の上での「村落」の間で揺れ動いてきたのはやはり事実であって、台湾や中国大陸部に比べれば近代以前からこの動きが顕著であったとみるべきであろう。

（4）墾戸は開拓面に、大租戸は納税面に、「総理」などは役職面にそれぞれ関わる名称であり、台湾在地の有力者層が全ての側面を必ずしも同時に兼ね備えていたわけではない。

（5）陰暦七月に無縁死者の霊を迎えるために行われる儀礼（普渡）を岡田は「盆」と表現している。

（6）台湾では家族・親族や廟が複数の神を同時に祭祀することが少なくない。複数の神像を同時に祭祀する場合、通常それぞれの神々のための祭日が別個に設定されている。

（7）泰安宮では巡回儀礼に先立ち神にお伺いを立て、神からの返事によっては儀礼が行われない年もあるため実施周期は必ずしも同一ではない。

（8）巡回儀礼に参加する廟が急増した背景には、メディア発達による知名度の拡大や新しい廟の出現などの現象が関連しているものと推定されるが、今後の詳細な分析を要する。

（9）男系血縁を重視する中国―漢人社会では血縁者から養子を迎える（過継子（かけいし）、同姓養子）ことが一般的とされるが、台湾ではしばしば非血縁者を養子に迎える（螟蛉子（めいれいし）、異姓養子）ことも少なからず行われていた（岡田［一九三七］四三～四五頁）。ただし毛姓については牛姓の子が毛姓の異姓養子となり、その子孫が再び牛姓の元に迎えられたとする伝承もあり、「皮は毛姓だがその骨は牛姓」（毛肉牛骨）と称している。

（10）台湾の市には県の下のレベルにある市（県轄市）と、県と同格の市の大きく二種類がある。前者の県轄市は日本の市町村に近く、同格の自治体が郷・鎮であり、下部に直接村里が所属している。後者の県と同格の市の場合、下部に出先機関の区があり、村里は区の下に所属している。

（11）これ以外にも村里民大会や基層建設座談といった住民の意見聴取のための会議を開くことはできる、しかし自治体議会ではないため条例等を制定することはできず、やはり上位の自治体に対して提案を行えるのみである（薄慶玖［一九七二］一一三～一一四頁、呂［二〇〇七］六二～六四頁）。

（12）二輪中排は耕地整理事業後につけられた行政名である。大斗村には東から西に流れる何本かの主要な用水路があり、第「二輪」灌区の「中」央「排」水路という登録呼称を略してこの名称となった。

（13）台湾には日本の土地改良区に類する制度がなく、植民地期の水利組合を合併・改組した独立行政法人の農田水利会が第二次世界大戦後長らく水利施設を複数県レベルの広範囲で管理していた。当初は農業従事者を会員とし、会費収入により運営されていたが、九〇年代以降は公的補助金による運営となり、二〇二〇年には最終的に国の機関（農田水利署）となった。

(14) ただしフォーマルとインフォーマルの間に位置するようなシステムが地域によっては別に設けられていた可能性もある。たとえばパスターナクが調査を行った旧台南県の集落では「村里」での会議はほとんど開かれていなかったが、もう一方の屏東県の集落では隔月で住民の会議が開かれ、植民地期からある合名企業が事実上の村落財産を形成していたという（Pasternak［1972］pp. 96-97, 100-103, 114-115）。

(15) 耕耘機や自脱型コンバインなどの高額農業機械を利用して耕起・田植・刈取といった作業の一部だけを代行する請負業（代耕）が台湾では発達した。

(16) 社区とは「コミュニティ」の中国語訳である。学問用語としてのみでなく行政側の用語としても中国語圏でしばしば用いられる。ただし、行政上現在の中華人民共和国では主に都市街区を指して用いられるが、台湾においては様々な規模の「コミュニティ」を指してかなり多義的に用いられる。

(17) たとえば頂大斗集落の天三宮や林辺集落の慧禅宮には「健康活動」の名目でつくられたコンクリート張りのバスケットコートや休憩所があるが、これらは実際には廟の祭祀活動での利用を兼ねている。

(18) 大斗村の歴史的な変容、および台湾における事例と他の社会（とくに日本および中国大陸部）との関連をいかに捉えるかについては前野［二〇二四］において詳しく論じた。本論と合わせて参照されたい。

第四章　現代山村の集落自治と存続条件——島根県浜田市弥栄町の事例から

相川陽一

はじめに

筆者が研究対象としてきた戦後日本の中国山地をめぐっては、安達生恒による過疎概念の提示をはじめ、多くの研究が蓄積されてきた（安達［一九六七］、同［一九七三］、同［一九八一］）。本章では、一九六〇年代半ばに、安達が共同研究者とともに調査を実施した島根県那賀郡弥栄《やさか》村（現浜田市弥栄町）[1]を対象として、林業と農業の領域において、集落住民が形成した「結合関係」のあり方を、高度経済成長期から現在（おおむね二〇一〇年代）までの期間について検討する。

弥栄は、全国的にみても極めて過疎化が進行した地域のひとつであり、他方で、一九七〇年代前半には大都市圏から「帰農」を試みるコミューン運動の拠点が村内に建設された地域である。弥栄が位置づく西中国山地は、たたら製鉄や林業に関わる人の移動が活発な地域であった。中国山地を対象とした研究では、近年は主として林業労働者の移動から近代山村像を再定義する試みがなされている（福田恵［二〇一六］ほか）。

本章は、近代山村に関する研究蓄積をふまえたうえで、現代山村を「戦後日本資本主義の展開過程で商品経済が山村生活の深部にまで浸透していった高度成長期以降の山村」と捉える（大野晃［二〇〇五］七頁）。そのうえで、農工間格差の拡大が都市―農山村間の所得格差として顕在化し、村落社会の維持主体となる人々の都市への他出が相次いだ過疎地域に定位し、過疎の進行化で人々はいかなる「結合関係」を形成しようと試みてきたのかとの問いを設定して、自身が暮らした調査地を対象に、この問いへの応答を試みる。

過疎農山村における住民の「結合関係」のあり方を分析することは、一九世紀後半から二一世紀初頭まで、ほぼ一貫して増え続けた日本の総人口が自然減の傾向を示すいま、人口増加を前提としない社会システムを構築するために有用な知見を得ることにもつながるだろう。ここで、注目したいのが、現代山村における流動性を帯びた村落社会の存在形態である。村落成員が山林や農地などの村落内の土地を共同で管理しつつ、村落成員からみて相対的に異質性の高い社会的属性を持った流入者との接触や受容を繰り返しながら、重層的な住民構成を成してきた地域として調査地を捉えたい。

村落社会における人々の「結合関係」は、動態的、かつ重層的にあらわれることもあり、たたら製鉄や林業に従事する人々が一定数存在した地域や、過疎化の中で大都市圏からの「帰農」者を迎えた地域では、社会的属性を異にする人々の間で動態的な「結合関係」が成立する条件がある。本章で取り上げる西中国山地の事例は、そうした事例のひとつである。

以上の問題設定に基づき、本章では、よそものを取り込みながら更新されていく「結合関係」という視点から、西中国山地の一角に位置する地域の戦後史をたどる。ここで画期となるのは、常住者の約三分の一が他出した激甚な過疎化を経た一九七〇年代以降である。この時期、調査地では、大都市圏で展開された学生運動に次いで興隆した対抗文化運動やコミューン運動の流れを組む若者らが移り住んで、コミューン建設を試み、時間をかけて在村者との間に人格的な信頼関係を築き大都市圏からの所得移転を可能にする事業形成を行った。その後、一九八〇～九〇年代にかけてコミューンは運動体から事業体へと自身の位置づけを変え、よそものである移住者が主体となって集落自治や村（自治体）運営にも関わり、現在に至る。

戦後日本資本主義の展開過程において高度経済成長期に発生した産業構造の転換や農工間格差の拡大に伴い、調査地には激甚な過疎化が生じ、集落や自治体の運営に不可逆的ともいえる負の影響をもたらした。この時期に、大都市圏からの「帰農」者を迎えたことにより、調査地では中長期的にみると、従来の「結合関係」が変容し、新たな「結合関係」が形成される契機を見出すことができる。本章では、村落社会を構成する社会的な「結合関係」は現代に近づけば希薄化するという前提自体を検討し、調査地において、それらは単線的に消えゆくものではなく、現代においても「結合関係」は発生と消滅を繰り返しており、単線的な歴史では捉えることができないのではないか、という仮説を示したい。

筆者は二〇〇九年八月から一三年三月まで、浜田市弥栄町内に島根県中山間地域研究センターの駐村研究員として暮らした経験を持つ。三年八か月の駐村期間内の参与観察と駐村期間後も継続的に実施した資料調査と実施した聞き取り調査から、本章を構成する。なお、新型コロナウイルス感染症の流行に伴い、調査地に関する記述や知見の多くは二〇一九年までに得た知見とする。

1　過疎の村の半世紀

（1）島根県浜田市弥栄町（旧那賀郡弥栄村）の沿革

本章で調査地とする島根県那賀郡弥栄村は、一九五六年に安城《やすぎ》村と杵束《きつか》村の二村合併によって成立し、那賀郡を構成した自治体である。二〇〇五年に弥栄村は、那賀郡を構成する旭町、金城町、三隅町とともに浜田市と合併し、新

表4-1　弥栄村総人口の推移

（単位：人）

年次	総人口	年次	総人口
1925年	4,843	1975年	2,375
1930年	4,957	1980年	2,179
1935年	4,731	1985年	2,075
1940年	4,355	1990年	1,869
1947年	5,076	1995年	1,845
1950年	5,096	2000年	1,789
1955年	5,008	2005年	1,612
1960年	5,288	2010年	1,494
1965年	3,446	2015年	1,342
1970年	2,853		

出所：『島根県統計書』（各年度）、島根統計データベース（2010年以降）。

設合併による新浜田市が発足した。

弥栄は、標高一〇〇〇メートル未満の低山が連なる島根県西部の石見地方に位置する。気候は冷涼で、一二月から三月にかけての冬季に降雪がある（対照的に、日本海沿岸部に位置する旧浜田市域に降雪はあまりみられない）。総面積は一万五四五ヘクタール、森林率は八四・四％である。筆者が住み込み型の調査を終えた二〇一三年三月の時点で、弥栄には二七の集落が点在し、二〇二〇年八月現在は集落合併を経て集落数は二六となった。集落合併は、旧杵束村内の縁辺集落で行われ、集落住民の高齢化と人口・戸数の減少がその要因である。

表４-１では弥栄の総人口の推移を示した。二〇世紀前半には五〇〇〇人規模を維持した後、敗戦直後の一時期を除いて、戦後は減少の一途をたどる。筆者が常駐を終えた二〇一三年三月三一日時点の総人口は一四二八人、高齢化率四五・三％である。二〇二〇年三月三一日現在は、総人口一二三四人、高齢化率五〇・〇％となり、住民の半数が六五歳以上を超えた（住民基本台帳人口）。

敗戦直後から一九六〇年までの一五年間に人口増加があり、これが総人口のピークである。一九六〇～六五年までの総人口の減少は著しく、六〇年には五二八八人だった村総人口が六五年には三四四六人と一八四二人も減少した。この五年間の人口減少率は三四・八％にのぼった。全国的にみても最も人口減少率の高い自治体のひとつである。

（2）弥栄の農業概況

続いて、弥栄の農業概要を述べる。宮本常一は、中国山地に多くの人々が住むことができた条件に水稲中心の耕地構造があると指摘する。「中国山地は、どんな山の中でも米を作ることができた。もとより畑も多く、アワやキビ、ヒエなども作ったけれども、水田のないという村は少ない」（宮本［一九六八］三六八頁）。

弥栄における農地の多くは水田である。山間部でも水稲作を中心に一定の農業生産力を持つことが西中国山地の農業構造上の特徴である。弥栄の作目の多くが水稲であることも宮本の指摘の通りである。ただし水田面積も減少傾向にある。農業者の高齢化と農業からの引退に伴って、山裾から農地の耕作放棄が進んでいる。

二〇一五年度の農林業センサス（Census of Agriculture and Forestry）における弥栄の農業者の平均年齢は、農業就業人口（販売農家）のうち、日頃から自営農業に従事している基幹的農業従事者ベースで、安城村が七〇・七歳、杵束村が七一・五歳と高齢化が著しい（男女を合わせた平均年齢）。農業専従者のうち自営農業従事日数が一五〇日以上の者の平均年齢は、安城村六四・九歳、杵束村七〇・一歳である（男女を合わせた平均年齢）。現在の弥栄の農業は主として年金受給世代によって営まれている。(2)

2　地域農業の基層としての自給農

（1）不可視化される現代山村の農業実態

弥栄に暮らし始めて数か月ほどたったころ、農家出身者である筆者は、あることに気づいた。国勢調査や農林業センサスで確認した弥栄住民の就業データと、弥栄の日常生活で出会った光景との著しい乖離である。まず、農業に従事している人がまったくいない世帯を、ほとんど見かけることがなかった。同センサスで像を結ぶ弥栄農業の姿と、筆者が日常生活や農林業にかかるフィールドワークで観察した弥栄農業の実態には乖離があるとの認識が生まれた。二〇一五年時点の国勢調査から、弥栄における産業大分類別の就業者数で「農業、林業」の従事者は全就業者数の半数に満たない。

しかし、筆者が空き家を借りて暮らした集落では、ほとんどの家が田畑を営んでいた。そして、後述する一九七〇年代初頭にコミューン建設を嚆矢として始まった「帰農」者の受け入れの中で、弥栄には農業を主業とする村外からの移住就農者（いわゆるIターン就農者）も一定数暮らしている。筆者は、農業を主業としない移住者も自家の近くで田畑を営み、集落単位で行われる草刈り作業に参加する事例に接してきた。

農林業センサスも国勢調査もセンサスと銘打たれているが、産業としての農業従事者を調査対象としてカウントしており、換金性の高低はありながらも、生活の一環で農業を営み、居住する集落の農林資源の維持に関わる多数の住民の営農実態や生活実態を捕捉することはできない調査設計となっている。だからこそ地域に暮らし、あるいは頻繁に通って、研究者が自力でデータを作る必要がある。現代山村の農業実態を把握するためは、センサスのみに依存することなく、それらを参照しながらも、研究者が自力でデータを作るしかない状態にある。

弥栄の住民は、弥栄内の農産加工会社、役場、工場、福祉施設、診療所等に勤めながら、あるいは浜田市街地の様々な事業所に勤めながら、多くの世帯において世帯員のうち誰かが自家の田畑を耕作していた。庭先の畑といっても、都市部の貸し農園のような面積ではない。少なくとも一〇アールはある。これだけの畑があれば一家数人が夏場に食べる野菜は十分にまかなうことができ、子や孫、親戚や近所の住民に、おすそわけもできる。

（2）　弥栄における自給農の存在形態――参与観察で得た知見から

弥栄には、田畑を営みながらも、既存のセンサスデータでは把握されない人々がいるのではないか。既存のセンサスデータで把握できる部分は氷山の一角のようなものではないか。以上の問いを抱きつつ、暮らした集落で共同畑の耕作に加わり、自身でも自給農を営みながら、周囲の住民に教えを受ける過程で、弥栄の農業の基層には、圃場に近接した山林とのあいだに有機的なつながりを生み出す自給農があることに、筆者は気づかされた。

例えば、田畑（圃場）を囲む山林から得る刈草や落葉の施用である。写真4-1は筆者が住み込みを始めた二〇〇九年に、自家の向かいにある集落の共同畑での仕事の様子を撮影したものである。ここでは、山裾に繁茂するカヤを施用する刈敷が、高齢女性の主導によって行われていた。青壮年の男性は、圃場の近所でカヤを刈ってくるよう指示され、カヤを選んで刈り、圃場に施用していた。このような農法がいつからなされているのか、どのような変遷を遂げているのかについては、今日まで、聞き取りや資料では確認することができていないが、刈敷が日常的、慣習的な行為として集落住民の営農活動の中に位置づいていることは、以上から確認できる（相川陽一［二〇一三］）。

写真 4-1　暮らしていた集落の共同畑で行われた刈敷
2009年９月26日（撮影：相川陽一）。

写真4-2は、焼き土と呼ばれる資材を自家製造する様子であり、写真4-1に映った高齢女性のうち一名の自家菜園である。一〇アールほどの圃場を八〇歳代で、ほぼ一人で管理している。この焼き土づくりの現場で尋ねた際に、作り手は、焼き土をタマネギなどの播種前に施用することによる病害虫の防止効果を期待していた。このような焼き土づくりは、筆者が駐村していた時期には、居住集落（駐村当時は約三〇戸で構成）の八〇歳代だけでなく、六〇～七〇

写真 4-2　筆者の隣家の成員（女性・当時80歳代）による焼き土づくりの様子

2012年10月19日（撮影：相川陽一）。

歳代の高齢女性も行っていた（相川［二〇一三］）。

駐村期間内に出会い、記録した自給農の特徴を筆者は三点に整理した。第一に、弥栄では落葉広葉樹林に囲まれた圃場で、圃場内と圃場に近接した区域の植物資源を巧みに利用している。ここでは近接資源利用を草に焦点化しているが、薪風呂の保有世帯では薪風呂の灰も田畑に投入されている。植物以外の近接資源利用では、中山間地域の勾配のある地形の高低差を利用し、動力ポンプなしに山水を田に注ぎ入れる水路構築なども近接資源利用の一形態である。

第二に、自給農の担い手は、高齢者が多く、また、総人口に占める割合としては少数だが、高度経済成長期以降に自身の意志で弥栄に移住した人々の中にも自給農を営む人々が一定数いる。かれらの農業は、商品生産を主目的とせず、自家消費と他出子らへの贈与を主目的として営まれている。生産物を同居家族で消費するとともに、他出した子供や孫、ひ孫、近隣住民に贈与して、返礼は求めない（感謝などの無形の便益が返礼されていると捉えることは可能かもしれない）。自家消費分と他出子らへの贈与分があり、それらの余剰が直売所などに出荷され、世帯や耕作者の副収入となる。自身や孫、ひ孫、近隣住民が食べるものとして生産しているゆえに、農薬は使用せず、化学肥料の使用も最低限に抑える。

第三に、特に高齢者の営む自給農は、伝統農法のひとつとみなすことができると思われる。圃場と圃場に近接したエリアの植物資源を巧みに利用し、農薬を使用しない事例もあるが、実施者は自身の営みを有機農業とは自称しない。

圃場と圃場に近接したエリアの植物資源を巧みに利用する方法や効用を説明することはできるが、購入資材の入手が容易な現代日本社会で、なぜ手間のかかる近接資源利用を継続しているのかという問いへの回答は言語によって直ちに説明されることはない。この意味で、伝統農法の一環としての自給農は、伝統的行為ないしは慣習的行為として捉えることができる。

こうした農業を筆者は「ふだんぎの有機農業」と捉えた（相川［二〇一三］）。興味深いのは、「ふだんぎの有機農業」は、多くの場合、いわゆる昭和ひとけた世代の高齢者の営みだが、脱物質的な価値意識をもって、主として一九九〇年代以降に弥栄に移住した人々の中には、こうした農業に関心を持つ人々がいることだ。実施者から教えを受けたいとの依頼を受けて、筆者が「帰農」者と写真4-2の焼き土の作り手との仲介役になったこともあった。圃場と圃場に近接した資源を活かした自給農は、いわゆる昭和ひとけた世代の高齢化と物故とともに消え行く可能性があるが、脱物質的な価値意識をもって、現代山村に自身の意志で居住することを選んだ「帰農」者により、部分的かつ非血縁的に継承される可能性も完全には否定できないように思われる。

3　コミューンの有機農業運動と「帰農」者の育成活動——運動と事業の中長期的な帰結をめぐって

(1)　コミューンによる農業の非血縁的継承

弥栄に移住して農業を営むことを希望する若者たちを農家に育て、弥栄内外に輩出してきたアクターとして弥栄之郷共同体／やさか共同農場を取り上げる。有機農業や生活協同組合の領域では、弥栄と言えば弥栄之郷共同体／やさか共同農場が連想されるほど知られた存在である。弥栄之郷共同体／やさか共同農場については、当事者による著作が刊行されており（弥栄之郷共同体［一九八九］、有限会社やさか共同農場編［二〇一三］）、コミューン研究における蓄積もある（今防人［一九八七］ほか）。以下、本節では、既刊書籍等との重複を避け、弥栄之郷共同体／やさか共同農場が果たしてきた農家育成のアクターとしての役割を明示し、かれらによって築かれた弥栄内における新たな「結合関係」を述べることに注力したい。

米村昭二は、弥栄内の四集落への聞き取り調査をもとに、調査対象集落内の家の継承代数を記録している。一九六〇年代末の時点で、米村が調査対象とした四つの集落において、回答数の多い順は一代（一九戸）、三代（一七戸）、二代（一六戸）である。五代以上続く家（一〇代以上も含む）一三戸が、調査対象とした計七七戸内で占める割合は一六％ほどである（米村昭二［一九七〇］）。これは安城地区内の全集落に関する調査結果ではないため、この調査結果を敷衍することには慎重を期す必要があるが、一九六〇年代末の時点の弥栄村安城地区内では、三代以上続く家が多数を占める状況ではなかったことが想定される。(3)

総人口の約三割が他出する激甚な過疎化が一九六〇～六五年のあいだに起きたことにより（国勢調査）、継承代数が多く動員可能な資源量が相対的にみて大きな家から集落外あるいは村外に他出した可能性がある。そして、たたら製鉄に続き、山を利用した産業として西中国産地の主産業となり、かつ、大都市の燃料需要に支えられていた木炭生産が一九五〇年代の「燃料革命」によって壊滅的な打撃を受けた。

一九六〇年代末の弥栄では、総人口の約三割が他出するなかで、各集落では社会的共同生活の基礎単位となる集落活動が機能不全に陥ったことがうかがえる。大都市圏からの「帰農」者たちによって、弥栄にコミューンが建設されるのは、この数年後である。

（2） 中山間地域への移住の先進地としての弥栄

本章で、繰り返し指摘したように弥栄は一九五〇年代末から一九六〇年代にかけて急激な過疎化を経験した。と同時に高度経済成長期の末期に、弥栄には大都市圏からの若者移住の動きが見られた。大都市から過疎農山村に、自身の意志で移住して、農業や林業を営む行為は、当時は移住やIターンといった用語ではなく、価値付与的な意味も込めて「帰農」と呼ばれた（桝潟俊子［一九八八ａ］、同［一九八八ｂ］）。

弥栄には一九七二年に、コミューンづくりを志向して、四名の若者が山陽方面から移住した。かれらは弥栄内でも特に山深い笹目原集落と横谷集落の付近（標高約五五〇メートル）に弥栄之郷共同体を建設した。コミューン建設当初は、若者たちが一か所で共同生活を送りながら、農業も共同で行う姿勢などが目立ち、ときに周辺住民から警戒されながらも、時間をかけて集落内外に理解者を作ってきたことがうかがえる（アサヒグラフ編［一九七九］、弥栄之郷共同体［一九八九］）。

入植からまもなく、弥栄之郷共同体は、周辺住民との間に信頼関係を築くため、かれらの生産物を都市部で販売する活動を開始した。だが、大都市から遠く離れた地理的条件や冬季に深い降雪のある気象条件等により、農業生産や引き売りの活動は停滞し、冬季には都市部への出稼ぎにより生計を維持する状況となった。山間部に拠点を構えながら大都市へ出稼ぎに出ることに矛盾を感じたメンバーたちが試みたのが、味噌製造である。かれらは有機農業による原料生産や味噌製造に注力した。保存が利き、冷涼な集落環境を有利条件とすることのできる味噌の製造販売は時間をかけて軌道に乗り、一九七〇年代にかけて各地で叢生した生活協同組合や専門流通事業体との間に連携関係を構築し、大都市圏からの所得移転を可能にする条件を形成した（弥栄之郷共同体［一九八九］）。

有機農産物を扱う生活協同組合や専門流通事業体の中には、生活クラブ生協や大地を守る会（現オイシックス・ラ・大地株式会社）のように、一九六〇～七〇年代にかけて展開された学生運動等の経験者が創設者となった事業体も少なくない。同時代にコミューン運動を開始した弥栄之郷共同体と流通事業体の間には、商品への信頼関係だけでなく、社会的な事象への信念においても共通するものがあったことがうかがえる。以後、四〇年以上にわたり、弥栄之郷共同体／やさか共同農場は、地域住民や行政機関との間に葛藤と連携を重ねながら、メンバーの入れ替わりを経て、長きにわたり生産活動を持続している。

弥栄之郷共同体は一九七〇年代にコミューンとして出発した後、一九九〇年代に有限会社やさか共同農場として再発足した。二〇一四年には、創設者の子供世代にあたる若手（一九七〇～八〇年代生まれ）に経営移譲し、現社長（三〇歳代）は弥栄生まれである。やさか共同農場は、二〇一九年時点で、従業員約四〇名を擁する弥栄最大の事業所に発展し、億単位の年間売り上げを有する事業所として、弥栄内に地歩を固めている。同農場は、浜田市弥栄支所（旧村役場）を除いて、弥栄内で最大の雇用力を有する事業所である。

一九六〇年代後半の学生運動の高揚と一九七〇年代初頭の衰退の中で、自己変革と社会変革の双方を求めて、一九七〇年代に各地でコミューンが叢生した。その多くは、存続のための経済基盤や長期持続の構えをもたないまま潰えた。だが、弥栄之郷共同体／やさか共同農場は、運動体と経営体の性格を併せもち、両要素を、ときに葛藤させながら、地域内外の諸主体と緊張感を持ったつながりを形成して存続してきた。コミューン運動に根を持ちながら、現在まで続く稀有な存在である。

次の本節（3）では、弥栄における移住活動や移住支援活動が民間発の動きとして始まったこと、そして「Iターン」という言葉が生まれるはるか以前から「帰農」者自身により、「帰農」を促進する活動がなされていたことに着眼し、弥栄之郷共同体／やさか共同農場による有機農業の担い手創出の取り組みとその中長期的な帰結を、弥栄住民内における新たな「結合関係」の創出という視点で述べる。

（3）　よそ者を受容する地域条件と弥栄之郷共同体が果たした役割

弥栄之郷共同体の建設と存続は、集落が外部からの集団移住を受け入れ、葛藤を経て、時間をかけて両者の協働関係を成立させていった過程である。この背景には、高度経済成長期の弥栄が直面した深刻な過疎化の進行がある。急激な人口減少に直面する中で、集落で異質な他者の受け入れが起きたといえる。

もっとも、前近代から高度経済成長期まで、弥栄の主要産業は、たたら製鉄や製炭業だったことから、これらの労働に従事する人々が弥栄内外を流動していた可能性がある。前述のように、弥栄は人口流動性が相対的にみて高い地域であることが想定でき、一九七二年の弥栄之郷共同体の建設以前から、たたら製鉄の関係者や薪炭生産の従事者、林業従事者等を受容してきた地域である。このような歴史的過程を経て、よそものを迎え入れる心性や態度が、弥栄之郷共同体の建設以前に、先行的に弥栄で形成されていたことを仮説として示すことができる。

地域における新たな「結合関係」の創出という視点から、弥栄之郷共同体が、弥栄内で果たしてきた役割は大きく三点ある。第一の役割は、地域経済の牽引役である。第二の役割は、弥栄内の諸主体のつなぎ役である。そして第三の役割は、「帰農」促進の先駆者として事業活動と村内における公益的活動の双方に寄与してきたことである。以下、順に述べていく。

第一の役割は、地域経済の牽引役である。前述のように、弥栄は一一～三月にかけて降雪があり、大都市からは遠く離れている。事業性のある農業を展開するには、厳しい地域条件である。このような条件下で、弥栄之郷共同体／やさか共同農場は四〇年の長きにわたって存続し、経営規模を拡大して、「帰農」者や在村者が働く場を創出してきた。

コミューンが経営体としての性格を強めていこうとするとき、厳しい自然環境下、立地環境下で、働く者の生計を維持することを考えれば、資本主義的経営に事業活動を純化させる途が優先されてもおかしくはない。だが、以前とは異なる形態かもしれないが、やさか共同農場は、それとは異なる途を選択した。

筆者は、駐村時に作成していたフィールドノーツを読み返しながら、やさか共同農場のメンバーとの日常的なつきあいの記録に基づき、メンバーの自己変革や地域変革を掲げる運動体としての性格は、弥栄之郷共同体からやさか共同農場へ転換した現在も、残る面があると考えている。入植当初のライフスタイルとして記録されている「ひとつ財布」での共同生活やプレハブ施設での共同生活といった、可視化できるコミューン文化は残されていない。だが、「来る者拒まず」の姿勢で「帰農」希望者を受け入れる姿勢は現在も持続している。例えば、筆者の駐村期間に、やさか共同農場には様々な人が逗留し、農業研修や農山村体験を行っていた。その中には、様々な形で、生きる営みに困難を抱えた人々がいることも垣間見えた。明確な方針として聞いたわけではないが、やさか共同農場のスタッフは、就労能力の有無や優劣によって受け入れ採否を決める姿勢ではなく、まず受け入れる姿勢で滞在希望者に接していた。事業体として、数十名の雇用者の生計を支えつつ、多様な「帰農」者を受け入れる姿勢は、コミューンと事業体の性格を併せ持ったものといえる。

第二の役割は、地域内外の諸主体のつなぎ役である。弥栄之郷共同体／やさか共同農場は、地域内で経営規模の異なる農家をつなぎ、村外出身の「帰農」者を弥栄につなぎとめてきた。弥栄之郷共同体は閉鎖的なコミューンではなく、かれらは大都市圏から「帰農」者を受け入れ、かれらを農家や農村生活者として育成した後に、弥栄内の集落への定住をすすめ、地域社会と「帰農」者の接点を積極的に創出してきた。

例えば、弥栄之郷共同体は、一九七〇年代に経営基盤を固め始めた時期から、「ワークキャンプ」や「コミューン学校」などの農山村体験イベントを数多く開催し、経営確立への努力と並行して、大都市圏からの訪問者を積極的に迎え入れた。多数の若者を「帰農」者として受け入れ、有機農業に取り組む生産者として育て上げてきたことも、弥栄之郷共同体／やさか共同農場の特徴である。弥栄村の役場や集落が、独力で、大都市圏からの見学者や農業研修生を得ることは容易ではない。これが実現できているのは、弥栄之郷共同体が、事業活動を通して、生協などの専門流通事業体と連携した農産加工品の流通を確立し得ていることが大きい。

そして、弥栄之郷共同体／やさか共同農場は、弥栄内で有機農業の生産者集団を立ち上げる主体形成への努力も継続している。例えば、現在、同農場が事務局をつとめる「森の里工房生産組合」は、有機農業によって生産されたコメや野菜を取り扱う事業体で、在村者と「帰農」者で構成されている。「帰農」者と在村者を農業生産と流通によってつなぐ取り組みである。集落を超えて生産組合を立ち上げ、事業を継続していく際に、最も苦労するのが事務局の機能である。やさか共同農場は事務局役割を引き受け、地域農家のつなぎ役としての役割を担っている。

また、弥栄之郷共同体の建設当時から、同共同体は、自給を主とする小規模農家の生産物を都市に出荷する事業活動を断続的に続けている。そして、この活動に若手の「帰農」者を意識的に従事させ、在村者との人格的な信頼関係を醸成している。この農産物の委託販売活動は、弥栄之郷共同体の建設初期から、ときに赤字を出しながら、何度も形を変え、続けられてきた事業活動である。二〇一四年の時点（筆者がこの事業に関する詳細な調査を実施できた最後の時点）で、同農場は専門流通事業体と連携し、広島市や周辺地域に、弥栄の小規模農家の生産物を発送する事業を続けていた。これは同農場では収益が上がりにくい部門である。だが、こうした活動は、「帰農」を希望する研修生や同農場の若手スタッフの地域社会への根づきをサポートする効用をもつ。

駐村時に暮らしていた筆者の自宅の隣家は、水田約三〇アール、畑約二〇アールを耕作する小規模農家で、弥栄之郷共同体の時期からの同共同体の支持者であり、前段落に記した農産物の出荷者の一人だった。この家には、同農場のスタッフが頻繁に集荷に来ており、ある時、筆者は、この集荷役に、同農場の若手研修生や若手スタッフが意識的に配置されていることに気づいた。同農場は極めて忙しい。通年で味噌や生鮮野菜の生産・加工を行っており、筆者が駐村した時期は土日出勤も多かった。同農場は、多忙な中で、決して収益性が高いとは言えない集荷・販売事業を続け、若手スタッフを小規模農家のもとに巡回集荷させていた。この理由を、巡回集荷役の若手スタッフに尋ねたところ、彼が巡回する集荷先には、弥栄之郷共同体の時代から信頼関係を築いてきた農家があり、同農場の若手スタッフが、コミューン建設初期からの支持者と親しく接する機会を作る仕組みになっていた。

この仕組みは、若手スタッフが研修を終えた後に効果を発揮する。やさか共同農場の友好農家と日常的に接することで、農業研修を終えて、弥栄で空き家や田畑を借りて地域社会の一員となる際に、様々な情報提供や仲立ちによるサポートを受けやすくなるからである。つまり、小規模農家の野菜宅配事業は、利益の上がりにくい事業だが、やさか共同農場の将来を担う若手スタッフが地域社会に浸透し、弥栄で社会関係資本を豊富化していくための広義の研修活動として機能している。

第三の役割は、「帰農」促進の先駆者として事業活動と村内における公益的活動の双方に寄与してきたことである。「帰農」者の受け入れは、単なる労働力の補塡ではなく、「帰農」希望者を農家や農村生活者に育成し、過疎化が進行する弥栄に家と住民を増やしていく公益的な意味も有している。一般に、「帰農」者の育成は、育成を担う側に直ちに効用を生み出すことが少なく、それゆえ、主として一九九〇年代より各地で行政機関が新規就農の支援等を行政事業として行ってきた。しかし、弥栄之郷共同体／やさか共同農場は、前述のようにコミューン建設からまもなく、独自の活動として行ってきた農業研修生の受け入れ活動を始めている。一九九〇年代から、この活動は、弥栄村役場／浜田市弥栄支所との連携事業となったが、弥栄における「帰農」者の受け入れは、行政機関ではなく、弥栄之郷共同体が先駆者である。他の自治体に先駆けて、約四〇年にわたり、「帰農」者の受け入れを進め、この過程で、多くの「帰農」者が弥栄内の集落に新たな住民として定着している。

筆者は、駐村していた二〇一二年に、弥栄に暮らす移住者のリストアップ調査を行い、「帰農」者や移住者とやさか共同農場との関係を確認した。筆者が把握できた限りの情報だが、二〇一二年九月末の時点で、弥栄には九五名、四七世帯の移住者がいることを確認した。これは判明分のみのデータである。世帯ごと移住したケースのみをカウントしており、世帯員の一部が婚姻を契機に移住した婚入ケースは除外している。

上記の九五名、四七世帯のうち、行政機関および民間事業者等の行う農業研修活動を介して弥栄町に移住した世帯数は計二〇世帯ある。そして、四七世帯のうち、やさか共同農場で現在働いている人や働いた経験を持つ人がいる世帯は一七世帯にのぼった。

大都市圏から農山村への帰郷・移住の促進は、二〇〇〇年代に入り、地方圏の自治体で重要視されている。しかし、弥栄之郷共同体／やさか共同農場は、「Iターン」や「定住促進」といった言葉が流布する以前から、若者の移住・定着活動に力を注いできた。この粘り強い活動の成果が、移住世帯の生活を支える存在として、現在も続いている。これは、同農場が弥栄で果たす役割のなかでも、公益性の強いものだろう。

弥栄之郷共同体をさきがけに、四〇年におよぶ都市部から弥栄への移住の動きの中で、「帰農」者が地域社会の意思決定機構へ参画する状況も現出している。「帰農」者は、数が増えただけでなく、かれらの弥栄内での位置づけや担う役割に、質的な変化も生まれつつある。例えば、二〇〇〇年代から、「帰農」者や移住者を集落運営の中心メンバーに選出する集落が出始めている。二〇一九年度の時点で弥栄内に二六ある集落のうち、三集落で、弥栄之郷共同体／やさか共同農場で研修や勤務の経験を積んだ「帰農」者三名が自治会長を経験している。やさか共同農場を経由して、集落自治の中心的な役割を担う「帰農」者は、今後も増えていくことが見込まれる。

やさか共同農場は、一九七〇年代に叢生したコミューン運動に起源を持ち、弥栄内で地歩を固め、生協等の市民セクターと連携して事業を展開し、経営体としての性格と地域社会を支える運動体としての性格を併せ持ってきた。今後は、積み上げてきた事業実績と弥栄内外で蓄積してきた社会関係資本を後身に本格継承する時期にきている。

おわりに

本章では、過疎化が進行する現代山村における住民の「結合関係」を、流動性を帯びた村落社会のあり方という視点から考察することを目的とした。そして、村落社会の維持主体となる人々の他出が相次いだ過疎の激甚地域に調査地を設定して、過疎の進行化で人々はいかなる結合関係を形成しようと試みてきたのかとの問いを設定しこの問いへの応答を試みた。

まず、調査地における農業の基層を成す自給農のあり方を述べる中で、高齢農家が慣習的行為として行う自給農の営みに、一九七〇年代以降に「帰農」者として地域に定着した人々から関心が寄せられ、筆者自身が仲介者となって、これらの農法の継承を試みた事例を示した。「帰農」者は、多くの場合、都市的経験を有する主体であり、在村者との間には生活様式等の面で葛藤が生じることもあるが、脱物質的価値観を持った「帰農」者によって、非血縁的に、伝統の再創造ともいえる契機が生じることもある。即断はできないが、このような契機は、村落社会の成員の「結合関係」の変容をもたらす可能性を持つと言うことはできよう。

次に一九七二年に大都市圏から「帰農」し、コミューンを建設した人々とその後継者に着目し、弥栄之郷共同体／やさか共同農場が、地域経済の牽引役として、弥栄内の諸主体のつなぎ役としての役割を果たし、そして「帰農」促進を通じて弥栄内の集落に、集落自治の担い手を創出する公益的な活動を担ってきたことを述べた。一九七〇年代初期には、在村者と「帰農」者との間に、異質な主体間の葛藤をもたらしたコミューン建設は、四〇年を経過して、「帰農」者を地域運営の要となる主体として育成しており、過疎化の進行が止まらず、中央政府や地方政府からの支援も期待できない現状において、「帰農」者が農業のみならず、集落自治の担い手となる趨勢が続くことが見込まれる。

以上の事例から、筆者は村落内外の相互扶助関係と「結合関係」はやがて消えゆくもの、という前提で村落社会を捉えることには留保が必要ではないかと考えている。現代（二〇世紀後半期から二一世紀前半期）においても、弥栄ではいくつもの「結合関係」が存在しており、住民間の「結合関係」は発生と消滅を繰り返し、アクターの退場や登場の中で、それらは単線的な歴史像として捉えることができないものになっている。このような事例をただちに一般化することには留保が必要だが、調査地が位置する西中国山地の過疎農山村の戦後史を把握しようとするとき、本章で提示した知見の一般化が可能かどうかという点については、今後の調査研究を通じて検証したい。

付記　本章第三節は相川［二〇一五］に基づき、その後に実施した現地調査で得た知見を加筆したものである。

参考文献

相川陽一［二〇一三］「地域資源を活用した山村農業」（井口隆史・桝潟俊子編著『地域自給のネットワーク』コモンズ）八一～一三三頁。

――［二〇一五］「弥栄之郷共同体／やさか共同農場の軌跡――山間地における起業・就農支援・地域づくりの可能性」（『社会運動』第四一六号）八～一七頁。

アサヒグラフ編［一九七九］『にっぽんコミューン』朝日新聞社。

安達生恒［一九六七］「過疎地帯における営農と生活――島根県弥栄村のレポート」（『地上』四二年六月号抜刷、島根大学農学部農政学研究室（島根県立図書館蔵））。

――［一九七三］『むらと人間の崩壊――農民に明日があるか』三一書房。

――［一九八一］『過疎地再生の道〈安達生恒著作集④〉』日本経済評論社。

大野晃［二〇〇五］『山村環境社会学序説――現代山村の限界集落化と流域共同管理』農山漁村文化協会。

今防人［一九八七］『コミューンを生きる若者たち』新曜社。

島根県中山間地域研究センターやさか郷づくり事務所編［二〇一二］『「小さな農林業」の可能性――「弥栄町の農林業に関する調査」地域報告会の記録』島根県中山間地域研究センターやさか郷づくり事務所。

福田恵［二〇一六］「近代山村における林業移動と人的関係網――広狭域に及ぶ山村像の把握に向けて」（『年報 村落社会研究五二 現代社会は「山」との関係を取り戻せるか』農山漁村文化協会）九五～一四四頁。

桝潟俊子［一九八八ａ］「「帰農」というライフスタイルの転換とその展開 上」（『国民生活研究』第二八巻第一号）三八～五四頁。

――［一九八八ｂ］「「帰農」というライフスタイルの転換とその展開 下」（『国民生活研究』第二八巻第二号）一九～三五頁。

宮本常一［一九六八］「長い歩み――過去」（中国新聞社編『中国山地 下』未来社）三六七～三六九頁。

弥栄之郷共同体［一九八九］『俺たちの屋号はキョードータイ――村に楽しい農業と暮らしを……島根弥栄之郷共同体の一七年』自然食通信社。

有限会社やさか共同農場編［二〇一三］『やさか仙人物語――地域・人と協働して歩んだ「やさか共同農場」の四〇年』新評論。

米村昭二［一九七〇］「過疎化と村落構造――中国山地〔島根県那賀郡弥栄村〕の実態」（『岡山大学教育学部研究集録』第三〇号）一一七～一五〇頁。

注

（1）本章では、旧那賀郡弥栄村と現浜田市弥栄町の総称として、弥栄の地名を用いる。二〇〇五年の浜田市との自治体合併前の弥栄に限定した際の呼称は弥栄村、同合併以降に限定した際の呼称は弥栄町とする。
（2）農林業センサスにおける農業従事者等の平均年齢は、旧安城村、旧杵束村ごとにデータが公開されているため、旧村の範域で数値を示した。
（3）上記に加えて、筆者らが二〇一二年一月に、弥栄の全世帯（六三九世帯、調査時点）を対象として行った質問紙調査（郵送法）でも、家の成立時期を尋ねている。この質問紙調査の有効回収率は四八・八％（三一二票）だった。家の成立時期を尋ねた設問への回答結果では、「明治以前」との回答は約二四％だった。詳細は（島根県中山間地域研究センターやさか郷づくり事務所編［二〇一二］）参照。

第Ⅱ部　より広い世界からの照射

第五章　プロイセンから見た日本と中国——近世農村比較の一試論

飯田　恭

はじめに

第Ⅰ部では、日中農村史に関する実証研究を通じて、「日本の村落における共同性の強さ（家々・人々のタイトな関係性）、中国の村落における共同性の弱さ（家々・人々のルースな関係性）」という比較史的認識枠組みについて内在的に検討し、その妥当範囲について明らかにしようと試みた。つまりさしあたり村にとらわれず農村の様々な関係性を再構成し、その上で、改めて日中の村落の性格を明らかにしようとしたのである。本章では、比較の視野を広げ、ヨーロッパに比較の対象を求める。具体的には、近世プロイセンの農村社会の構造を提示し、そこから見ると日中の近世農村社会がどのように映るのかについて試論的に考察してみることとする。

近世プロイセン農村には、近世日本農村との類似性を示すいくつかの要素が見られる。まず両国には、中国の王土王民的な国制とは異なり、領主制に立脚する国制が見られた。また、中国において男子による土地財産の均分が行われたのに対し、プロイセンでは農場の不分割（一子相続）が、日本でも長子単独相続が広く見られ、その結果、プロイセンでも日本でも直系家族が基本的な家族形態であったと認識されている。だが他方、ヨーロッパ文化圏に位置するプロイセン農村と比較した場合、むしろ日本と中国との間に東アジア文化圏に属する二国としての共通性が認められる面もある。本章では、特にこの日本と中国の共通面の論証に重きを置くことで、両国の家や村を対照的なものと捉える見方を相対化することとなる。

プロイセンという場合、本章で念頭に置かれるのはさしあたり一七〇一年に成立したプロイセン王国である。一八世紀が考察の中心となるのでプロイセンという語を用いるが、実際に本章で主に考察されるのは、この王国の一つの源流を成したブランデンブルク選帝侯国と、王国内におけるその後継領土、すなわちブランデンブルク州である。ブランデンブルクの近世農村についてはこの間、微視的な社会史研究が進展し、農村における様々な結合関係の詳細が明らかにされてきた。東ドイツで発展したマルクス主義的歴史学は、そのイデオロギー性にもかかわらず、とりわけこの地域の農業史（グーツヘルシャフト史）の分野で実証性の高い研究を蓄積してきたが、東ドイツではその末期において、さらに農村民の生活領域に関する多面的で詳細な社会史研究が発展し（Iggers, Georg G. ed.［1991］；坂井榮八郎［二〇一二］二九六～三〇〇頁）、それはドイツ再統一後に引き継がれていったのである（Kaak, Heinrich［1999］）。本章では、それらの成果を活用しつつ、近世（特に一八世紀）のプロイセン王国の農村における社会関係のありようを、特にブランデンブルクを中心に提示し、近世日中農村との比較を試みることとしたい。以下にプロイセンの事例として取り上げられる所領や村落は、特に断りのない限りブランデンブルクに属するものである。

1　土地所有の排他性と開放性

はじめに、近世農村社会における土地所有のありようを比較してみることとしよう。近代的な土地所有権が成立する以前の近世農村社会においては、重層的な土地所有という現象が一般的に見られたが、この重層的な土地所有について、岸本美緒は二つのパターンを区別しつつ次のように述べている。

一つの土地の上にさまざまな「所有」の重なり合う、こうした状態は、近代的な一元的所有権の成立する以前の封建制度下の「重層的所有権」といったものを想起させるかもしれない。固定的身分制度と結合したこうした「重層的所有権」は、上級所有権をもつ領主と下級所有権をもつ農民との双方にとって、自由な経済活動を阻害する桎梏となったと考えられているといってよいだろう。しかし留意すべきは、中国におけるこのような所有の重層性は、所有者の自由な経済活動に規制を加えるというよりはむしろ、「人民ハ自由ニ如何ナル内容ヲ有スル契約ト雖モ之ヲ締結スルヲ得タルガ故ニ種々ナル私法的関係ノ存在スルヲ見ル」（『台湾私法』）と言われる如き「自由」な民間慣行のなかで展開してきたものだ、ということである。土地そのものに対する排他的な所有権観念の不存在は、土地の上に成立するさまざまな収益行為が処分可能な単位として転々と売買される、流動的な土地市場を生み出す。そしてその流動性が特に社会問題を起こさない限りは、人々の「自由」な契約関係は政府によっておおむね容認されていたのである（岸本［二〇一二］六九～七〇頁）。

ここには重層的土地所有が所有者同士の自由な経済活動を阻害するパターンと、それを容認するパターンとが示されている。前者はヨーロッパに該当すると考えてよい。一方、後者のパターンを持つのが中国であり、そこでは、王土王民論が実質的に生き続けていたにもかかわらず、また男系親族による世代を超えた土地所有の観念があったにもかかわらず、農民たちの自由な土地取引が存在していた、というのである（岸本［二〇一二］六五～六八頁）。

近世日本にはヨーロッパと同様、領主制に立脚する国制が存在し、領主と農民のあいだに土地に対する重層的な所有関係が見られた。領主は農民の土地から年貢を収益する権利を持ったが、他方で、農民には、中国の場合と同様、広範な土地処分の権利が存在していた。当初領主は、一六四三（寛永二〇）年に幕府が定めた田畑永代売買禁令に代表されるように、農民間での土地移動を禁止する政策をとっていたが、その場合でも、年季売り（年季経過後の質流れを伴わない質入）は容認されていた。だが一七世紀後半には質流れが急速に進行したため、領主は土地政策の転換を余儀なくされる。一六九五（元禄八）年に、幕府は質地証文の文言に従った質流れを認め、それ以降、土地移動を前提とした法制度のもとで地主小作関係が進展し、一八七三（明治六）年には日本全国の総耕地面積の約三分の一が小作地となるに至った（江藤彰彦［一九九一］二八〜二九頁、丹羽邦男［一九六四］一二〜一三頁）。

たしかに日本では村落内の農家の連続性が中国の場合と比べて強く、それゆえ共同性がより強かったと見られている（坂根嘉弘［二〇一一］）。だがこれは、後述のプロイセンのように農民間での土地市場の発達が抑止されていたからではなく、土地市場そのものが、一旦土地の所有権を失った者にその土地に対する権利を留保する形で発達したからであったと見るべきであろう。例えば、農村における質地金融においては、困窮して借金をした農民の返済が滞って土地が質流れになった場合でも、無年季的な質地請戻しの慣行により、元の所有者ないしその子孫が土地を取り返すチャンスが担保されていたのである（白川部達夫［一九九九］二三〜四〇頁、江藤［一九九一］二三〜三〇頁）。実は中国でも土地の買戻し（回贖）が見られたが、これは自由な土地市場に対する外的制限によって成立したのではなく、放任的な土地市場の中で自然に成立してきたものと言えるという（岸本［二〇二〇］一七〇頁）。もちろん、近世日本において、つねに質地の請戻しがうまくいくとは限らなかったが、その場合でも、元の所有者は質流れになった土地を直小作させてもらうことが多く、もともとの土地との結びつきは簡単にはなくならなかった（中村吉治編著［一九五六］七二七頁）。このように農民間での土地取引を通じて一つの土地に対する権利が複数の者に開かれていくこととなったが、小作人に永小作権がある場合には、小作人が小作地を転貸し、一つの土地にますます多くの利害関係者を生じさせることともなった（小野武夫［一九七七］一六六〜一六七頁、末弘厳太郎［一九七七］一〇三頁）。

以上のように、近世日本では、領主と農民による重層的な土地所有が農民の自由な経済活動（農民間の土地市場）を容認する形で存立し、その結果、一つの土地にますます多くの者の権利が重層することになったわけだが、他方、近世プロイセンでは、領主と農民の重層的な土地所有が、とりわけ農民の自由な経済活動を許容せぬ形をとった。このパターンはドイツの中でも特に再封建化により領主の権限が近世になってむしろ強化されたエルベ川以東のプロイセンに典型的に該当すると言ってよい（Brakensiek, Stefan［2003］p. 272）。

プロイセンでは、領主が所領内の直営農場のみならず、すべての農民農場を所有していた。領主は、個々の農民農場を、個々の農民の利用に供したが、非世襲農民はそれに対して用益権しか持たず、世襲農民はそれに対して下級所有権を持った（領主は上級所有権）。その際、農場とは単に土地を意味するにとどまらず、生産手段となる属具（家畜・種もみ・農機具）や建物（家屋・畜舎・穀倉）をも含む概念であった。非世襲農民に対して、領主はこれらをセットで貸し出した。ヨーロッパの有畜農業では、家畜が決定的に重要であったため、例えば馬車を引くための馬二頭、犂《すき》を引くための雄牛二頭を含む基本的な家畜ストックが領主から貸与された（ただし、このほかに農民が自ら所有する家畜も存在する）。また建物の建築・修繕に際しては、領主に建築用木材を無償で支給する義務が存在した。農民は、農場（土地・属具・建物）を領主から買い取ると、世襲農民となったが、領主に上級所有権が残り続けた。そして領主が建替・修繕に必要な建築用木材の一部を負担することも少なくなかった（飯田恭［二〇二一a］五五～五八頁）。

領主は、各農民農場の所有者（ないし上級所有権者）であるがゆえに、そこから地代を徴収する権利を有したばかりでなく、各農民農場に対する処分権（ないし処分同意権）をも有していた。一方、農民は、非世襲農民の場合にはそもそも自らが保有する農場の処分権を持たず、世襲農民の場合でも、農場の処分には領主の同意が必要であった。つまり、農民間での農場の取引は、不可能であったか、あるいは領主によってコントロールされていたのだ（飯田［二〇二一a］五〇～五一頁）。

領主は、所領内の各村落において、農民農場を単層（すべてが同一の経営規模＝フーフェ数を持ち、領主に対して同一の義務と権利を持つ）に編成することが多かった。つまり、すべての農民が二フーフェ農というようにである。村落によっては、二フーフェ農と一フーフェ農などのように複層に編成されている場合もあった（Heitz, Gerhard［1958/59］p. 304; Iida, Takashi［2010］pp. 44-45）。いずれにせよ、領主は農場の分割を禁じていたため、各村落内の農民農場の数と規模は基本的に固定的であった。フーフェとは、屋敷地と付属の庭畑地、個別の耕地・採草地、そして共有地（主に放牧地）の利用権がセットになった経営単位であったが、多数の家畜を保有する必要のあったヨーロッパの有畜農業では、耕地と草地が不可分の一体をなしていたのである。いずれにせよ、農民の階層性は、農民的土地市場を介した農民層分解の結果などでは決してなく、領主による土地配分の産物であったのだ。そして不分割のままに維持された個々の農場は一人の子供によって相続され、農場を相続できなかった子供は、他の農場に婚入できぬ限り、農地を持たない小屋住層に下降せざるをえず、この層は一八世紀の間に厚みを増していった。クールマルク（ブランデンブルクのうちオーデル川以西の一帯）においては、一七二五年と一八〇〇年との間に、農民農場の数が二万八〇〇〇くらいでほぼ一定であったのに対し、小屋住層の世帯数はおよそ八〇〇〇から三万六〇〇〇に急増した（Harnisch, Hartmut［1994］p. 21）。農場保有者と小屋住層への階級分化も、基本的には農民的土地市場を介してではなく、領主が強制した農場不分割（農場の一子相続）の結果として起きたのである。領主が創出した「人為的な土地の希少性」（Wunder, Heide［1996］p. 84）により、農地を持たない層が大量に発生した、と言い換えることもできる。

農民は「有能な」経営を行う限り（農場を属具・建物もろとも良好な状態に維持し、その地代給付能力を維持しうる限り）、農場を子に継承・相続させることが可能であった。だが逆に「有能な」経営ができなければ、領主によって農場から強制的に立退かされた（世襲農民の場合には、農場を強制的に譲渡させられた）。その際、有能かどうかを決める主な基準は、有畜農業の生命線であり「農民の魂」とも言われた家畜の量と質を維持できるかどうかであった。家畜に不足が生じ、それを直ちに補填できない農民は、犂耕に支障を来し、かつ肥料不足に陥った。これは直ちに収穫の減少、ひいては地代の滞納に結果したため、そのような農民は領主から立退きを命ぜられたのである。また農場付属の建物（家屋・畜舎・穀倉）を、所定の木材を領主から受給しつつ、遅滞なく修繕・建替できぬ場合も同様であった。立退きの判断に際し、領主は、当該の困窮農民を、同じ規模・内容の農場を同じ条件で保有する村落内の同一階層の農民と比較した。凶作の年に、同一階層の他の農民がこれまでの蓄えで乗り越えられたのに、ある農民だけが困窮して家畜の補填や建物の修繕・建替ができなくなったなどという場合に、その農民は「無能」と判断され、立退かされたのである。そして、その後任には、他の農家において農場の継承から排除された人材が応募し、領主はその中から農場の復旧費用を最も多く負担できる者を採用した（Harnisch［1989a］pp. 96, 101; Enders, Lieselott［1989］p. 272; Iida［2010］pp. 105–129; 飯田［二〇一二b］一七五～一九二頁）。

その際、困窮した農民が、土地を担保に金融を受ける可能性は極めて限られていた。そもそも非世襲農民は土地を抵当に借金をすることができず、また農場の下級所有権を持つ世襲農民であっても、それには領主の同意が必要であり、ふつう農場価額の半分までの借入れは許されたが、それを超える借入金を浪費したとみなされた場合には、農場の後任への譲渡が強制された（Harnisch［1989a］p. 102; Iida［2010］p. 105）。そしてプロイセンでは、日本とは異なり、困窮農民が債務不履行で質流れになった土地を直小作する、などということは到底許されず、ましてや、その土地をかなり時間がたってから請け戻すなどということは考えられなかった。領主は農民の土地取引ないし土地金融を通じて一つの土地に複数の者の権利が重層することを許さなかったのである。つまり経営難に陥った農民は、ひとたび立退きないし強制売却を命じられると、直ちに農地を持たない小屋住層に転落し、そうすると、その者やその子孫が農民（農場保有者）階層に復帰することは事実上不可能となったのである（第4節）。

以上のように、プロイセンでは、領主の（上級）所有権が桎梏となり、農民は土地の処分がそもそもできないか、領主の意向に沿ってしかできなかった。そのため、農民が自由な処分権を得るためには、来るべきプロイセン改革（一九世紀の近代化改革）において、領主の所有権を買い取る、あるいは領主の上級所有権を償却する必要があった。こうしてみると、岸本が中国には「不存在」だとした「土地そのものに対する排他的な所有権観念」は、プロイセン農村にはすでに近代以前から一定程度定着しており、基本的に土地を領主のものたらしめていた、と言えるだろう。プロイセンでは、排他的な土地所有という観念は、近代になって突如現れてきたものではないのである。一方、中国はもとより、日本でも、近世における土地所有は開放的な性格を持った。領主が年貢の請求権を持つ一方、土地の処分権は基本的に農民に帰属した。そして農民の間で高度に発達した土地（金融）市場は、土地の貸借を通じて、請戻しの権利の留保によって、さらには小作地の転貸によって、ますます多くの利害関係者を一つの土地に関与させていった。そして近代に入り、一人の土地所有者（地主）のみに自由な処分行為を排他的に認める動きが生ずると、これへの抵抗が様々な形で生じたのである（鶴巻孝雄［一九九二］、岩本由輝［一九八九］）。

2　個人の財産と家の財産

近世プロイセンでは、農民農場の処分が基本的に領主の判断で行われる中、農民農場の移転は、領主が困窮農民に強制立退（強制譲渡）を命ずる以外には、ふつう、領主が農民家族内で農場を継承・相続させることによって生じた。その際、領主は農場を分割させずに一人の子供に継承・相続させた。非世襲農民の場合には、農場は領主のみの所有であり、農家の相続財産ではなかったから、子供が継承する場合でも、領主から改めて農場を貸与されることとなった。世襲農民は、農場を子供に相続させる権利を有したが、農場相続人の選定には領主の同意が必要であった。農場継承者・相続人の選定に際し、領主は、子供のうち「最も有能な者」を選定することとされていた。その際、領主は、農場経営を維持するための本人の資質（勤勉さや経験）ができるだけ優れていることだけでなく、その結婚相手がもたらす持参財産ができるだけ大きいことをも要求した（Harnisch［1989a］p. 100; Iida［2010］pp. 131–147; 飯田［二〇二二b］一四七～一六八頁）。

ここで重要なのは、よそから婚入してくる配偶者が必ず持参財産を持っていたという点である。その理由は、農場そのものは分割されないが、家産は男女を問わず、家族メンバーの間で、必ず分割されたからである。両親が隠居する場合には、一人の子供への農場の継承と同時に、その時点での家産が精確に査定され、子供たち全員の間で均等に配分された。隠居前に片親が死去した場合には、その配偶者がその時点の家産の半分を相続し、残りを子供たちが均分した。これは領主裁判所において、領主によって任命された村長と助役が構成する村落判事の参与のもと、例外なく規則的に行われた法的手続きであった（Harnisch［1989a］pp. 92, 96–97; Iida［2010］pp. 147–154; Hagen, William W.［1995］pp. 185, 188）。

それでは相続対象となる家産とは何だったのか。非世襲農民の場合には、農場（土地・属具・建物）は相続の対象に含まれなかった。それはもっぱら領主の所有物だったからである。農民の家産に含まれたのは、現金や家財道具のほか、農民が自己所有する種もみ・家畜・農機具や、農民自らが建てた建物（主に小屋）などであり、これらは家族間での分割の対象となった。一方、世襲農民の場合には、農場も農民の家産に含まれることとなった。農場については、一定の部分（主に必須の生産手段）が控除されたのち、残りの部分の価額が査定され、他の家産と併せて個々の家族メンバーに上記の要領で分割された（Enders［1989］p. 273; Peters, Jan/Harnisch/Enders［1989］p. 270; Iida［2010］pp. 147–154）。

こうして各々の保有権に応じたやり方で家産が分割され、個々の家族メンバーの相続分が確定すると、農場相続人・継承者は、農場を相続・継承しないメンバー（ふつう兄弟姉妹）に対して、それぞれの相続分を現金ないし動産の形で支払う法的義務を負うこととなった。農場相続人・継承者の経営に余裕がある農家では、それが問題なく履行されたが、農場相続人・継承者が困窮し、家族に各々の相続分が支払えない状態に陥ることもあった。その場合には、農場相続人・継承者が領主によって立ち退かされ、その後任がかわって未払いの相続分（債務）を支払うことになった。個々人の財産権はこうして守られたのである。例えば、プロイセン君主領（御領地）のアルトールピン管区内の村落シェーンベルクにおいて、世襲農民（一フーフェ農）のヨアヒム・ジーリングは、一七八四年、経営難に陥って七〇ターラー余の債務を抱えることとなったが、そのうち二〇ターラー弱は、家族・親族に対する未払いの相続分であった。七〇ターラー余の債務とはおよそ七年分の播種用穀物の価額に相当したが、食用・播種用穀物の不足で年々債務を膨らませてきたジーリングに返済の見込みはなく、結局彼は御領地当局から立退き（農場の強制譲渡）を命じられ、後任に決まった農民ハルトマンが、ジーリングの債務をすべて返済することを約束した（Iida［2010］pp. 61, 111-121）。つまり、ジーリング家の農家としての連続性よりも、個々の家族メンバーの相続権が優先されたのである。

また、家の中で子供たちが行った労働に対して賃金が支払われることが通常であったことも、個々人の財産権の確立を示している。貴族領ボイツェンブルクの調査によると、農場継承者に予定された者以外の家族メンバーには家内労働に対して賃金が払われるのが通常であった（Harnisch［1989a］p. 99）。御領地のアルトールピン管区で一八世紀末に起きた二つの農場継承紛争事例の史料によると、村落シュルツェンドルフのある農民農場では、農場継承者に予定されていたハインリヒ・ロレは、親元での長年の奉公の間、衣類しか受け取らず、賃金は受け取らなかったという。それにもかかわらずハインリヒの農場継承が反故にされたために、紛争が発生した。一方、村落ダーバーゴッツのある農民農場では、ゼッツァーマン兄弟のうち、どちらが親（母と継父）の農場を継承するかが必ずしも予定されておらず、両者は農場継承をめぐって争うこととなった。その際、最終的に継承が認められなかった兄のフリードリヒのみならず、継承を認められた弟ミヒャエルも、かつて賃金を受け取りつつ親の農場で労働をしていたことが史料からはわかる（Iida［2010］pp. 131-147; 飯田［二〇二一b］一四七〜一六八頁）。

以上のように、近世プロイセンでは、農民家族内で個々人が家産に対する権利を主張することができた。近代になってはじめて個々人の財産権が確立したのではない。すでに、近代以前の社会において、家産が男女を問わず個々人に分割されるシステムが確立していたのであり、その際、領主裁判所が個々の権利を確定し、保障する役割を果たしていたのである。そしてこのような家産に対する個々人の相続権は、小屋住層の家族の中でも保障された。通常は農民（農場保有者）層よりも少ない財産が、親の死に際して厳密に査定されて、個々の子供に配分されたのである（Iida［2010］p. 59）。

日本の場合、このように家産に対する個々人の権利が確立するのは、第二次世界大戦後、すなわち二〇世紀半ばになってからのことであり、それまでは家産が一体性をもって継承されていった（坂根［二〇一一］三〇頁）。そして一八八八（明治二一）年には長男による単独相続が民法によって明示的に規定されることとなった。だがこのことが「間違ったイメージ造り」に肩を貸した面があると速水融は述べている。土地も含めて家産の分割は近世・近代を通じて少なからず行われていたというのだ。しかしそれは、プロイセンの場合のように、農場の継承ないし親の死に際して、すべての家族メンバーに対して例外なく規則的に行われたのではなく、「分家」という形で行われたのだと速水は言う。そして分家は、すべての個人に認められた権利であったわけでは決してない。それは家政に余裕がある農家において選択的に行われる、むしろ恣意的な分配なのであった（速水融［一九九二］二八七、二九六〜三〇三頁、平井晶子［二〇一五］をも参照）。つまり個々の家族メンバーに対して財産が分与されるのか否か、また誰にどれだけ分与されるのかは家長の判断に拠ったのであり、逆に余裕がなく困窮した農家では、家（長）が子供などの家族メンバーの人身を売り払ったり、あるいはそれが禁じられてからは子供の労働力を抵当に家が借金をすることも可能だったのである（森嘉兵衛［一九九八］第四章(4)）。前者の場合にはまさに家族メンバー自身が家の財産とみなされており、後者の場合にも、子供の労賃は家産に繰り入れられていった。近代に入ってからも、娘の女中給金で家の債務を返済しているケースが見られる（坂口正彦、本書第一章、二七頁）。プロイセンにおいて、個々の家族メンバーの相続権を優先し、そのために家自体が破産してしまった前述のジーリングの事例とは対照的である。

中国の場合、男子の均分相続が行われていたのであり、その限りでは個々の男子には財産権が認められていたと言えるのかも知れない。だが、父系制ゆえに女子には財産権がなく、また、男子で家産が均分されるとはいっても、中国の家では他方で「同居共財」の考え方が支配的であった。同居家族の間では、個人的な財産を形成することが許されておらず、それゆえ家産分割も同居共財の範囲の切り直しにすぎない、と考えられていた（寺田浩明［二〇一八］二六頁）。農家の中で家族メンバーに賃金が払われることが通常であったプロイセンとの違いは明らかである。そして、困窮した場合には、やはり家族の人身にまで家長の処分権が及ぶのであった（岸本［二〇一二］七〇頁）。

3　夫婦と家系

近世プロイセンの農家では、男女を問わず、個々人に相続財産が分与された上で、農場自体は分割されずに一子によって継承されていった。日本でも、家政に余裕がある場合に分家が行われたとはいえ、家産の一体性は多くの場合守られ、直系の子孫により引き継がれていった。この点ではプロイセンと日本には類似性があり、このことを基礎に、マクロ的に見ると、プロイセンないしドイツの一子相続制地帯では日本と同様、直系家族が成立していたと一般的には考えられている（トッド、エマニュエル［一九九二］六四〜六六頁）。だが、ミクロ的に考察すると、農場ないし土地財産の継承のありようには無視しえぬ違いがあったことが判明する。

近世プロイセンにおける農場の継承の通常のパターンとは、領主によって選定された農場相続人（継承者）が、他家から持参財産（相続分）を持って婚入してきたパートナーと結婚し、この夫婦が老親（隠居）を扶養しつつ農場を経営し、やがて自らの隠居にともない農場を子供のうちの一人に継承させる、ということの繰り返しであった。だが実際のところ、この農場保有者夫婦による経営が、子供が大きくなり、農場を継承できる年齢に達するまで続くとは全く限らなかった。とりわけ「ヨーロッパ的結婚パターン」（Hajnal, John［1965］）の普及地帯に属したプロイセンでは、農民夫婦の初婚年齢が高く、子供との年齢差が大きかったため、子供が成人するまでに夫ないし妻が死去することが多く、この場合、残された寡婦ないし寡夫はほとんど常に、しかも速やかに再婚したのである（Peters/Harnisch/Enders［1989］pp. 267-276; Hagen［1995］p. 191; Peters［2007］p. 594; Iida［2010］pp. 157-159; 飯田［二〇一一b］一六八〜一七一頁）。

領主も通常、農民の寡婦ないし寡夫の速やかな再婚を促したが、それはこのことが、農場の利益に適うものであったからである。第一に、再婚は農場の分業体制の維持のために不可欠であった。農民農場では、隠居人を除けば成人メンバーが一組の夫婦（農場保有者夫婦）のみであり、夫が息子・下男の労働を、そして妻が娘・下女の労働を統率するようになっていた。そこで夫婦のうち片方でも欠けると農場の労働組織が崩れる。そのため、迅速な再婚（成人メンバーの補充）が必要であったのだ。第二に、農場保有者の再婚は、追加的な持参財産の獲得の機会でもあった。つまりそれは農場に追加的な資本をもたらしたのである（ミッテラウアー、ミヒャエル［一九九四］一七五頁、Iida［2010］p. 162; 飯田［二〇一一b］一六九〜一七〇頁）。他方、農場保有者の再婚は、再婚相手にとっても好機であった。特に他の農家で農場を相続（継承）できなかった者にとっては、農場保有者の再婚相手となることは、農場保有者階層にとどまるための絶好の機会であり、一八世紀末のボイツェンブルク領では、ふつう複数の者が再婚相手として名乗りを上げたという（Harnisch［1989a］p. 96）。

農場保有者の再婚の結果、農場はしばしば家系に沿った継承線を外れることとなった。特に農場を前世代から相続

（継承）した者が死去すると、農場は、農場に婚入した者同士の新しい夫婦によって保有されることとなり、世襲的継承線が途切れるきっかけとなった。再婚が連鎖的に起こることも少なくなく、その結果、農場は次々と更新される夫婦関係を伝って大きくヨコに移動していった（Schlumbohm, Jürgen［1994］; Mitterauer, Michael［2003］p. 78; Lanzinger, Margareth［2012］p. 349; Rouette, Susanne［2003］pp. 162–164; Rouette［2006］pp. 201–203）。

　再婚の結果、老親（隠居人）を養うのがもはや子供ではなくなることも多かった。新しく農場に婚入してきた血のつながりのない夫婦が、隠居人を扶養することになったからである。そもそも、隠居分の支給は、子の親に対する義務などではなく、農場に付着した物的負担であったのであり、その都度の農場保有者が負担すべきものであったのだ（Brinkmann, Carl［1911］p. 109; Wittich, Werner［1896］p. 43）。さらに、農場保有者の再婚による更新は、元の農場保有者の親族がいざというときに農場に避難所を求める可能性を奪った。農場の非相続人が、出身農場の一画に建つ小屋に無償で住まわせてもらうなどの便益を与えられることは少なくなかったが、それは農場の保有者が親族であり続けている限りでのことであった。農場保有者の再婚により血のつながりのない者に農場が移ってしまうと、もはやそのような便益が与えられる保証は全くなかったのだ（Iida［2010］pp. 170–180; 飯田［二〇一二b］一七二～一七五頁）。つまり小屋住層は、親兄弟の農場における保護をあてにすることはできず、それゆえ困窮した場合の面倒は、プロイセン国家が見ざるをえなかった。こうして一八世紀にはプロイセン国家が村落ゲマインデを動員しつつ、公的な救貧制度を整えていくこととなった（Harnisch［1989b］pp. 216–217）。

　ともあれこのように家系の連続性が重視されなかった背景には、祖先祭祀の不在という事情があった。古ゲルマン社会では祖先祭祀をともなう父系制氏族社会が存在したが（ヴェーバー＝ケラーマン、インゲボルグ［一九九一］第一章、増田四郎［一九五九］四七、七二頁）、キリスト教化とそれによる祖先祭祀の破壊が父系的継承の縛りを解いたのだ。その証拠に、キリスト教圏でも、祖先祭祀が残ったところ（特に東方正教会の領域）では父系制が残り続けている

（ミッテラウアー［一九九四］二〇～二五、一九八頁）。そして日本と中国では形こそ異なれ、やはり祖先祭祀を基礎としつつ、家系（父系のライン）の連続が近世において重要な意味を持ったと言えるだろう。

もちろん、日本でも中国でも、常に順調に男系の子孫を確保できるとは限らず、その結果、父系の継承線を維持するために養子縁組が行われることもあった。その際、中国では父系血縁者の中から養子をとったのに対し、日本では必ずしもそのような縛りがなく、比較的自由かつ戦略的に養子となる人材を選択することもできたという。だがそれは、プロイセンのように、家系の連続性を度外視し、土地財産を婚姻関係に沿ってヨコに移動させていくことを可能にするようなものではなく、あくまで土地財産の家系による継承を擬制しつつ行われたのであった。その際、本家が兄弟や婿養子の分家を創出しつつ同族集団を形成し、この同族集団の中で一族の土地財産を維持する努力が行われたことも忘れてはならない（中西聡、本書第六章、江藤［一九九二］二四頁）。またこのようにして確保された家系の安定した連続性ゆえにこそ、基本的に家や同族にメンバーの救貧が任され、それをプロイセンのように公が担うことの少ない「自己責任」社会が形成されてきたのだと思われる（木下光生［二〇一七］、有賀喜左衛門［一九七〇］一三一～一三三頁）。

4　階級社会と小農社会

近世プロイセンにおける農場不分割と、近世日本における土地財産の一体性の維持は、両国の農村社会の階層性にも一定の類似性を与えていた。つまりそれらは農村社会の中に、フーフェ農民とか、高持本百姓ないし重立などといった比較的固定的なエリート層を作り出す作用を持ったのである。だが、プロイセンと日本の農村の階層性には、無視しえぬ相違も存在していた。

プロイセンでは、領主が農場を原則的に不分割の状態にとどめたため、農場の数は、まさに領主によって制限されていた。農場の相続・継承から排除された人たちは、他の農場に婚入する機会に恵まれぬ限り、基本的に農地を持たない小屋住層となった。そしてこの小屋住層は前述の通り一八世紀の間に急速に拡大していき、クールマルクでも、世帯数で農民層を凌駕していったのである。

農場不分割には、技術的な理由があった。麦作における土地生産性の低さゆえに、各農家は広大な土地を必要とし、土地を細切れにしては経営が成り立たなかったのだ。近世ドイツでは一軒の農家が担当する一農場の面積が最も小さいところでも六ヘクタールほどあり、エルベ川以東では四〇ヘクタール以上が標準的であった（Troßbach, Werner [1993] pp. 38–39）。そのうち、耕地は標準的な二フーフェ農家の場合、一五ヘクタールほどを占めていたから、各農家は、この広大な耕地を耕し、そこに施肥するための生産手段として多数の家畜を維持する必要があった。一軒の農家が保有する家畜の数は非常に多く、例えば御領地アルトトールピン管区内の富裕な村落ヴィルトベルクの二フーフェ農民はそれぞれ馬五頭、雄牛四頭、雌牛六頭、子牛三頭、羊三〇匹、豚七匹を保有しており、貧しい村落モルヒョウの一と二分の一フーフェ農民でさえ馬四頭、雄牛二頭、雌牛二頭、子牛四頭、羊五〇匹、豚三匹を保有していた（Iida [2010] p. 67; 飯田［二〇二一b］一二一頁）。

一方で、かくも広大な農場において必要な労働力は、極めて少なかった。各農家の基幹労働力は、農場保有者夫婦とその（労働可能な）子供、そして子供が足りない場合に雇用される奉公人だけであり、アルトトールピン管区の一八世紀後半の調査では、二フーフェ農家においてその合計は四名半ほどであった（Iida [2010] p. 74; 飯田［二〇二一b］一二六頁）。つまり農家は人口（労働力）よりも家畜（資本）の方をはるかに多く必要としていたのである。なお、一八世紀後半になると農民農場の一画に農民が自らの費用で小屋を建てることが多くなっていったが、この小屋の居住者（小屋住層）は、手工業を営んだり、兵士であったり、各種の日雇労働に従事していることが多く、居住先の農場では恒常的労働力としてではなく、収穫期の季節労働力として期待されているのみであった。小屋住層を農業労働力として多数必要としたのは、農民農場ではなく、領主の大農場（直営農場）であった。一八世紀には、領主は自らの直営農場において、農民の賦役労働に代えて小屋住層の賃労働をますます多く使用するようになっていったからである（Harnisch［1985］pp. 210-212; Hagen［1986］）。

そして一八世紀の間に、広大な農地と多数の家畜（資本）を持つ農民と、農地を持たず僅少の家畜しか持たない小屋住層の間には、とりわけ通婚関係において、鋭い階級的な分離線が引かれることとなる。農民農場では、多数の家畜が資本として不可欠であったことはすでにみたが、それらが農家の家産に属する限り、農場相続人（継承者）は農場を離れる家族メンバーに、その一部を相続分（持参財産）として分与しなければならなかったため、その分をすみやかに補填する必要があった。そのため、農場相続人（継承者）はみずからの配偶者がもたらす持参財産をことのほか重視したのである。特に、農場に対して下級所有権を持ち、その分家産の大きかった世襲農家では、家族が持ち出す相続分が大きかったため、婚入してくる配偶者の持参財産によってその相殺に努めた。そのため世襲農家には、同じ世襲農家の子供を配偶者として迎える傾向が見られ、近隣の非世襲農家とも距離を置いた。小屋住層から結婚相手をとることはほとんどなかった。また、世襲農家の間では、農場相続人同士が互いの家から同日に配偶者を迎える二重婚礼も行われた。これにより、流出する持参財産を互いに直ちに相殺しえたのである。御領地において一八世紀半ばに世襲権を獲得し、さらに乳牛飼養ないし雄牛の肥育により近隣の村落に比して大きな富を築いていたノイホラント（フリードリヒスタル管区）ないしマンカー（アルトールピン管区）の農民たちがしばしば二重婚礼を実践していたことは、そのことをよく表している（Peters/Harnisch/Enders［1989］pp. 279-283; Iida［2010］pp. 132, 159-164）。

農場に対する下級所有権を持たなかったために、世襲農民ほどは家産が大きくなく、したがって分与すべき相続財産も比較的小さかった非世襲農民の場合には、それほど持参財産の流出に気を遣わなくてよかったが、それでも、農場を保持するために、農場の継承者はできるだけ持参財の大きなパートナーを迎える必要があったため、通婚圏はやはり封鎖的になった。比較的貧しい非世襲農民が多かった貴族領ヴストラウについての家族復元分析からも、農民農場に婚入した者のうち、小屋住層の出自の者は少数派にとどまったことが判明する。小屋住層の出身者が農民階層に上昇することは、総じて困難だったのである（Iida［2010］pp. 54, 132）。こうして、農場保有者と小屋住層とへの階級分化が進んでいった。

一方、日本や中国では、稲作が行われる限り、ヨーロッパの麦作に比べると簡素な生産手段（資本）で事が足り、またはるかに小規模の土地で家族が養えた。それゆえ労働集約的な小農社会が現出したのである。たとえば近世日本の尾張国では一軒当たりの牛馬数は、近世を通じて減少していき、労働集約化が進んでいった（速水［二〇〇三］二九六頁）。このことを速水は勤勉革命と名付けたが、もともと牛馬数は一戸当たり一頭にも満たなかったのであり、ヨーロッパ農業と比較した場合、労働集約的な傾向がもとから存在したことは明らかである（斎藤修［二〇〇四］）。つまり日本の農業には人手を要したのである。それゆえ日本の場合には、ヨーロッパとは違い、土地を細かく区切り貸借の対象とすることが可能であり、また必要でもあったために、階層分化は、土地の貸借を通じた地主小作関係の生成という形で進行した。そうした中で、農家の土地財産が一人の子により単独相続されていくとはいっても、相続しない家族メンバーが土地を様々な形で供与される可能性は比較的大きかった。農家が家族周期に合わせて土地を調整し、世帯の人口が多くなればその分いくばくかの土地を借り入れること（坂根［二〇一一］一〇五～一一一頁）、また小作地を借り入れることで二三男の分家を実現すること（中村［一九五六］二四九～二六四頁）などが可能であった。いずれにせよ日本では、労働集約性と、前述の土地所有の開放性とが相まって、より多くの人に土地を融通することができたために、ヨーロッパのような土地なし層の大量出現には至らなかったのである。なお、日本では、困窮した農家が子供を富裕な農家に奉公に出し、奉公先で分家させてもらうことも可能であった（有賀［一九六九］三一六～三一七頁、中村編著［一九五六］九六～一〇六頁）。一方、プロイセンでは、小屋住層の子孫にそのようなチャンスはなく、困窮時には公的な救貧に頼ることとなったのだ。

中国において、男子による均分で土地の細分化が行われたのも、もちろん、労働集約的な農業という前提があってのことだろう。もっとも、本書で河野正が研究対象とした中国華北では、乾地農法が行われたがゆえに、一定水準の家畜・農具が必要であった。ただし、ヨーロッパの場合とは違って、それを個々の農民が個別に所有したのではなく、血縁地縁でそれを共有した、というところが重要である。華北では、その際に見られた共同性が、集団化の基礎になっていく面もあったという指摘は興味深い（河野、本書第二章、五〇頁）。本章で考察してきたブランデンブルクは、第二次世界大戦後、ソ連の占領を経て東ドイツの一部となり、中国と同様に農業の集団化を経験することとなる。だが東ドイツの集団化は、各農家が個別に大きな経営資本を所有してきた歴史があるだけに、中国のケースと比べて過去とのよりドラスティックな断絶を必要としたと思われる（足立芳宏［二〇一一］七一～八六、五八九～五九六頁）。

おわりに

以上の考察をまとめよう。近世の日本とプロイセンには、中国の王土王民的国制とは異なり、領主制に立脚する封建的な国制が存在した。だが土地をめぐる領主と農民の関係には大きな違いがあった。まず、プロイセンでは、領主が農民農場から地代を収益する権利を持ったのみならず、その処分権もほぼ排他的に有していた。領主は農場を分割せずに丸ごと農民に貸与（付与）し、経営難に陥ったら立ち退かせ、より有能な者に貸与（付与）し直した。領主が直接に農場を貸与（付与）した者だけが農場の利用を許され、農民の間での土地取引によりさらなる利害関係者が農場に入り込むことを決して許さなかった。それに対して、日本では、領主に年貢の収益権が存したものの、中国と同様、農民に土地処分の比較的大きな自由が存在した。そのため経営難に陥った農家は、土地を抵当に借金をし、質流れになればその土地を小作し、またそれを請戻すなどして、家系の連続を図っていった。また、小作人に小作地を転貸する権利がある場合もあった。こうして土地はますます多くの利害関係者を受け容れることとなったのである。

近世のプロイセンと日本では、たしかに農場不分割（一子相続）と長子単独相続が広く行われ、土地財産の一体性を維持するという共通点があったが、その中身は違った。プロイセンでは、農場そのものは分割されなかったが、家産（農場を含む場合もある）は、男女を問わず、個々の家族メンバーによって均分相続され、農場相続人（継承者）は、それぞれのメンバーの相続分を動産や貨幣の形で支払う義務を負った。それが履行できない場合には、農場相続人（継承者）は無能と見なされ、支払い能力のある者に農場を引渡すこととなった。またとりわけ農場の非相続人（非継承者）が家族の中で行った労働に対しては、賃金が支払われることが通常であった。個人の権利はここまで重視されたのである。一方、日本の農家では、このように個人の権利が確立していたわけではなかった。たしかに長子単独相続を原則としつつも、分家による財産分与がしばしば行われたが、それはふつう余裕のある農家においてのみ行われ、また誰もが享受できたわけでもなかった。逆に経営の苦しい農家では、家長が家のために家族メンバーの人身ないし労働を意のままに処分した。中国では土地財産は男子の間で均分されたが、それは、「同居共財」の枠組みを変更するという意味に過ぎず、仕切り直された同居家族の中では、個々人の財産権は主張しうるものではなかったのである。

また不分割の農場ないし土地財産の継承のありかたについても、プロイセンと日本の間には違いがあった。プロイセンでは、不分割の農場は、つねに家系に沿って継承されていったわけではなかった。農場相続人（継承者）の夫婦が子供の成人前に死去することが多く、その場合、残された寡婦ないし寡夫の再婚を通じて、農場は世襲的継承線の外に容易に移っていったのである。そのため、隠居人の扶養は子供の義務ではなく、その都度の農場保有者夫婦の義務となった。また小屋住層にとって、出身農場が自らの家系の者によって持続的に保有されていく保証はなく、それは困窮時の安定した「避難所」とはなりえなかった。そのため公的な救貧システムが必要となったのである。それに対して、日本では、中国と同様土地財産の継承は基本的には家系のラインに沿って行われ、それが途切れぬように養子縁組がなされた。また分家によって同族集団を形成し、そこで一族の土地財産を維持していく工夫もなされた。それゆえ老人の扶養も、困窮者の救済も、家や同族の中で、比較的安定的に行われたのである。

近世のプロイセンと日本では、農場ないし土地財産の不可分性ゆえに、農村内部に階層分化が進んでいくが、そのありようは異なっていた。プロイセンの農民農場では、大規模な農地の資本集約的経営が行われ、家畜（資本）は大量に必要であったが、人（労働力）はそれほど重要ではなかった。そのため農場の非相続人の多くは、農場をはなれて土地なしの小屋住層となり、領主の大経営で農業労働を行う以外は、農業以外で（手工業者や兵士として）生計を立てることが多かった。そして小屋住層の子孫には、農民農場保有者が資本の維持・増強のために自らの階層内で封鎖的な通婚圏を形成したために、もはや農場に婚入する（農場保有者に上昇する）チャンスがほとんどなく、階級分化が進んだ。一方、日本の農家では、たしかに土地財産の単独相続が広く行われてはいたが、農業が労働集約的であり、また農民間の土地取引が高度に発展していたために、土地の細分や貸借を通じて、多くの人に土地を融通することが可能であった。つまり単独相続の農家でも、家族サイクルに合わせて借地の増減を行ったり、分家させるのに小作地を借り入れるなどして、長男以外の傍系子孫にも様々な形で土地が割り当てられたため、土地なし層は容易に形成されなかったのである。なお、中国で土地財産の分割相続が行われたのもやはり農業の労働集約性ゆえであったろうし、乾地農法で家畜が必要な場合には、（プロイセンとは異なり）小農が集団で家畜を保有することでしのいだ。

このように近世プロイセンをもう一つの比較対象に据えてみると、日本と中国の近世農村社会の間にいくつかの基本的な共通面があったことがわかってくる。日本と中国の村や家のあり方に看過し得ぬ相違があったことは事実だが、それはこの基本的な共通面の上での分岐として捉えられるべきなのであろう。

参考文献

日文

足立芳宏［二〇一一］『東ドイツ農村の社会史――「社会主義」経験の歴史化のために』京都大学学術出版会。

有賀喜左衛門［一九六九］「捨子の話」（『有賀喜左衛門著作集Ⅷ 民俗学・社会学方法論』未來社）三〇四～三四八頁。

――［一九七〇］「家制度と社会福祉」（『有賀喜左衛門著作集Ⅸ 家と親分子分』未來社）一二七～一三九頁。

飯田恭［二〇二二a］「グーツヘルシャフト再考――「ヨーロッパの特殊な道」の視点から」（『社会経済史学』第八七巻第四号）四七～六九頁。

――［二〇二二b］『農場と森林のプロイセン史――一六～一九世紀の御領地・御領林経営』慶應義塾大学出版会。

岩本由輝［一九八九］『村と土地の社会史――若干の事例による通時的考察』刀水書房。

ヴェーバー＝ケラーマン、インゲボルク著／鳥光美緒子訳［一九九一］『ドイツの家族――古代ゲルマンから現代』勁草書房。

江藤彰彦［一九九一］「近世における土地制度」（岡光夫・山崎隆三・丹羽邦男編著『日本経済史――近世から近代へ』ミネルヴァ書房）九～三二頁。

小野武夫［一九七七］『永小作論』農山漁村文化協会（初版は一九二四年、巌松堂）。

岸本美緒［二〇一二］『地域社会論再考――明清史論集2』研文出版。

――［二〇二〇］『礼教・契約・生存――明清史論集3』研文出版。

木下光生［二〇一七］『貧困と自己責任の近世日本史』人文書院。

斎藤修［二〇〇四］「勤勉革命論の実証的再検討」（『三田学会雑誌』第九七巻第一号）一五一～一六一頁。

坂井榮八郎［二〇一二］『ドイツの歴史百話』刀水書房。

坂根嘉弘［二〇一一］『〈家と村〉日本伝統社会と経済発展』農山漁村文化協会。

白川部達夫［一九九九］『近世の百姓世界』吉川弘文館。

末弘厳太郎［一九七七］『農村法律問題』農山漁村文化協会（初版は一九二六年、改造社）。

鶴巻孝雄［一九九二］『近代化と伝統的民衆世界――転換期の民衆運動とその思想』東京大学出版会。

寺田浩明［二〇一八］『中国法制史』東京大学出版会。

トッド、エマニュエル著／石崎晴己訳［一九九二］『新ヨーロッパ大全Ⅰ』藤原書店。

中村吉治編著［一九五六］『村落構造の史的分析――岩手縣煙山村』日本評論新社。

丹羽邦男［一九六四］『形成期の明治地主制』塙書房。

速水融［一九九二］『近世濃尾地方の人口・経済・社会』創文社。

――［二〇〇三］「近世日本の経済発展とIndustrious Revolution」（同『近世日本の経済社会』麗澤大学出版会、（初出は一九七九年））一八七～二〇六頁。

平井晶子［二〇一五］「「家」の確立と家産の継承――陸奥国安達郡仁井田村の事例」（落合恵美子編著『徳川日本の家族と地域性――歴史人口学との対話』ミネルヴァ書房）三九～六一頁。

増田四郎［一九五九］「古ゲルマン社会の基本構造」（同『西洋封建社会成立期の研究――ヨーロッパ初期中世史の諸問題』岩波書店）二四～八一頁。

ミッテラウアー、ミヒャエル著／若尾祐司・服部良久・森明子・肥前栄一・森謙二訳［一九九四］『歴史人類学の家族研究――ヨーロッパ比較家族史の課題と方法』新曜社。

森嘉兵衛［一九九八］『近世農業労働構成論（森嘉兵衛著作集　第六巻）』法政大学出版局。

欧文

Brakensiek, Stefan [2003] "Grund und Boden – eine Ware? Ein Markt zwischen familialen Strategien und herrschaftlichen Kontrollen," in Reiner Prass, Jürgen Schlumbohm, Gérard Béaur, and Christophe Duhamelle (eds.), *Ländliche Gesellschaften in Deutschland und Frankreich, 18.–19. Jahrhundert*, Göttingen: Vandenhoeck & Ruprecht, pp. 269–290.
Brinkmann, Carl [1911] *Wustrau: Wirtschafts- und Verfassungsgeschichte eines brandenburgischen Ritterguts*, Leipzig: Duncker

& Humblot.

Enders, Lieselott [1989] "Bauern und Feudalherrschaft der Uckermark im absolutistischen Staat," *Jahrbuch für Geschichte des Feudalismus*, 13, pp. 247–283.

Hagen, William W. [1986] "The Junkers' Faithless Servants: Peasant Insubordination and Breakdown of Serfdom in Brandenburg-Prussia, 1763–1811," Richard J. Evans and W. R. Lee (eds.), *The German Peasantry: Conflict and Community in Rural Society from the Eighteenth to the Twentieth Centuries*, London/Sydney: Croom Helm, pp. 71–101.

——— [1995] "Der bäuerliche Lebensstandard unter brandenburgischer Gutsherrschaft im 18. Jahrhundert: Die Dörfer der Herrschaft Stavenow in vergleichender Sicht," in Jan Peters (ed.), *Gutsherrschaft als soziales Modell: Vergleichende Betrachtungen zur Funktionsweise frühneuzeitlicher Agrargesellschaften*, München: Oldenbourg, pp. 179–196.

Hajnal, John [1965] "European Marriage Patterns in Perspective," D. V. Glass and D. E. C. Eversley (eds.), *Population in History: Essays in Historical Demography*, London: Edward Arnold, pp. 101–143

Harnisch, Hartmut [1985] "Die Gutsherrschaft: Forschungsgeschichte, Entwicklungszusammenhänge und Strukturelemente," *Jahrbuch für Geschichte des Feudalismus*, 9, pp. 189–240.

——— [1989a] "Bäuerliche Ökonomie und Mentalität unter den Bedingungen der ostelbischen Gutsherrschaft in den letzten Jahrzehnten vor Beginn der Agrarreformen," *Jahrbuch für Wirtschaftsgeschichte*, 1989(3), pp. 87–108.

——— [1989b] "Die Landgemeinde in der Herrschaftsstruktur des feudalabsolutistischen Staates: Dargestellt am Beispiel von Brandenburg-Preußen," *Jahrbuch für Geschichte des Feudalismus*, 13, pp. 201–245.

——— [1994] "Der preußische Absolutismus und die Bauern: Sozialkonservative Gesellschaftspolitik und Vorleistung zur Modernisierung," *Jahrbuch für Wirtschaftsgeschichte*, 1994(2), pp. 11–32.

Heitz, Gerhard [1958/59] "Über den Teilbetriebscharakter der gutsherrlichen Eigenwirtschaft in Scharbow (Mecklenburg) im 17. und 18. Jahrhundert," *Wissenschaftliche Zeitschrift der Universität Rostock: Gesellschafts- und Sprachwissenschaftliche Reihe*, 8(3), pp. 299–320.

Iggers, Georg G. (ed.) [1991] *Ein anderer historischer Blick: Beispiele ostdeutscher Sozialgeschichte*, Frankfurt a. M.: Fischer.

Iida, Takashi [2010] *Ruppiner Bauernleben 1648–1806: Sozial- und wirtschaftsgeschichtliche Untersuchungen einer ländlichen Gegend Ostelbiens*, Berlin: Lukas Verlag.

Kaak, Heinrich [1999] "Brandenburgische Bauern im 18. Jahrhundert: Sozialgeschichtliche Forschungen in mikrohistorischer Perspektive," in Ralf Pröve and Bernd Kölling (eds.), *Leben und Arbeiten auf märkischem Sand: Wege in die Gesellschaftsgeschichte Brandenburg 1700–1914*, Bielefeld: Verlag für Regionalgeschichte, pp. 120–148.

Lanzinger, Margareth [2012] "Paternal Authority and Patrilineal Power: Stem Family Arrangements in Peasant Communities and Eighteenth-Century Tyrolean Marriage Contracts," *The History of the Family*, 17(3), pp. 343–367.

Mitterauer, Michael [2003] *Warum Europa? Mittelalterliche Grundlagen eines Sonderwegs*, München: C. H. Beck [英訳 Michael Mitterauer [2010] *Why Europe? The Medieval Origins of Its Special Path*, translated by Gerald Chapple, Chicago: The University of Chicago Press].

Peters, Jan, Hartmut Harnisch, and Lieselott Enders [1989] *Märkische Bauerntagebücher des 18. und 19. Jahrhunderts: Selbstzeugnisse von Milchviehbauern aus Neuholland*, Weimar: Hermann Böhlaus Nachfolger.

Peters, Jan [2007] *Märkische Lebenswelten: Gesellschaftsgeschichte der Herrschaft Plattenburg-Wilsnack, Prignitz 1550–1800*, Berlin: Berliner Wissenschafts-Verlag.

Rouette, Susanne [2003] "Erbrecht und Besitzweitergabe: Praktiken in der ländlichen Gesellschaft Deutschlands: Diskurse in Politik und Wissenschaft," in Reiner Prass, Jürgen Schlumbohm, Gérard Béaur, and Christophe Duhamelle (eds.), *Ländliche Gesellschaften in Deutschland und Frankreich im 18. und 19. Jahrhundert*, Göttingen: Vandenhoeck & Ruprecht, pp. 145–166.

——— [2006] "'Hofesbande' – Bauernfamilien, Verwandtschaft und Besitz im münsterländischen Diestedde im 19. Jahrhundert," in Stefan Brakensiek, Michael Stolleis, and Heide Wunder (eds.), *Generationengerechtigkeit? Normen und Praxis im Erb- und Ehegüterrecht 1500–1850*, Berlin: Duncker & Humblot, pp. 189–215.

Schlumbohm, Jürgen [1994] "The Land-Family Bond in Peasant Practice and in Middle-Class Ideology: Evidence from the North-West German Parish of Belm, 1650–1860," *Central European History*, 27(4), pp. 461–477.

Troßbach, Werner [1993] *Bauern 1648–1806*, München: R. Oldenbourg Verlag.

Wittich, Werner [1896] *Die Grundherrschaft in Nordwestdeutschland*, Leipzig: Duncker & Humblot.

Wunder, Heide [1996] "Agriculture and Agrarian Society," in Sheilagh Ogilvie (ed.), *Germany: A New Social and Economic History*, vol. 2, 1630–1800, London: Arnold, pp. 63–99.

第六章　近世・近代日本における養子継承の歴史的位相

中西　聡

はじめに

本書は、日本と中国の農村社会の結合関係を比較することを主題とするが、本章では、その結合関係を「家」の継承に重要な役割を果たした養子慣行のあり方から考察する。養子とは、直接の血縁親子の関係のないものを、擬制的に子として養親が認めるものであり、実子がいない場合、あるいは男子相続慣行のある社会では実男子がいない場合で、家の継承が困難になった際に主に利用されたとされる。筆者の能力から、考察は主に日本の一八・一九世紀の地方の有力家の養子継承を対象とするが、考察の背景として、日本と中国の養子慣行の相違を念頭に置く。日本の養子縁組のあり方を類型的に整理したものとして、竹内利美の研究が挙げられる（竹内［一九六九］）。竹内の研究は、養子慣行に止まらず、隠居・分家などを含めた家の相続に関わる広範な制度を対象としているが、本章の対象とする近世・近代期の庶民の養子慣行では、一般の養子と婿養子、生前養子と遺言養子（死後養子）、跡取養子とそうでない養子に制度的に大きく大別されることを示した。

また、養子慣行の国際比較研究では中根千枝の論稿が挙げられ、中根は中国やインドでは財産の相続が父系血縁を原理としており、養子を取る場合も父系血縁集団から取るのが一般的であるのに対し、日本は財産の相続が親子を基本としており、養子が養父の血縁者であるかどうかは特に問題にならないとした（中根［一九七〇］）。このことから、中国社会やインド社会では父系血縁集団が強く機能しているため、男子家族構成員は生家に止まることが当然とされ、養子の必要性が少ない社会であったのに対し、日本社会は長子単独相続が基本とされたため、次・三男を家から排出する一方で、息子がいない場合は、婿養子の形で家を相続させることが一般的となったことが導かれる。そして、日本社会では、婿養子の需要と供給がどちらも多かったことが推測される。こうした、家産継承を基本に養子慣行を考察する見方に対し、米村千代は、家業と家組織との関連を考察して、近世日本の商家が非親族の奉公人を別家や養子として家族構成員に取り込む戦略を指摘した（米村［一九九九］）。米村の視点は、養子慣行を家業の発展と関連させた積極的な側面と位置付けられる。

一方、近世日本農村での百姓家の継承は、歴史人口学によって深められ、養子慣行との関連では、黒須里美・落合恵美子が、近代初頭の多摩農村の戸籍データをもとに、幕末・維新期日本の養子慣行の実態を数量的に明らかにした（黒須・落合［二〇〇二］一一七～一六〇頁）。そこでは、養子慣行は比較的浸透しており、そのほとんどは成人してからの養子であり、家系継承のために取られ、養子取得は、婿養子や夫婦養子など婚姻も伴うもので、家系の再生産も保証したとされた。また、岡田あおいは、近世日本の会津山間部の宗門人別帳の分析を行って、家督の譲渡方法として通常の生前譲渡以外に、当主の終末期または死後に養子を取って譲渡する事例も多く、絶家もかなり存在したことを指摘した（岡田［二〇〇六］）。岡田は、階層の低い農家にとって自らの世帯の永続性は是が非でも守るべき鉄則ではなく、分家世帯から世帯員を本家世帯へ移動させ、本家世帯を継承するために分家世帯を絶家させる事例からみて、本家分家関係や同族団の論理を深める必要性を提起した。歴史人口学的分析の深化に立って近世日本農村における「家」の動態的分析を行ったのが平井晶子である（平井［二〇〇八］）。平井は、福島県仁井田村域の人別改帳の分析を行い、一八世紀は家産の「分割」相続的側面が残されていたのが一九世紀に入って単独相続に収斂し、それとともに直系家族規範が成立して、いわゆる一九世紀前半に日本農村では、「家」の確立が見られ、一八三〇年代以降に、生家の余剰人員である次三男が他家の継承者（養子・婿養子）としてシステマティックに既存世帯へ再配分されるようになったとした。

家を主な分析対象とした歴史人口学に対して、家と村の関係性に着目したのが坂根嘉弘である（坂根［二〇一一］）。坂根の視点は、中国・朝鮮・琉球・日本の「家」制度の比較に及び、近世日本では、それまでの分割相続から単独相続へ移行し、直系家族が定着したとの理解に立ち、長男単独相続を補完するものとして婿養子慣行が存在し、その結果長期に安定した村落社会が形成され、それが経済発展にプラスに働いたと評価する。家のあり方から近世村落をみた坂根に対して、家は村の構成員となる権利を分割した株式として存在するため、家の継承の背後にある村の論理が重要との立場を戸石七生はとる（戸石［二〇一七］）。戸石は、近世日本の養子縁組は成人男性が主体で、その養子縁組にその家が所属する村の「承認」が必要であったのは、村が宅地と耕地と入会地の用益権をセットで管理し、養子縁組による百姓株式の継承が村の存続戦略にとって重要であったからとした。

このように、「家」と「村」の関係性で進められた村落共同体論に対し、中間組織としての同族団の意義を強調するのが長谷部弘らの研究で、信濃国上塩尻村の近世から近代までの長期の地域社会研究を行い、そこに存在した同族団の存在形態と機能を解明した（長谷部・高橋基泰・山内太編［二〇〇二］）。そして、上塩尻村には本家を中心とした家集団が「家」と同様の論理で維持・永続しており、分家の多くは婿養子の慣行で行われて本家を支える同族団の構成員となったことを示した。前述の岡田の示した課題に応える共同研究と言える。

長谷部らの取り上げた同族団は農村の百姓層であるが、この視点は米村の商家同族団（本家・分家・別家）の視点にもつながり、養子継承を家督相続面のみでなく家業拡大の視点からも捉え直すことが可能である。そこで、本章で

表6－1　本章で取り上げた地方資産家の養子継承事例（近世・近代期）

継承後姓名	出身家	生年～没年	分類	養子入の年	養父	備考
六代小栗三郎兵衛	小栗分家	～一八〇四	②	一七五九	五代三郎兵衛	五代の息子が一七五九年に夭折
七代小栗三郎兵衛	小栗七左衛門家	一七五六～八四	①	一七八三	六代三郎兵衛	養子後に六代に実子誕生
小栗清	桜井家		③	一九〇一	一一代三郎	妻幸子一九〇八死去、その妹と再婚
初代中埜又左衛門	小栗喜左衛門家	一七五六～一八二八	③	一七七九年頃	中埜半左衛門	酢醸造開業、後妻を盛田家から
二代中埜又左衛門	盛田久左衛門家	一七九一～一八六〇	②	一八一一	初代又左衛門	
三代中埜又左衛門	盛田久左衛門家	一八〇八～六七	②	一八三〇年代	二代又左衛門	一八六四年酢醸造専業とする
四代中埜又左衛門	盛田太助家	一八五四～九五	②	一八六五	三代又左衛門	妻なみは二代の孫で三代の養女
五代中埜又左衛門	中埜半六家	一八六四～一九一九	②	一八九八	四代又左衛門	養母なみの弟
中埜良吉	盛田太助家	一八七一～	③	一八九三	中埜又左衛門	中埜銀行専務、亀甲富中埜醤油店常務
茂木七郎右衛門	髙梨兵左衛門家	一七四五～九七	③		茂木七左衛門	醤油醸造蔵分与
近江屋仁三郎			③	一八二〇年代	髙梨兵左衛門	髙梨家江戸店開設
初代髙梨周蔵	河野権兵衛家	一八一〇～七七	③	一八三四	髙梨兵左衛門	醤油醸造蔵分与
髙梨豊之助	三反崎家	一八五五～七九	③	一八七六年頃	髙梨兵左衛門	息子政之助は本家番頭になる
初代阿部市太郎	田中長十郎家	一七九二～一八二八	③		阿部市郎兵衛	分家創設、麻布商売
二代阿部市太郎	阿部市郎兵衛家	一八〇七～九五	②		阿部市太郎	
七代阿部市郎兵衛	阿部市太郎家	一八三七～一九〇四	①		六代市郎兵衛	三代市太郎の兄、妻は六代の姪
八代阿部市郎兵衛	阿部市三郎家	一八四八～一九〇二	②		七代市郎兵衛	七代の義弟、妻は六代の姪
阿部房次郎	辻兼三家	一八六八～一九三七	③	一八九五	阿部市太郎	慶應義塾卒業、東洋紡績社長
初代廣海惣太郎	辰馬半右衛門家	一八一九～五三	③	一八三五	明瀬長右衛門	廻船問屋廣海家創設
二代廣海惣太郎	辰馬半右衛門家	一八五〇～七八	①		初代惣太郎	初代の甥
三代廣海惣太郎	辰馬半右衛門家	一八四〇～一九二九	①		初代惣太郎	二代の兄、二代存命中から養子
二代大家七三郎	廣海二三郎家	～一八八二	②		大家吉三郎	吉三郎は大家家初代
四代廣海二三郎	木戸家	一八三〇～九〇	②		三代二三郎	
廣海八平		一八三九～八〇	③		廣海二三郎	雇船頭、息子幾太郎は慶應義塾
四代大家七平	廣海二三郎家	一八六五～一九二九	②		大家七兵衛	五代廣海二三郎の弟

四代岡本清右衛門	塩屋吉右衛門家	一七九五～一八五二	②	一八四二	三代清右衛門	
五代岡本清右衛門	棚田屋半兵衛家	一八〇〇～七二	②③	一八五二	三代清右衛門	四代に後継者ができれば分家
六代岡本清右衛門	笠間政平家		②	一八七二	五代清右衛門	夫婦養子（養女への婿養子）
安田治作	永田藤兵衛家	一八四七～一九〇五	②		安田治助	
永田藤一		～一八七九	③		永田藤兵衛	分家創設
六代逸身佐兵衛	逸身佐一郎家	一八七二～一九二二	②		逸身佐兵衛	五代の甥
六代吉田善三郎	柏木定右衛門家	～一八五四	②		吉田善三郎	五代の甥、妻は五代の姪
二代吉田善右衛門	福川七右衛門家		②		初代善右衛門	吉田新宅
吉田善二	吉田覚兵衛家	一八一一～	②		吉田善右衛門	妻は六代善三郎の娘、吉田新宅
吉田彌太郎	奥山茂兵衛家		③		吉田善三郎	分家（新家）創設、妻は七代養女
吉田寿男	富永小兵衛家		③		吉田善三郎	分家（南家）継承
七代鈴木惣兵衛	箕浦孫次郎家	一八二三～九一	②	一八四四	六代惣兵衛	
八代鈴木摠兵衛	日比野茂兵衛家	一八五六～一九二五	②	一八七四	七代惣兵衛	
九代鈴木摠兵衛	水野平蔵家	一八七一～一九三二	②	一八九五	八代摠兵衛	

注　年代は機械的に和暦を西暦に直して示した。分類欄は、①が将来の継承に備えての幼子の養子、②が本家継承のための成人の養子、③が分家継承のための成人の養子を示す。中埜家は、近世期から一八八〇年代中頃までは「中野」を姓とし、一八八〇年代後半から「中埜」姓を称するが、本章では「中埜」姓で揃えて記した。

出所　中西・井奥編著〔二〇一五〕、ミツカングループ創業二〇〇周年記念誌編纂委員会編〔二〇〇四〕、公益財団法人高梨本家監修・井奥・中西編著〔二〇一六〕、東近江市史能登川の歴史編集委員会編〔二〇一四〕、熊川編著〔一九四〇〕、石井・中西編〔二〇〇六〕、「廣海二三郎家系図」「〔諸資料〕」（廣海二三郎家文書B-五五、橋本（廣海）滋子氏蔵）、「家史草稿」「家禄」（岡本家文書、高岡市立博物館蔵）、中西編著〔二〇二四〕、「吉田善三郎家系図」（吉田家蔵）、材惣３３０年史編さん委員会編〔二〇二〇〕より作成。

はこうした積極的養子取得戦略にも着目し、養子継承を大きく三つに分類して考察を進める。第一は、将来の継承に備えて幼子を養子に取る形（幼養子）である。既に実子がある場合も、将来の本家継承や分家創出のために幼養子を取る場合がある。ただし、婚姻を伴わないため、家族再生産までは保証されない。第二は、成人を本家の婿養子あるいは夫婦養子として迎える場合で、「家」継承の防衛的意味合いが強い。第三は、成人を婿養子に取りつつ分家させる場合で、分家創出のための積極的意味合いが強い。この場合も、実子がいなくても養女を取ってそれに婿養子を迎えて分家させることもあり、家業拡大と深く関連した。その意味では、男子相続とはいえ、家督相続における女性の役割は重要で、大藤修は、近世日本の庶民の家では女性も家業労働の重要な担い手であり、女性の当主も見られたことを指摘した（大藤［二〇一二］）。

こうした視点に着目して、本章の分析事例として、近世・近代日本で積極的養子戦略を取り得た家を取り上げる。ただし、華族・財閥家族など最上層の資産家については、前述の米村千代の研究ですでに論じられたので、本章では、近世期の豪農層や近代期の家業のある地方資産家層を取り上げる。また、前述のように先行研究で積極的養子戦略と家業との関連性が指摘されたが、分家創出が家業拡大にとって意味がある業種を取り上げる。例えば、醸造業であれば、分家創出時に醸造蔵を新たに新造して与え、経営拡大を図ったり、商業であれば、分家創出時に支店を任せて、商圏拡大を図ることが考えられる。

こうした家でも常に積極的養子戦略を取り得たわけではない。乳児死亡率が高い近世期においては、実子のうち何名が成長するかは不明で、飢饉などが生じた場合は、一時的な人口減少のために養子の供給源も減少することが考えられる。豪農層・資産家層と雖も、状況に応じて防衛的・積極的養子戦略を使い分けざるを得ず、そうした社会と家の関係を長期的に検討することが本章のタイトルにある「歴史的位相」の意味である。歴史的位相の解明には、分析対象となる家の一次史料に基づく内在的分析が必要になるため、結果的に分析対象として、一次史料の分析が可能な豪農層・地方資産家層を選んだ。前頁の表6-1を見よう。筆者がこれまで分析した旧家のなかで、養子継承事例を一覧にした。醸造家として、愛知県半田の小栗家と中埜・盛田家、千葉県野田の高梨家を挙げ、商家として滋賀県能登川の阿部家、大阪府貝塚の廣海惣太郎家、石川県瀬越の廣海二三郎・大家家、富山県高岡の岡本家を挙げ、林業家・材木商として、奈良県下市の永田《えいだ》家、三重県瀧原の吉田家、愛知県名古屋の鈴木家を挙げた。同族団の視点を入れるため、比較的短い世代で複数の婚姻関係を結んで強い姻戚関係をもった、中埜・盛田家、阿部本家・分家、廣海二三郎・大家家、安田家・永田家・逸身家・廣海惣太郎家は、それぞれ家連合として分析する。

1　醸造家の養子継承事例

(1)　小栗三郎兵衛家の事例

愛知県知多郡半田で一八世紀から酒造業を営んだ小栗三郎兵衛家は、一八世紀後半に家の継承に困難を伴う事態に見舞われた[1]。図6-1を見よう。一七五九（宝暦九）年に五代三郎兵衛の甥である幸七が家督相続して六代三郎兵衛となったが、七八（安永七）年に六代三郎兵衛は一族の五代小栗七左衛門の末子の領助を養子に迎えて後継者に定めた。六代三郎兵衛には一七六三年に生まれた実子与三次郎がいたが、領助を養子に迎えると同時に、六代三郎兵衛は実子の与三次郎を元服させて忠蔵と名乗らせた。これは忠蔵を分家させる準備と考えられ、翌一七七九年から新たな酒蔵を建造し始め、分家した忠蔵にも酒造経営を行わせる予定であった。六代三郎兵衛の家督相続時から一七七九年までは酒造経営が順調に推移し、親族から養子を迎えて後継者にする一方で、実子を分家にする形で家業の拡大を図ろうとしたと言える。ところが、一七八〇年代に経営状況が暗転した。

一七八三（天明三）年に浅間山の噴火で東北・関東地方が大凶作に陥り、飯米を確保するために、尾張藩から米を原料とする酒造の停止の触れが出されて小栗家も酒造を休止した。同年の暮れに領助は家督を継いで七代三郎兵衛となり、翌八四年八月には息子千代吉が誕生したものの、八四年末に七代三郎兵衛が病死し、隠居していた六代三郎兵衛の家督相続や事業継承の構想は頓挫した。むろん、六代三郎兵衛が後見をして千代吉が無事成長すれば、家督相続はうまくいくが、千代吉が一七九一（寛政三）年に早世したため、事業継承のみでなく家督相続も困難な状況となっ

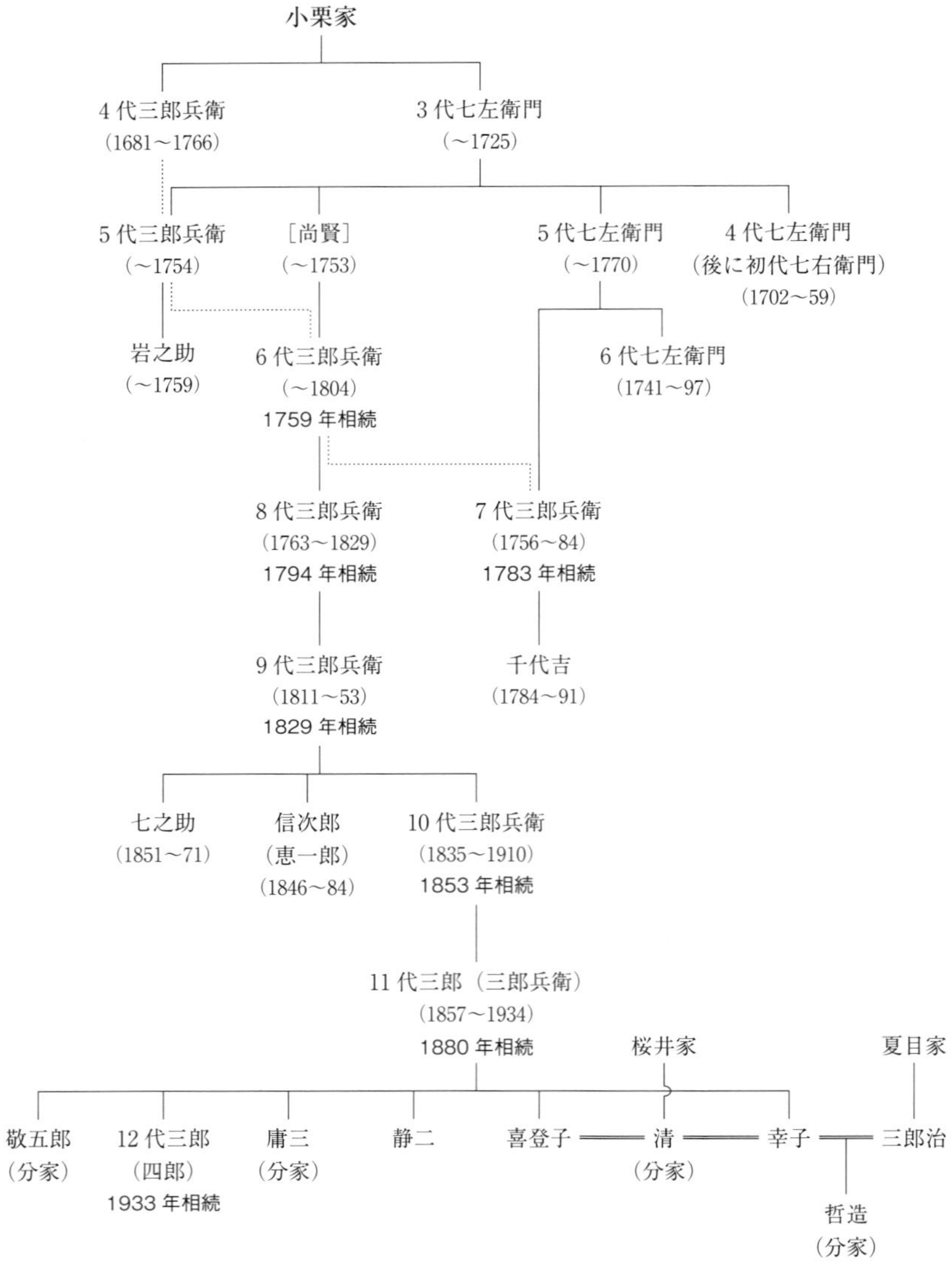

図6-1　小栗三郎兵衛家主要系図

注：二重線は夫婦、実線は血縁、点線は養親子関係をそれぞれ示す。養親子関係は、婿養子は省略し、それ以外のものを示した。括弧内は生年～没年で、没年が不明の場合は？とした。近世期は和暦をそのまま西暦に換算した（以上について図6-2以降も同じ）。小栗姓については姓を省略。

出所：中西・井奥［2015］巻頭の小栗家系図より作成。

た。その頃、松平定信による寛政の改革により酒造統制が強化され、小栗家の酒造経営は危機を迎えた。結果的に、分家した忠蔵が一七九三年に妻を迎えて本家の八代三郎兵衛を継ぎ、家督を継承したが、六代三郎兵衛は酒造業を止める決断をして一七九四年に酒蔵を売却した。小栗家は、酒造業を営むとともに穀物商売も営んでおり、一七九五年に多様な商品を扱う「萬屋三郎兵衛店」を開店した。

一九世紀前半の小栗家は醬油醸造経営も始めたがうまく行かず、結果的に肥料商売を家業の中心とした。家督は、八代以降は実子による継承が続いたが、成人した男子の数は少なく、絶えず、家督継承への不安は残った。そのため、一〇代三郎兵衛は、一八五三（嘉永六）年に家督相続した一〇代三郎兵衛は、分家創出準備のための積立を始めた。表6-2を見よう。一〇代三郎兵衛には、弟が二名いたが成人した実男子は一名で、それが一一代を継いだものの、一〇代三郎兵衛は、二名の弟に対して分家準備の積立を始め、最幕末の一八六二（文久二）年に弟恵一郎名義で酒造株を取得し、六五（慶応元）年に酒造経営を再開してその経営を恵一郎に任せた。恵一郎の酒造経営資金は本家から貸与され、その額はかなりに上った（表6-2）。一〇代三郎兵衛が分家創出を急いだ背景には、一〇代の健康状態もあったと思われ、一〇代三郎兵衛は一八八〇（明治一三）年に二四歳の息子荘太郎に家督を譲って隠居した。

一一代三郎兵衛を継いだ荘太郎は、先代以上に丁寧に分家創出の準備を始めた[2]。表6-2に戻ろう。一一代は一八九二年から分家を二つ作る前提で積立を開始、一九〇〇年からは三つめの分家を作る前提での積立も始めた。第一分家は、一一代の長女幸子に婿養子を迎えることを想定しており、同じ知多郡内の夏目家から一八九四年に三郎治を幸子の婿に迎えた。ただし、三郎治を分家させずに家内に止め、事業の手伝いをさせたが、結果的に三郎治を離縁して三郎治は夏目家に戻った。その時点で三郎治と幸子の間に実子哲造が生まれていたが、一一代は哲造を小栗家に止めて養育した。幸子は一九〇一年に二度目の夫として桜井家から清を迎えたが、一一代は、清も家内に止めて事業の手伝いをさせた。一一代の長男は早世し、次男静二が後継者として想定されたと考えられ、三男庸三、四男四郎、五男

継承のための積立金

単位：1872年まで両、73年から円

第二分家	第三分家	幸子	庸三	四郎	喜登子	静二	敬五郎	三郎治	哲造	清
500		2,397	1,791	1,419	1,262					
1,030		5,081	2,847	2,255	2,007					
1,592		5,386	3,018	2,391	2,128					
2,187		5,709	3,199	2,534	2,255	6				
2,819		6,051	3,391	2,686	2,391	25	1,590	11		
3,487		6,051	3,595	2,847	2,534	40	1,685	幸子へ	1,590	
4,197		6,051	3,811	3,018	2,686	42	1,787		1,685	
4,949		6,051	4,039	3,199	2,847	44	1,894		1,787	
5,746	500	6,051	4,282	3,391	3,018	45	2,007		1,894	
6,590	1,030	5,281	4,538	3,595	3,199	46	2,128		2,007	
7,486	1,592	4,975	4,811	3,811	3,391	48	2,255		2,128	500
8,435	2,187	4,618	5,099	4,039	3,595	68	2,391		2,255	930
9,441	2,819	4,618	5,405	4,282	3,811	75	2,534		2,391	1,486
10,508	3,488	4,618	5,730	4,538	4,039	83	2,686		2,534	2,075
11,638	4,197	4,618	6,073	4,811	4,282	91	2,847	西誓庵	2,686	2,699
12,836	4,949	4,618	6,438	5,099	4,538	95	3,018	87	2,847	3,361
35,000	35,000	4,618	6,824	5,405	4,811	死去	3,199	209	3,018	4,187
35,000	35,000	死去	6,975	5,730	3,824		3,391	240	3,199	分家

幸子死去後の4,618円は第一分家基金に繰り入れ、静二死去後の95円は西誓庵に繰り入れ。第一～三分家はそが、分家設立に関わる実養子についてのみ示した。改め年の［　］内は9月改め。

敬五郎にはそれぞれ積立が行われたが、静二には結婚費用の積立のみが行われた。ところが、一九〇八年に静二が亡くなり、家督継承の問題が生じた。

可能性は、幸子の婿養子の清か三男庸三か四男四郎であったが、清はこの時に分家し、庸三も健康状態がすぐれなかったため、当時、東京の慶應義塾に在籍していた四郎が急遽実家に呼び戻され、後継者として位置付けられた。清は分家したものの翌一九〇九年に幸子が亡くなり、清は一一代の三女喜登子と再婚して小栗家分家に残った。三郎治と異なり、一一代は清を手放したくなかったため娘の喜登子と再婚させたと考えられる。結果的に第一分家は喜登子と清が、第二分家は庸三が、第三分家は敬五郎が継承した。このように、一一代の予定通りには家督継承はいかなかったものの、分家創出の準備を子供が幼少の折から進めて

表6-2　小栗家家族

改め年（正月）	子供手当	恵一郎貸渡金	三郎介積金	改め年（正月）	子供手当	恵一郎貸渡金	三郎介積金	改め年（12月）	第一分家
1853	1,300			1872	998	Δ14,873	1,454	1891	
1854	1,360			1873	1,023	Δ13,548	1,517	1892	10.600
1855	1,403			1874	1,048	Δ24,197	1,586	1893	11.236
1856	1,495			1875		Δ16,854		1894	11.910
1857	1,560			1876		Δ16,599		1895	12,625
1858	1,625			［1876］		Δ17,548		1896	13,382
1859	1,300			［1877］		Δ16,012		1897	13,382
1860	1,366			［1878］		Δ10,880		1898	13,382
1861	1,430			［1879］	1,149		1,977	1899	15,882
1862	1,495			［1880］	1,184		2,046	1900	10,687
1863	1,545			［1881］	1,209		2,115	1901	9,246
1864	1,595	Δ1,292		［1882］	1,234		577	1902	8,545
1865	1,645	Δ1,318		［1883］	1,259		577	1903	8,545
1866	1,695	Δ11,327		［1884］	1,284		577	1904	7,981
1867	1,745	Δ14,861		［1885］	1,113		636	1905	7,537
1868	1,795	Δ8,618	1,523	［1886］	1,113		636	1906	7,291
1869	1,845	Δ16,043	1,247	［1887］	1,113		636	1907	7,185
1870	1,895	Δ22,013	1,316	［1888］	1,188		636	1908	11,505
1871	1,945	Δ20,394	1,385	［1889］	1,213		636	1909	清分家

注：子供への積立が始まった1853年改から小栗清が分家した1909年までを示した。無印は入金、Δ印は出金。
れぞれ基金。子供手当は複数の子供の合計。1891年度以降は、全ての実子・養子について積み立てられた
出所：中西・井奥編著［2015］、序章（中西聡執筆）の表序-11と第3章（二谷智子執筆）の表3-1より作成。

おいたことで、一一代の時代に小栗家は多くの分家を創出でき、一九二六（昭和元）年に小栗家が家業を株式会社萬三商店と会社にした際には、一一代小栗三郎、小栗四郎、小栗清、小栗庸三、小栗敬五郎がそれぞれ同社役員となった。

（2）中埜・盛田家連合

愛知県半田の酒造家中埜半左衛門家と愛知県小鈴谷の酒造家盛田久左衛門家は、いずれも愛知県知多半島の旧家で、半田が三河湾側に、小鈴谷が伊勢湾側に位置した。中埜半左衛門家は分家として中埜半六家と中埜又左衛門家をもち、盛田久左衛門家は分家として盛田太助家をもち、中埜本分家三家と盛田本分家二家がそれぞれ濃密な姻戚関係を形成して、一種の同族団を形成し、酒造業から酢醸造業・醤油醸造業・麦酒醸造業などへ多角化した(3)。図6-2を見よう。

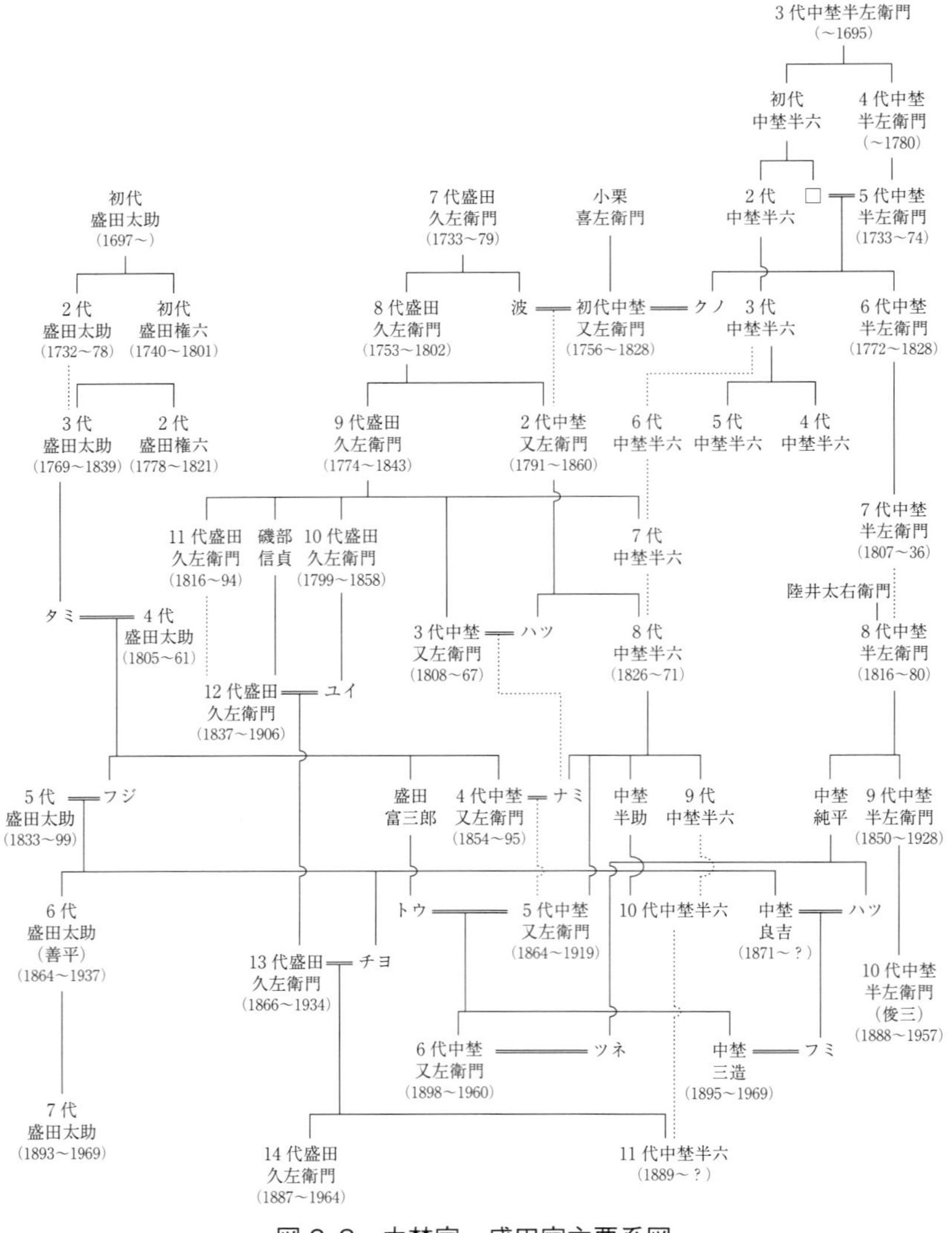

図6-2　中埜家・盛田家主要系図

注：中埜家は、近世期から1880年代中頃までは「中野」を姓とし、1880年代後半から「中埜」姓を称するが、本章では「中埜」姓で揃えて記した。

出所：鈴渓学術財団編［1983・84］の解説、国文学研究資料館史料館編［1993］の解題、ミツカングループ創業二〇〇周年記念誌編纂委員会編［2004］30頁、人事興信所編［1915］、猪野編［1927］より作成。

多角化の出発点となったのが、中埜又左衛門家の創出である。初代中埜又左衛門は、五代中埜半左衛門の娘クノと結婚して中埜半左衛門家と養子縁組をしたが、クノの死後、七代盛田久左衛門の娘波と再婚することで、中埜半左衛門家と盛田久左衛門家を結び付ける契機となった。波と再婚後も、中埜又左衛門は中埜家に残ったが、一八〇四（文化元）年に中埜又左衛門家として分家し、酒造業に加えて酢醸造業を新たに開始し、それが順調に成長して、六四（元治元）年には酢醸造業を専業で行うことにした。初代中埜又左衛門は波との間にも子ができず、波の甥（八代盛田久左衛門の息子）を養子にして二代又左衛門を継がせた。二代又左衛門も跡継ぎを盛田久左衛門家に求め、九代盛田久左衛門家の息子が二代中埜又左衛門の娘ハツと結婚して三代中埜又左衛門を継いだ。三代又左衛門も子供に恵まれず、ハツの姪にあたるナミを養女にしており、ナミに盛田太助家から婿を迎えて四代又左衛門を継がせることとした。

盛田太助家と中埜又左衛門家は、それぞれ盛田久左衛門家・中埜半左衛門家の分家であるが、二代・三代と盛田久左衛門家から中埜又左衛門家に入っているので、盛田太助家側はそのことに配慮して、四代盛田太助の息子小吉をいったん盛田久左衛門家の養子として、それから三代中埜又左衛門の養女ナミと結婚させた。ナミの実父は八代中埜半六で、中埜半六家は又左衛門家よりも古い中埜分家で、八代中埜半六の養父の七代中埜半六は九代盛田久左衛門の息子であり、ナミは二重に盛田久左衛門家と結び付いていた。こうした家格は本家・分家関係のなかで強く意識されていたと思われる。ところが、その後の中埜又左衛門家は盛田太助家とのつながりがさらに強まった。四代又左衛門も子に恵まれなかったため、ナミの弟を養子にして五代又左衛門を継がせることにしたが、五代又左衛門は養子になる以前にすでに四代盛田太助の孫で四代中埜又左衛門の姪にあたるトウと結婚していた。

盛田太助家も五代太助は四代の娘婿であったが、五代太助の二人の息子のうち兄善平が六代太助を継ぎ、弟良吉が四代中埜又左衛門の養子となった後に、本家の八代半左衛門の孫娘と結婚して分家中埜良吉家を立てた。良吉は慶應義塾大学で学んで新知識を身に着け（慶應義塾塾監局［一九二四］）、良吉と善平の兄弟が、近代期の新事業に展開した。

表6-3　中埜・盛田家が経営参加した銀行・諸会社

資本金額の単位：万円

会社名	所在	設立年	資本金	主要役員
①1904年1月時点				
知多紡績	半田	1896	64	（社）小栗冨治郎、（専）端山忠左衛門、（取）小栗三郎、小栗平蔵、小栗七左衛門、中埜半助
丸三麦酒	半田	1896	60	（社）中埜又左衛門、（常）盛田善平、小栗平蔵、（取）長坂重孝、中埜半助、中井半三郎、（監）中埜半左衛門、中埜良吉
知多航業	坂井	1891	20	（社）天木嘉祐、（副）森下長五郎、（取）山本清助、久野藤助、盛田久左衛門
中埜銀行合名	半田	1901	20	（頭）中埜半左衛門、（専）中埜良吉、（理事）中埜半六、中埜又左衛門
盛田合資	小鈴谷	1898	10	（業務担当社員）盛田久左衛門
衣浦貯金銀行	亀崎	1895	5	（専）伊東孫左衛門、（取）井口半兵衛、盛田久左衛門、新美治郎八
知多貯蓄銀行	野間	1896	5	（頭）夏目仲助、（取）夏目平三郎、伊藤嘉七、天木嘉祐、石黒禮吉、岩本彌左衛門、（監）盛田久左衛門
半田倉庫合資	半田	1892	[2]	（業務執行社員）中埜半左衛門、中埜半助
②1924年1月時点				
中埜酢店	半田	1923	135	（取）中埜又左衛門、中埜良吉、中埜三造、（監）中埜半右衛門、中埜半六
中埜銀行	半田	1917	100	（頭）中埜半左衛門、（常）中埜良吉、（取）中埜又左衛門、中埜半六、都築廣次、（監）中埜半助、中埜純平
中埜酒店	半田	1918	100	（代）榊原亮之助、（取）盛田久左衛門、盛田彦太郎、中埜又左衛門、中埜良吉、（監）盛田増太郎
盛田合資	小鈴谷	1898	[70]	（代表社員）盛田久左衛門、（支配人）盛田増太郎
中埜産業合名	半田	1914	[40]	（代表社員）中埜又左衛門、中埜三造
亀甲富中埜醤油店	半田	1910	29	（常）中埜良吉、（取）中埜半助、杉浦吉之助、中埜俊三、（監）中埜又左衛門、中埜半六
中埜商店	名古屋	1919	18	（取）中埜良吉、中埜又左衛門、河合仁蔵
中埜貯蓄銀行	半田	1906	16.3	（頭）中埜又左衛門、（常）中埜良吉、（取）中埜半左衛門、中埜半六、都築廣次、（監）中埜半助、中埜純平
敷島製パン	名古屋	1919	12	（取）盛田善平、坂本光太郎、内藤傳祐、前田健次、盛田彦太郎、（監）盛田久左衛門
半田倉庫	半田	1908	10	（会）中埜半左衛門、（取）中埜半助、小栗三郎、中埜良吉、二宮惣平、（監）中埜半六、中埜又左衛門、小栗清
共同運輸	半田	1919	8	（社）小栗三郎、（専）小栗長太郎、（取）小栗四郎、中埜良吉、（監）小栗清
半田臨港線	半田	1923	6.3	（取）中埜俊三、小栗徳太郎、小栗長太郎、竹内佐治、二宮惣平
丸三運送店	半田	1919	5	（取）竹本英一、小坂久之助、小栗平蔵、坂本光太郎、（監）盛田善平

注：中埜・盛田一族が役員となった愛知県の銀行・諸会社を示した。所在は本社・本店所在地、資本金は払込資本金、資本金欄の［　］内は名目資本金額。合名・合資会社は、会社名に合名・合資を付記し、それ以外はいずれも株式会社。
出所：由井・浅野編［1988］第8巻、大正13年版『日本全国諸会社役員録』商業興信所より作成。

表6-3を見よう。中埜本分家と盛田本分家はそれぞれ多くの会社を近代期に設立したが、両家が中心となって設立したのが、一八九六（明治二九）年設立の丸三麦酒会社であった。社長は中埜又左衛門で、麦酒醸造業への展開を決めたのは又左衛門であったが、常務の盛田善平が実務を担当していた。一九〇一年設立の中埜銀行も、頭取は中埜本家の九代半左衛門であったが、専務の中埜良吉が実務を担当した。一九二四（大正一三）年時点では、中埜家と盛田家の合同で設立した醸造卸問屋を母体として設立された中埜酒店会社は、盛田久左衛門と中埜又左衛門の両者が取締役となったが、中埜家側からは中埜良吉も取締役となった。そして亀甲富醤油蔵を中埜家が引き継ぎ、醤油醸造経営への中埜家の多角化につながった亀甲富中埜醤油店会社では、中埜良吉が常務となった。一方、盛田善平は、丸三麦酒が中央資本に吸収されると、新たにパン製造業へ展開し、名古屋で敷島製パン会社を設立した。中埜本分家のうち、資産額でも中埜又左衛門家が本家や半六家を凌ぐに至ったが、中埜一族で諸会社を設立した際は、まとめ役として本家半左衛門の役割は重要で、中埜銀行の頭取や半田倉庫会社の会長には中埜半左衛門が就任した。一方、盛田久左衛門家は、家業の酒造・醤油醸造業を会社化した盛田合資の代表社員を務めたが、それ以外の新事業への進出は盛田善平に任せて、自ら会社経営の表に立つことは少なかった。

（3）高梨兵左衛門家の事例

醤油醸造業では、近代日本で最大の産地となったのが千葉県野田であったが、同地域で醤油醸造の草分けとなり、近世期に日本最大規模の醤油醸造量を示したのが高梨兵左衛門家であった。[4] 野田産地では、一九一七（大正六）年に野田の有力醸造家の茂木一族と高梨家を中心として野田醤油株式会社（現キッコーマン株式会社）を設立したが、高梨家も茂木一族も、婿養子分家を設立することで家業の拡大を図った。図6-3を見よう。茂木一族の本家は茂木七左衛門家であったが、二二代高梨兵左衛門の妻が三代茂木七左衛門の娘であったことから一八世紀前半から両家は姻戚

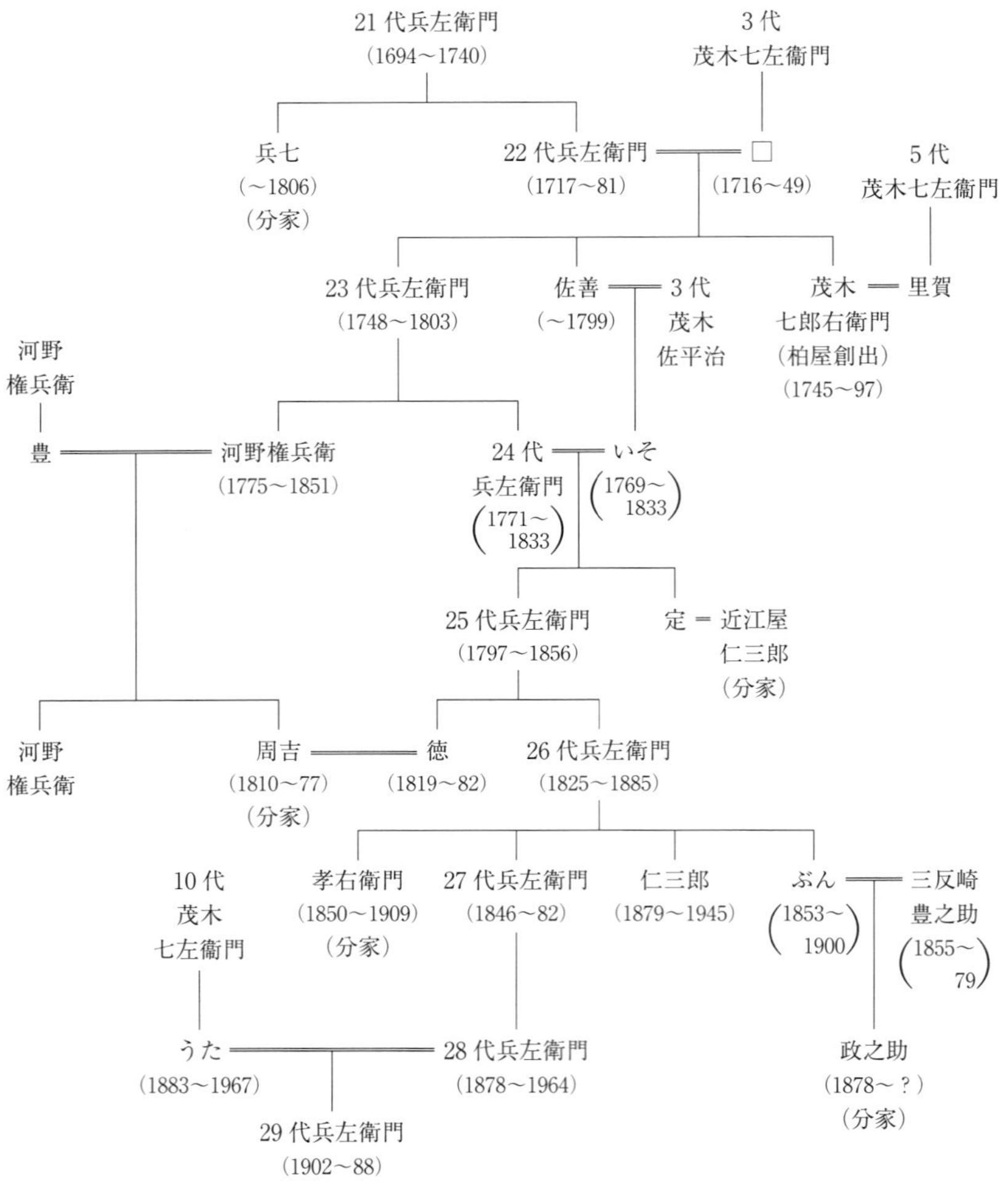

図6-3　高梨兵左衛門家主要系図

注：高梨姓については姓を省略。
出所：公益財団法人高梨本家監修・井奥・中西編著［2016］巻頭の高梨家略系図より作成。

関係にあり、二二代髙梨兵左衛門の息子が五代茂木七左衛門の娘と結婚して分家を興し、近代期にはその分家が野田最大の醤油醸造家となった。

髙梨家はその後も当主各代に一つの分家を創出してそれらの分家に髙梨家事業の新たな役割分担をさせた。例えば、二四代兵左衛門の婿養子は江戸に醤油問屋の近江屋仁三郎店を開店して髙梨家の江戸店を担った。二五代兵左衛門の婿養子の周吉はもともと二四代兵左衛門の甥にあたったが、分家髙梨周蔵家を興し、醸造蔵を分与されて醤油醸造を営んだ。そして二六代兵左衛門の娘婿の豊之助も分家中髙梨家を興し、豊之助の息子政之助は本家兵左衛門家の番頭を務めた。髙梨家は、代々の当主が子供に恵まれ、図6-3の範囲で全て実男子が家督相続したが、経営拡大のために婿養子分家あるいは次・三男分家を各代で創出しており、こうした髙梨家の戦略によって多くの醸造蔵が野田で設立されることとなり、近代期に日本最大の醤油醸造産地へと成長することにつながった。

2　商家の養子継承事例

(1)　阿部本・分家の事例

近江国能登川の阿部市郎兵衛家は、近世期から麻布商売を行い、一九世紀に分家市太郎家を設立して、両家で協力して麻布商売を拡大した[5]。図6-4を見よう。初代市太郎は四代市郎兵衛家の婿養子であったが、四代市郎兵衛の息子の五代市郎兵衛に多くの成年男子が存在し、それぞれが分家を設立した上に、五代市郎兵衛は娘ヌイにも婿養子を迎えて分家させたため、阿部一族の構成員が急速に拡大した。後継者が存在しても、娘に婿養子を取って分家させる阿部家の特徴はその後も続き、それら諸分家のなかで、最初に大阪に進出したのが、市治郎家二代目の彦太郎で、阿部彦太郎は大阪で米穀肥料商売を開業するとともに、大阪での企業勃興に関与して多くの会社経営に関わった。それ

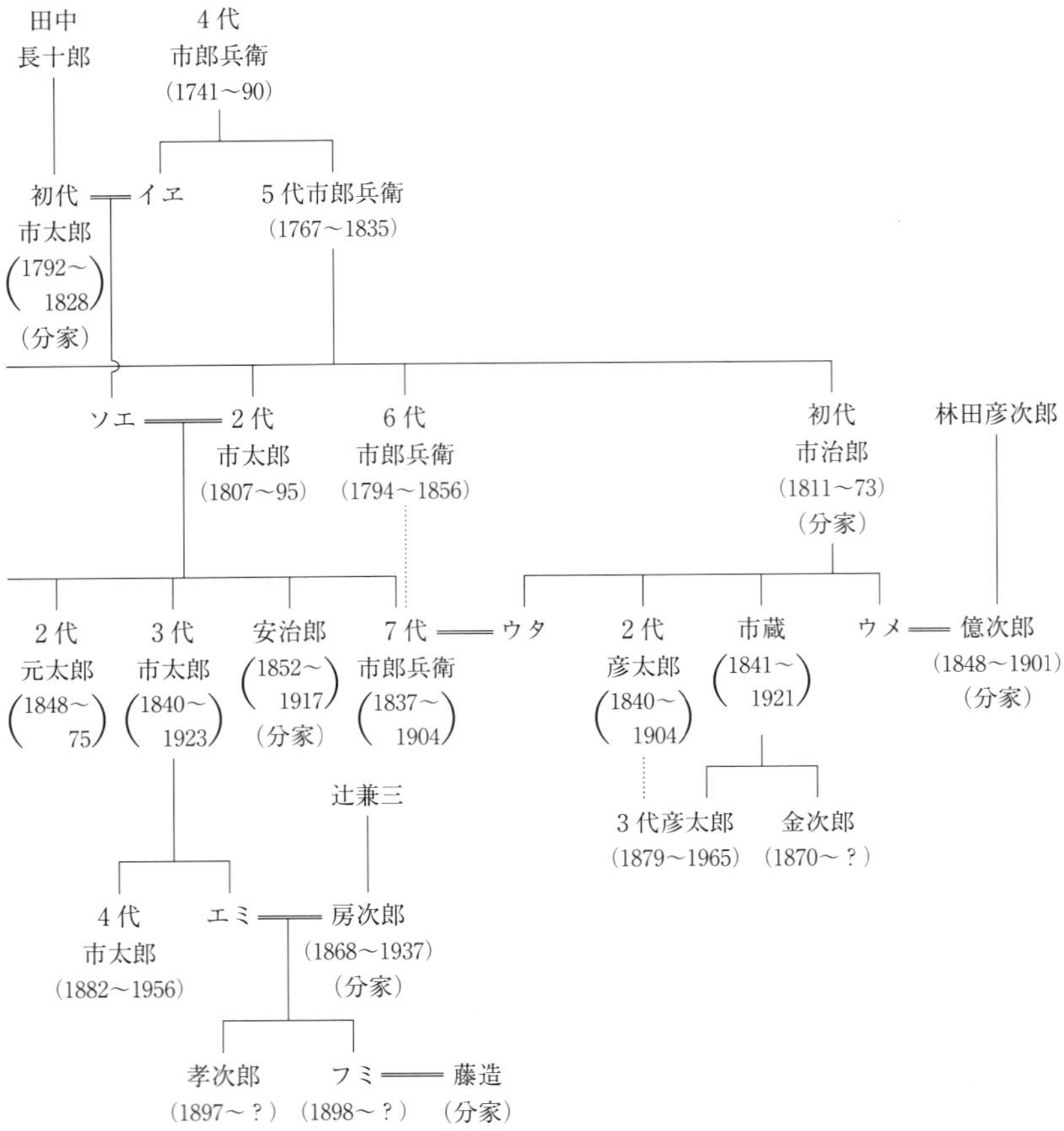

阿部家主要系図

[1928] より作成。

に続いて二代市太郎も大阪に木綿商売の店を開設し、近江商人が金巾製織会社を設立した際の中心的メンバーとなった。二代市太郎は五代市郎兵衛の息子であったが、初代市太郎の娘婿となって市太郎家を継ぎ、この市太郎家と彦太郎家が阿部一族を代表して大阪の企業勃興に関与した。それに対し、本家市郎兵衛家は、六代市郎兵衛が子に恵まれず、二代市太郎の息子を養子にして初代市治郎の娘ウタと結婚させて七代市

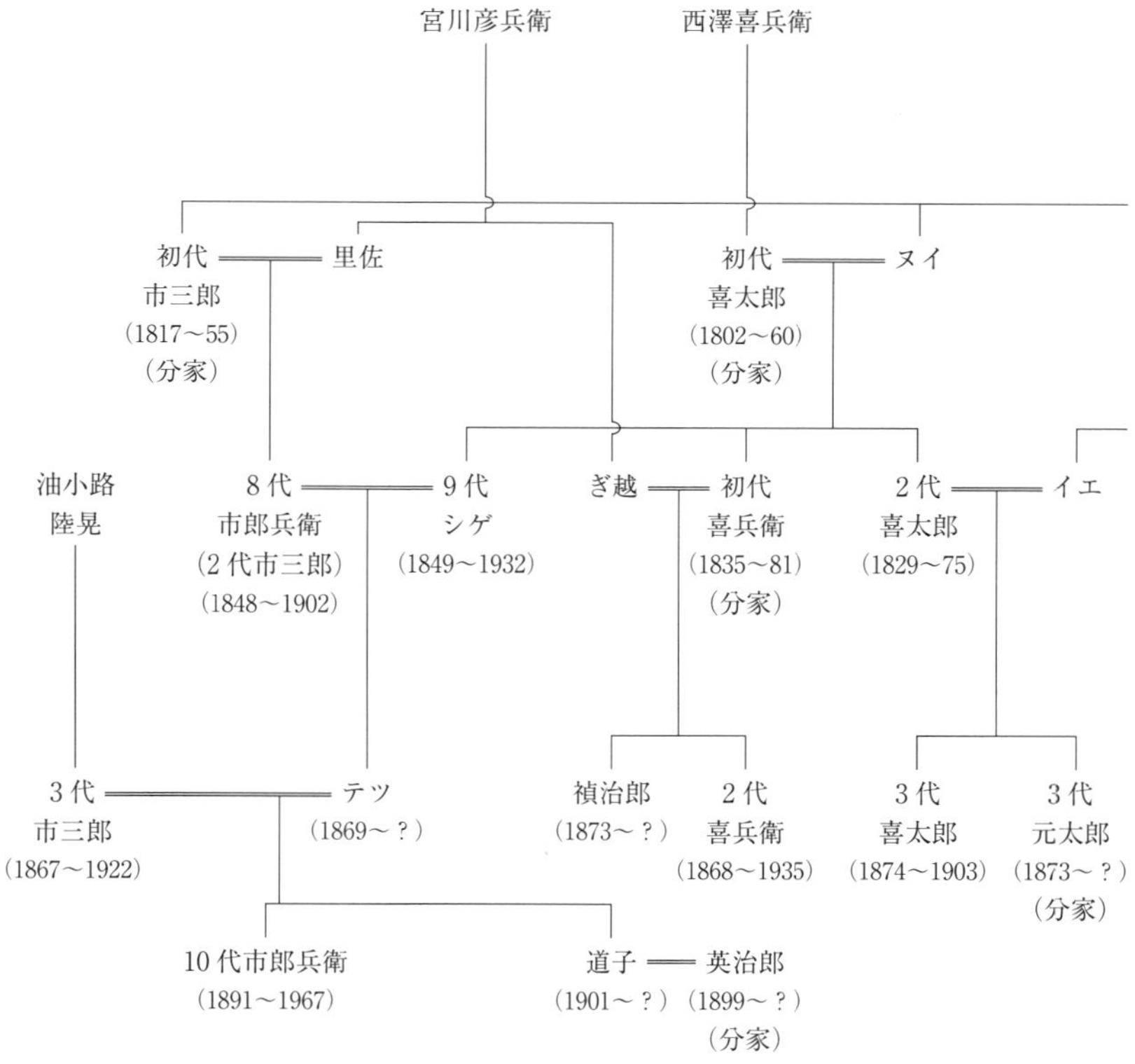

図6-4　能登川村

注：阿部姓については姓を省略。
出所：東近江市史能登川の歴史編集委員会編［2014］210-211頁、人事興信所編［1915］、人事興信所編

郎兵衛を継がせた。

ところが七代市郎兵衛も子に恵まれず、初代市三郎の息子を七代市郎兵衛の養子にして初代阿部喜太郎の娘と結婚させて八代市郎兵衛を継がせた。阿部一族は六代以降の本家市郎兵衛家の家督継承がうまく行かず、一族のなかで養子とその妻をそれぞれ出し合って本家の家督継承を図った。しかしその後も市郎兵衛家の家督継承は困難が続き、八代市郎兵衛は養父の七代市郎兵衛よりも先に一九〇二

表6-4　能登川村阿部家の滋賀県・大阪府・京都府・兵庫県の会社役員

名前／府県	滋賀県	大阪府	京都府	兵庫県
①一九〇一年一月現在				
八代市郎兵衛	近江鉄道社長 近江製油監査役	大阪硫曹社長、近江銀行監査役 内外綿監査役、金巾製織監査役 日本精糖監査役	起業銀行頭取 起業貯金銀行取締役 真宗信徒生命保険監査役 日本絹糸紡績監査役	
三代市太郎	近江麻糸紡織監査役 近江帆布監査役	金巾製織社長、大阪紡績監査役 明治紡績監査役	起業貯金銀行取締役	
房次郎	近江製油取締役			
三代元太郎	近江段通社長			
二代彦太郎		内外綿頭取、大阪商船取締役 大阪撚糸社長、大阪瓦斯取締役	平安銀行頭取 第一絹糸紡績頭取	播但鉄道取締役
市蔵		大阪硫曹取締役、福島紡績監査役 日本織糸監査役、河南鉄道監査役		
三代市三郎		日本織糸社長		
二代喜兵衛		日本織糸取締役、日本刷子木管社長		
初代億次郎	近江段通取締役 近江製油取締役			
②一九一一年一月現在		大阪府		
三代市太郎	近江帆布取締役			
房次郎		大阪紡績常務取締役、近江銀行取締役、中之島製紙監査役		
三代元太郎				城崎電灯取締役
三代彦太郎		大阪紡績取締役、内外綿取締役		

市蔵		河南鉄道監査役	
三代市三郎	近江鉄道社長		
二代喜兵衛		摂津酒精醸造所合資業務担当社員	

③一九二六年一月現在

一〇代市郎兵衛	阿部市郎兵衛商店代表	市岡商事取締役	
英治郎	阿部市郎兵衛商店取締役		
四代市太郎	近江帆布取締役	江商社長、阿部市商店取締役、豊国土地取締役、近江銀行監査役、東津農業監査役	大阪製麻取締役
房次郎	日本カタン糸取締役	東洋紡績副社長、近江銀行取締役、阿部市商店取締役、東津農業取締役、江商監査役	
藤造		阿部市商店取締役、又一取締役、東津農業取締役	
孝次郎		阿部市商店監査役	
三代元太郎		日本住宅社長	
三代彦太郎		大阪商船取締役、角一山林土地取締役、日本生命保険取締役、内外綿取締役、豊国火災保険取締役、住友信託取締役、角一ゴム合資代表社員、東洋紡績監査役	大阪製麻取締役
金次郎		角一ゴム合資代表社員、角一山林土地取締役、摂津酒造監査役、東洋チエイン監査役	
(二代)億次郎		東洋チエイン専務取締役、鑿泉工業社長、大阪印刷監査役	
二代喜兵衛		摂津酒造社長	
禎治郎	阿部市郎兵衛商店監査役	又一専務取締役、摂津酒造取締役	

注　合名・合資会社は、合名・合資を付記し、それ以外はいずれも株式会社。一九一一・二六年は京都府はなし。
出所　由井・浅野編［一九八八］第五巻、由井・浅野編［一九八九］第一五巻、商業興信所編［一九二六］を参照。

（明治三五）年に亡くなり、男子を残さなかったため、八代市郎兵衛とシゲの娘テツの息子（八代市郎兵衛の孫）が成長するまで、シゲが暫定的に女性当主として九代目を継いだ。前頁の表6-4を見よう。一九〇一年時点は八代市郎兵衛が健在で、阿部一族の本家当主として多くの会社役員を務めていた。特に、出身地の滋賀県で近江鉄道会社社長を、隣接の京都府で起業銀行頭取を、そして大阪府で大阪硫曹社長を務めるなど、バランスよく各地域で名のある銀行・諸会社の経営に関わった。それに対して、日本の産業革命の中心的産業となった繊維産業で活躍したのが市治郎家二代の彦太郎と三代市太郎で、二代彦太郎は京都では平安銀行頭取と第一絹糸紡績会社頭取を務め、大阪では内外綿会社頭取と大阪撚糸会社社長と大阪商船会社取締役と大阪瓦斯会社取締役を兼ね、兵庫県の播但鉄道会社の取締役も務めた。そして三代市太郎は京都で八代市郎兵衛とともに起業貯金銀行取締役を務めるとともに、大阪では金巾製織会社社長と大阪紡績会社監査役と明治紡績会社監査役を務めた。

それ以外の分家では、三代市三郎と二代喜兵衛が協力して日本織糸会社を設立して社長と取締役になっており、二代彦太郎の弟の市蔵も八代市郎兵衛を助けて大阪硫曹会社取締役を務めた。市三郎家は、初代市三郎の息子の二代市三郎が八代市郎兵衛を継いだため、八代市郎兵衛の娘婿が三代市三郎を継いだ。二代喜兵衛は八代市郎兵衛の妻シゲの甥にあたり、三代市三郎と二代喜兵衛は義理の従弟であった。また、喜太郎家から分家した三代元太郎は近江段通会社社長となり、初代市治郎の娘婿として分家した阿部億次郎は近江段通会社取締役と近江製油会社取締役を務め、三代市太郎の娘婿として分家した阿部房次郎は一九〇一年時点では近江製油取締役であった。

このように一九〇一年時点で八代市郎兵衛を中心に、滋賀県・京都・大阪にかけて多くの会社経営に関わった阿部一族は、一九〇一年に億次郎が、〇二年に八代市郎兵衛が、そして〇四年に七代市郎兵衛と二代彦太郎が相次いで亡くなり、大きな打撃を受けて会社経営は、地元滋賀県と大阪に集中するに至った。そして、三代市太郎に代わって娘婿の房次郎が金巾製織会社の経営に関わり、同社が大阪紡績会社と合併することで、房次郎が大阪紡績の経営を担うことになった。二代彦太郎も男子に恵まれず、弟市蔵の息子を養子にして三代彦太郎を継がせ、三代彦太郎が二代の後を継いで内外綿の役員となり、房次郎とともに大阪紡績の経営も担った。表6-4に戻ると、一九一一年時点では、大阪財界では、大阪紡績常務と近江銀行取締役を兼ねた房次郎と大阪紡績取締役と内外綿取締役を兼ねた三代彦太郎が活躍し、地元滋賀県では、三代市太郎が近江帆布会社取締役、三代市三郎が近江鉄道会社社長を務めた。阿部一族は、一族内で婚姻や養子関係を密接に結んで、同じ会社の役員を阿部一族で複数を占めるなど、同族への凝集性を高めた。そこに同族外から新しい知見と人脈を入れたのが慶應義塾出身で三代市太郎の婿養子となって分家した阿部房次郎であり、一九二六（昭和元）年時点では、一九一四（大正三）年に大阪紡績が三重紡績会社と合併して設立された東洋紡績会社の副社長になっていた。

一九二六年時点は、本家市郎兵衛家も一〇代目が家業会社の阿部市郎兵衛商店会社を設立して代表取締役となっており、それを妹婿の阿部英治郎が取締役として支え、市太郎家の家業会社の阿部市太郎商店会社は、当主四代市太郎とその義兄の房次郎、そして房次郎の婿養子となって分家した藤造が取締役として支えた。彦太郎家の家業会社である角一山林土地会社と角一ゴム合資も彦太郎とその生家市蔵家の金次郎がそれぞれ取締役もしくは代表社員となっており、喜兵衛家は当主が摂津酒造会社の社長、その弟の禎治郎が取締役となった。阿部一族はそれぞれ家業会社を家ごとに設立し、兄弟や婿養子が当主を支えた。

（2）廣海惣太郎家の事例

一八三五（天保六）年に和泉国貝塚で廻船問屋を開業した廣海惣太郎家の初代当主は、摂津国鳴尾の酒造家辰馬半右衛門家から貝塚の旧家明瀬長右衛門家に婿養子に来て新しく廣海惣太郎家を興した(6)。初代惣太郎は子に恵まれず、生家の辰馬家から甥を養子に迎えて二代惣太郎を継がせた（後掲図6-6を参照）。初代惣太郎が一八五三（嘉永六）年に亡くなった際に、二代惣太郎は四歳であり、実質的には初代惣太郎の妻ヒロが後見したと考えられる。そのためヒロは、二代惣太郎の兄も養子とし、二人の養子を育てたが、二代惣太郎もヒロが亡くなって数年後の一八七八（明治一一）年に二九歳で亡くなった。その時二代惣太郎には、幼い息子（後に益十郎）がいたが、二代続けて幼子を当主にすることを避けるため、ヒロの養子になっていた二代惣太郎の兄が三代惣太郎を継いだ。

廣海家は、家業の廻船問屋に加えて、一八七一年に小売店を開業し、その年に二代惣太郎の兄（後の三代）が河内国富田林の田守家から妻を迎えてその小売店の名義人となっていた。この小売店の開業は、二代惣太郎の兄を分家させる意味があったと考えられる。結果的に、二代惣太郎の兄が分家して引き継ぐ予定であった小売店を益十郎が引き継ぎ、二代惣太郎の兄が三代惣太郎を継ぐことで、二代惣太郎が考えていたのと本分家が逆になった。

父を亡くした後の益十郎を伯父の三代惣太郎が養育したと考えられ、三代惣太郎は一九〇一年に自分の息子に家督相続したが、益十郎には自分の娘と結婚させて相応の財産を分与して分家させた。その意味で、廣海惣太郎家の家督継承が安定するのに、家の創設から半世紀以上がかかったことになる。その後の廣海家は、四代に家督継承させた後も三代惣太郎が長命で、しかも三代惣太郎が多くの子に恵まれたため、廣海家の姻戚ネットワークは急激に拡大した（後掲図6-6を参照）。特に、四代惣太郎の妻を奈良県下市の林業家永田家から迎えたことが大きく、四代惣太郎の妹が後の永田家当主の弟に嫁いだことで、廣海家と永田家は二重の婚姻関係を結んだ。

永田家との姻戚関係を結んだことを契機に、廣海家は林業経営へ展開し、大阪府南部に多くの林地を取得し、永田家や永田家の親族の逸身家・福本家・小西家とともに、奈良県吉野地域で林地の共同所有（管理は永田家）を行うなど、廣海家の資産形成に林業は重要な意味をもった。なぜなら、近代期の廣海家は肥料商を家業として耕地も取得したが、それらは第二次世界大戦後の農地改革で失ったものの、林地は農地改革の対象外とされたため、第二次世界大戦後も廣海家は大阪府南部に広大な林地を所有し続けたからである。

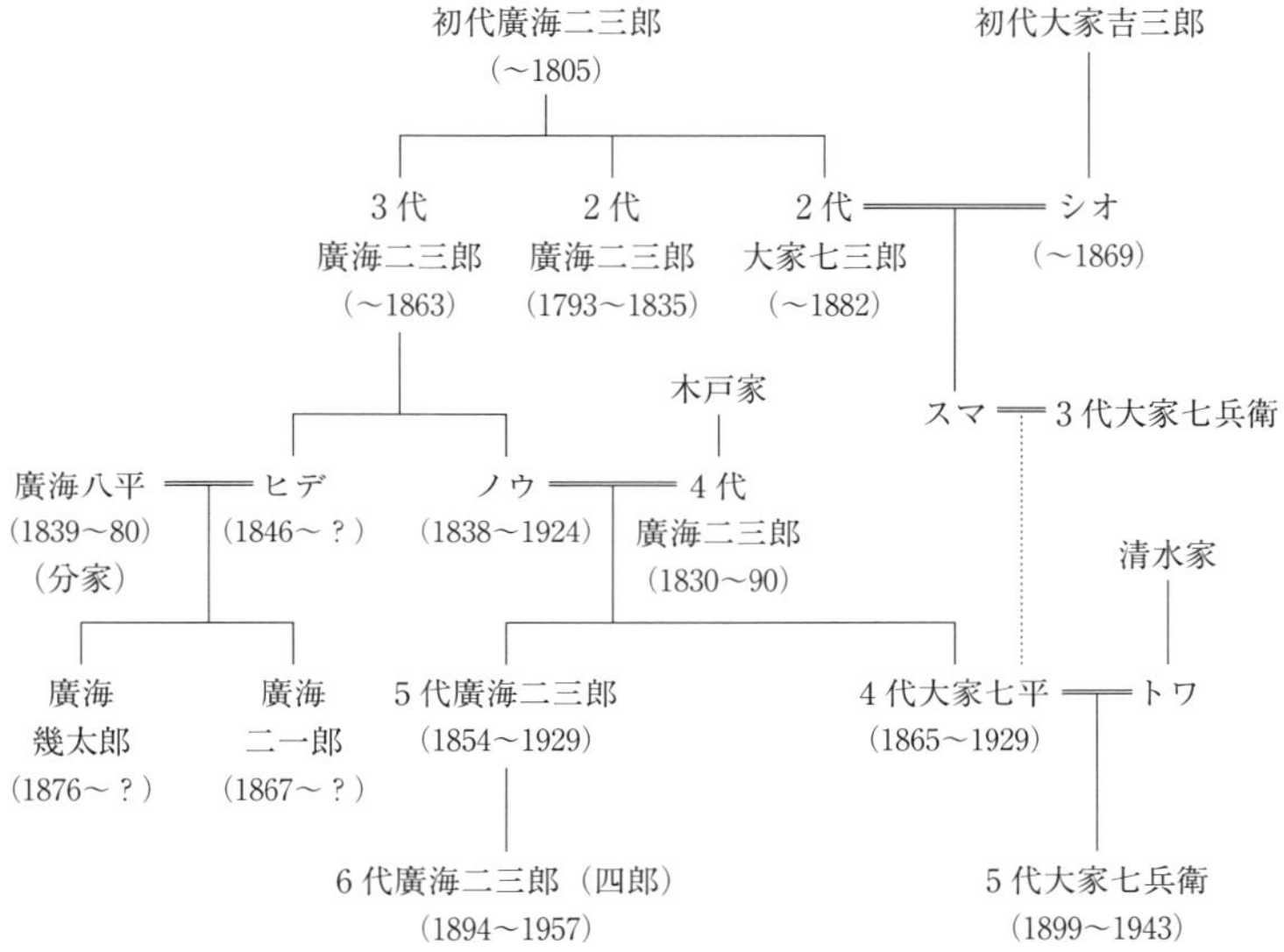

図6-5　廣海二三郎家・大家七平家主要系図

出所：「廣海二三郎家系図」「［諸資料］」（橋本（廣海）滋子氏蔵）より作成。

（3）廣海二三郎・大家家連合の事例

一九世紀の日本海沿岸航路で活躍した商人船主として北前船主が挙げられるが、そのなかでも近代期に汽船船主として大きく成長したのが、石川県瀬越の廣海二三郎家と大家七平家である。[7] 廣海二三郎家と大家家の姻戚関係は初代廣海二三郎の息子が大家家初代の婿養子となって大家家二代当主を継いだことに始まる。図6-5を見よう。廣海二三郎家は一九世紀前半に二代当主、幕末期に三代当主となったがこれら両名はいずれも初代廣海二三郎の息子であったので、近世後期の廣海二三郎家と大家家は当主が実の兄弟であった。三代廣海二三郎の息子は早世したため、四代二三郎は三代の娘婿が継いだが、四代二三郎の息子のうち、兄の仁平が五代二三郎を継ぎ、弟が三代大家七兵衛の婿養子となって四代大家七平を継いだため、近代期も廣海二三郎家と大家家は当主が実の兄弟となった。それゆえ近代期の両家の経営展開は似通った。両家はともに幕末期に北前船主として主に蝦夷地（現北海道）産物を扱ったが、近代期に北海道小樽に店舗と倉庫を設けて、直接北海道産物を集荷した。その際の小樽での土地取得は両家共同で行われ、隣同士に倉庫が建てられた。また日本海航路の流通拠点として山口県赤間関（下関）が重要であったが、そこでも両家共同で土地を取得して倉庫を設けた。また、従来と同様に帆船による買積経営（船主が積荷を自ら売買）と並行して汽船による運賃積経営も行い、両家ともに一八九〇年代から汽船を所有するとともに鉱山業へも進出して経営多角化を進めた。

このように、幕末から近代前期にかけての両家の経営展開は似ており、共同で進めた側面もあるが、地域間価格差が縮小して帆船による買積経営で大きな利益を見込めなくなった二〇世紀に入ると、両家の汽船・鉱山業の展開に相違がみられ始めた。廣海二三郎は不定期航路の汽船運賃積輸送へ展開し、後に汽船の貸船経営を中心としたが、大家家は汽船定期航路の開設を目指し、日本海で日本側と朝鮮・ロシア側を結ぶ日本海一周の定期汽船航路を開いた。鉱山業でも、廣海二三郎家は当初は汽船燃料としての石炭確保のために九州の筑豊地方の炭鉱開発に目を向けたが、あまりうまくいかずに九州地方の硫黄鉱山経営を行うに至ったのに対し、大家家は福島県の硫黄鉱山に目を付けており、鉱山開発の地域はかなり異なった。ただし、地元石川県瀬越での地域貢献では両家が協力しており、両家で共同して小学校設立資金を供出するなど、両家の知名度は地元で並び称された。

分家創出の点では、廣海二三郎家から二回、大家家へ婿養子に入って当主になったように、廣海二三郎家が比較的子供に恵まれて婿養子の供給源になったが、大家家の歴代当主は子供に恵まれず分家も少なかった。廣海二三郎家の分家で重要なのは、三代二三郎の婿養子として分家した廣海八平家であり、初代八平の二人の息子二一郎と幾太郎が活躍した。二一郎は本家から独立して直輸出入商を営み、その弟幾太郎は慶應義塾理財科を一八九八（明治三一）年に卒業した後に三井物産会社に勤務し、三井物産を一九一五（大正四）年に退職した後は、兄二一郎の事業を継承して輸出入業を大阪で営んだ。(8) 廣海二三郎家の経営に新しい視点と知見を吹き込んだのが分家の兄弟であったと考えられる。

（4）岡本清右衛門家の事例

岡本清右衛門家は、近世期は福岡屋を屋号とし、越中国高岡町で町年寄を務めた有力商人であった。[9] 近世後期の高岡町は、金沢藩領にあり、川の舟運で後背地の礪波・射水平野と結ばれ、川の河口に越中国の拠点湊の伏木がある交通の要所であった。福岡屋は三代清右衛門の時代に有力となり、藩や瑞龍寺山門の再建などに多額の献金をして、高岡綿場中買棟取役となった。高岡綿場とは、日本海側で最大級の木綿産地であった越中国新川地方へ、大坂方面から綿を仕入れてそれを新川産地へ供給する独占的集散地であり、商業拠点としての高岡を象徴する存在であった。次代の四代清右衛門は、町算用聞並となり、高岡綿場の代表として瀬戸内方面や大坂の繰綿買次人と交渉する役割を担った。そして一八三六（天保七）年に四代清右衛門は町年寄となった。このように、順調に家格を上昇させた福岡屋であったが、家督相続は養子継承が続いた。

すなわち、三代清右衛門には一男二女の三名の子供がいたが、男子は二歳で亡くなったため、長女に塩屋吉右衛門家から婿養子清九郎を、次女に棚田屋半兵衛から婿養子清助をそれぞれ迎えた。[10] 長女の婿養子が家を継ぐ養子、次女の婿養子は順養子として迎えたが、その判断は正しく、清九郎は四代清右衛門を継いだものの、男子は生後百日で早世し、他に子供ができなかったため、順養子の清助（後に清八郎）が五代清右衛門を継承した。ところが、五代清右衛門にも子供ができなかったために、夫婦養子を迎えることになった。その場合、まず三代清右衛門の姉もしくは妹が嫁に行っていた塗師屋小兵衛家から先に養女を迎え、それに越中国大門の笠間政平家から男子を婿養子に迎えて、六代目を継がせた。

五代清右衛門も町年寄並となり、一八六二（文久二）年には岡本の姓を許され、四代の跡を継いで積極的な経営展開を試みた。五代清右衛門の実家棚田屋は高岡町の薬種商で、薬の商売の知識を有していたと考えられ、それまでの繰綿取引中心の経営から配置売薬業経営に乗り出した。その他、先代から受け継いだ近江国能登川の阿部市郎兵衛家からの布買次業や能登国や射水郡での開墾事業なども行ったが、幕末維新の変動のなかで積極経営は失敗に終わり、家産の多くを失った。六代清右衛門は、先代から布買次業を引き継ぐ際に、取引商人を入れ替えて近江国能登川の阿部市太郎家との取引を一八八一（明治一四）年から始め、その他売薬経営・質屋・金融業を家業として受け継いだ。五代目の経営拡大が失敗に終わったことを教訓に、「堅固ナル保守主義」と七代目の記録した家禄に記されるほど守りの経営に徹し、近代期に要請された社会的役職のほとんどを断り、企業への出資もほとんど行わなかった。[11]ただし、新しく布取引を始めた阿部市太郎家は、前述のように能登川の阿部一族のなかで近代期に積極的に経営展開をして、阿部彦太郎家に続いて大阪へ進出して店を設けた。このことが、後に岡本家が高岡商人と大阪方面との為替決済に関与することにつながった。その一方で、家督相続はうまくいかず、六代目には二男一女の三名の子供がいたが、最初の男子は四歳で亡くなり、次の男子は生後すぐに亡くなった、そして次の娘も七歳で亡くなり、七代目への継承も養子で行われたと思われる。

福岡屋岡本家は、幕末から明治にかけて順養子・夫婦養子など、養子継承を駆使して家の継承を保った。近世後期の日本社会では、家名が大切であり、血のつながりよりもむしろ福岡屋の名跡が継続されることが重要であった。そして、家産をかなり失った後の六代目であったが、家名および近世来からの取引関係に由来した信用力は残されており、大阪に進出した阿部市太郎家との間で遠隔地の為替決済を行っていた。そのため、近代期に急成長した高岡の新興商人が、大阪の阿部市太郎店から商品を仕入れた際の決済を、岡本家が代わって担うこととなり、一八九〇年代の高岡地域経済の円滑な展開に寄与した。その意味では、岡本家が家の継続に注力したことが、地域経済の持続性にも貢献したと言える。

3　林業家・材木商の養子継承事例

(1) 安田・永田・逸身・廣海惣太郎家連合

前述したように廣海惣太郎家は、家督相続が安定した四代惣太郎に奈良県吉野郡下市の林業家の永田家から妻を迎えたことで林業へも展開した。一方、永田家は廣海惣太郎家も含めて、奈良県吉野郡の林業家の安田家や大阪の銀行家逸身家と濃密な姻戚関係を結んでおり、共同で大阪鉱業会社の経営を行うなど、事業と人脈が深く関連していた。[12]安田家と永田家はそれぞれ近世期に大和国鷲家口と下市で大規模に林業を営み、幕末維新期に一一代廣瀬屋（永田）藤兵衛の息子が六代安田治助の養子となって七代安田治作を継いだことで姻戚関係が始まり、七代安田治作の娘が一三代永田藤兵衛に嫁ぐことで、安田家と永田家の姻戚関係はさらに強まった。図6-6を見よう。永田家は一一代・一二代・一三代の各当主が比較的多くの子に恵まれ、一二代藤平の時代には大阪府方面への姻戚関係が強まった。すなわち、近世来の両替商であり、近代に入って大阪で逸身銀行を開業した逸身家の次男佐一郎と三男福本元之助にそれぞれ一二代永田藤平の娘マスとリキが嫁ぎ、前述のように大阪府貝塚の廻船問屋廣海惣太郎家の後の四代当主に一二代永田藤平の娘ノブが嫁いだ。逆に一二代藤平の息子郁三には四代廣海惣太郎の妹千代が嫁いだため、永田家と逸身家、永田家と廣海家はそれぞれ二重の婚姻関係を結んだ。それのみでなく、一一代廣瀬屋藤兵衛の娘婿として分家した永田藤一の娘カツは三代逸身源兵衛の息子要助と結婚しており、永田分家と逸身源兵衛家も姻戚関係にあった。

安田家は近代に入り、林業経営がうまくいかず八代当主安田行蔵は永田家を頼って下市に来住し、一九〇一（明治三四）年恐慌で逸身銀行が打撃を受けて解散すると、逸身佐一郎家も永田家を頼って下市に来住した。大阪での逸身家は、逸身家が保持していた北海道釧路の鉱業権を事業化した大阪鉱業会社の経営に関わり、それは逸身銀行破綻後

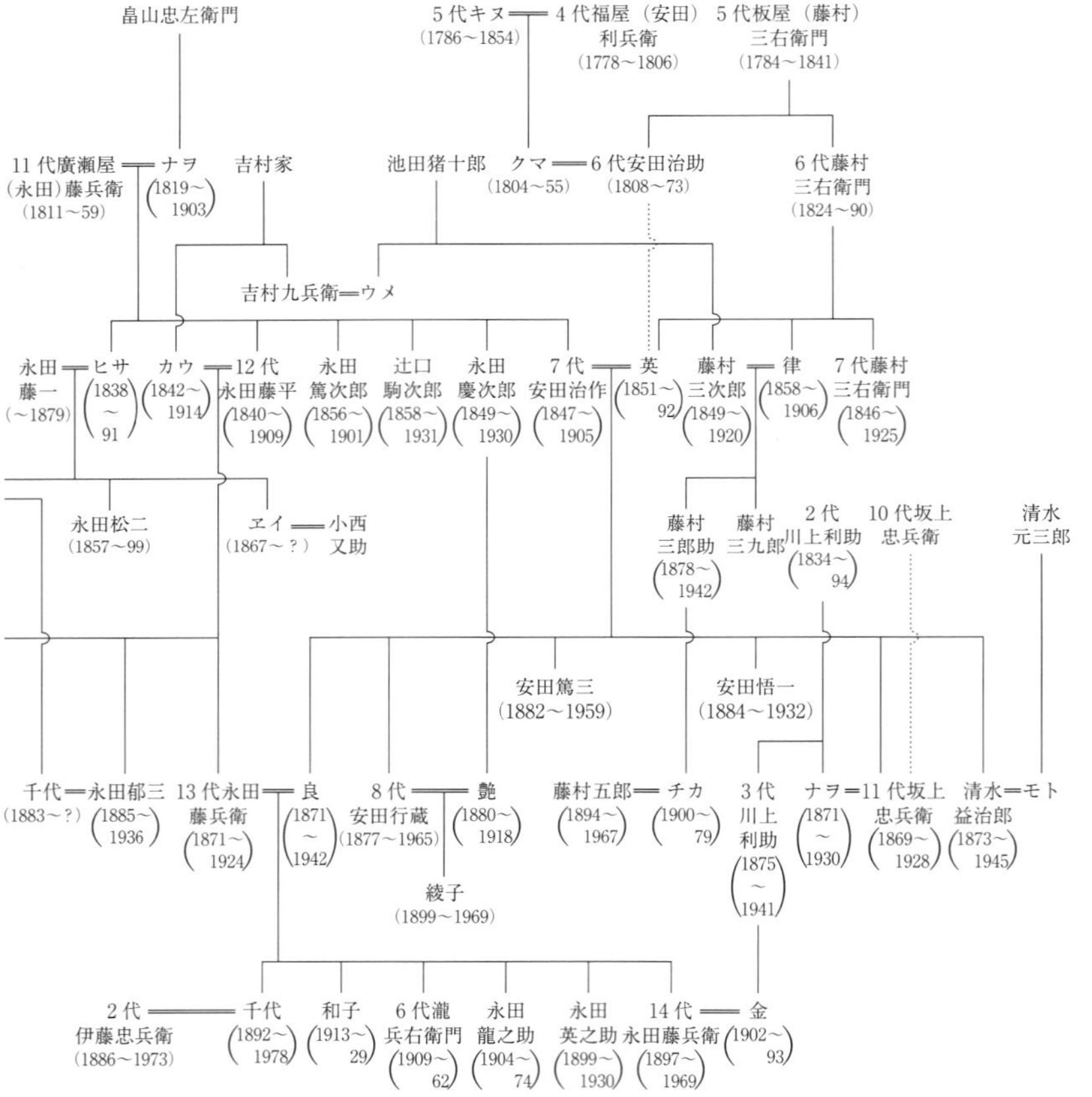

家・廣海惣太郎家主要系図

ご教示を得た。

も続いた。しかし、逸身佐一郎の息子豊之輔の大阪鉱業会社の経営はあまりうまくいかず、永田家が大阪鉱業会社の経営立て直しに乗り出し、大阪鉱業会社は本社を奈良県下市へ移した[13]。次頁の表6-5を見よう。大阪鉱業会社の創業時の一八九七年は、逸身家は大阪鉱業会社の経営に関わらなかったが、同社が逸身家の保持する北海道の鉱業権を事業化すると、福本元之助が大阪鉱業会社の社長となり、元之助の甥にあたる逸身豊之輔が実務を担当した。逸身豊之輔は大阪鉱業会社の取締役となったが、経営状況は芳しくなく、一九〇八年には永田

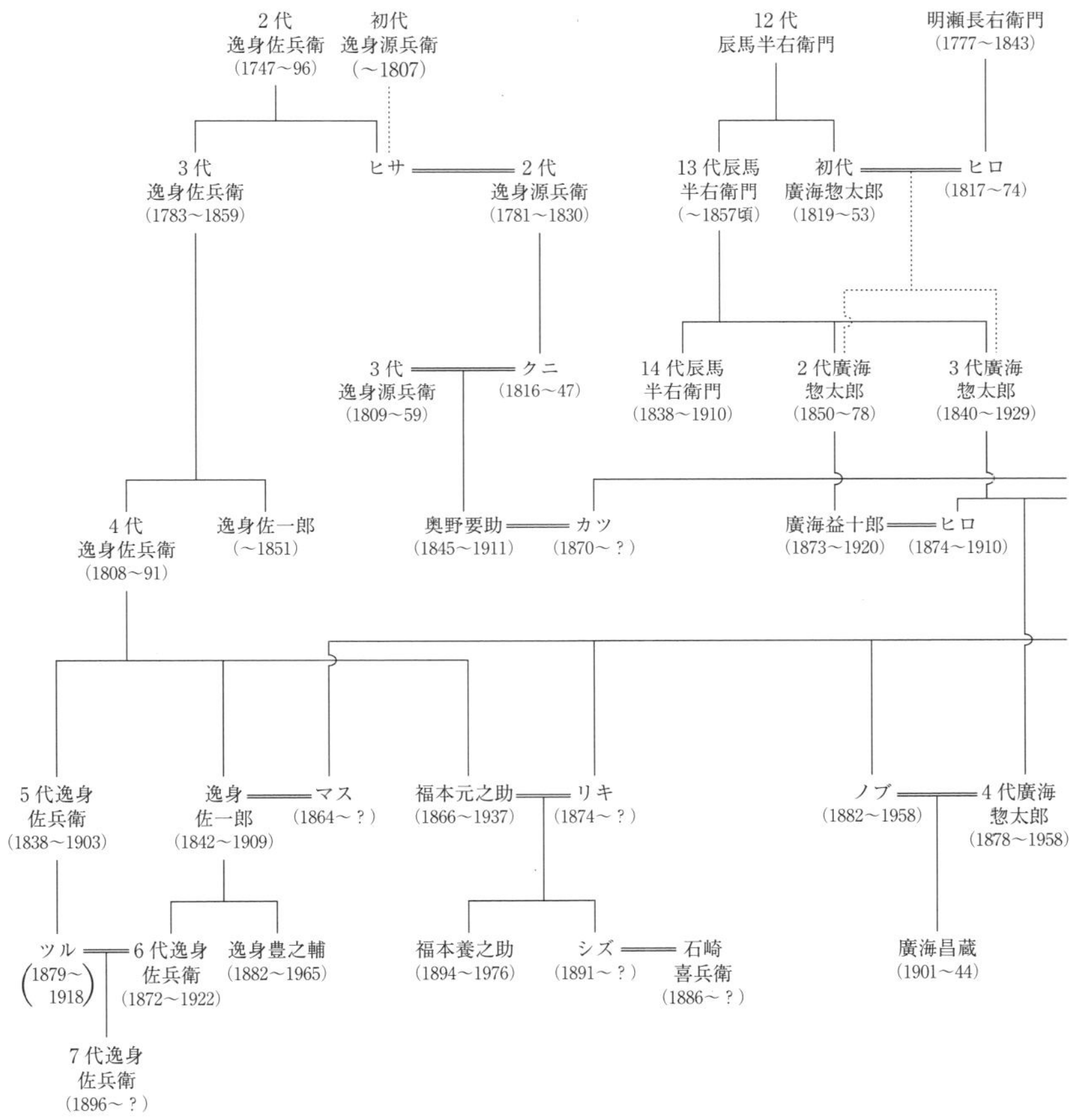

図6-6　安田家・永田家・逸身

出所：中西編著［2024］巻頭の永田藤兵衛家および親族主要系図より作成。逸身喜一郎氏、廣海健氏の

藤平が取締役謙有力株主となり、同年に本社所在地も奈良県下市へ移転した。一九〇八年時点の社長清水栄次郎は、七代安田治作の息子が清水栄次郎家の分家清水元三郎家の婿養子となって清水益治郎となり、その関係で栄次郎も安田家の親戚であった。

表6-5では清水栄次郎が大阪鉱業の圧倒的大株主に見えるが、清水栄次郎名義で大阪鉱業会社株を取得したのは永田家で、実質的には永田家が大阪鉱業会社の最大の株主となり、一九一三（大正二）年時点の大阪鉱業会社の取締役は、清水栄次郎・畠山壽太郎・安田行蔵といずれも安田

表6-5　大阪鉱業株式会社の役員と主要株主

株数の単位：株

1898年下期		1903年上期		1908年上期		1913年上期	
氏名	職・株	氏名	職・株	氏名	職・株	氏名	職・株
福本元之助	社長	福本元之助	社長	清水栄次郎	社長		
辻吉敬	取締役	辻吉敬	取締役	古子喜十郎	取締役	清水栄次郎	取締役
古子喜十郎	取締役	古子喜十郎	取締役	逸身豊之輔	取締役	畠山壽太郎	取締役
河野貞五郎	支配人			永田藤平	取締役	安田行蔵	取締役
大島甚三	監査役					加藤光三郎	支配人
岩佐厳	監査役	安井勝潔	監査役	福本元之助	監査役	福本元之助	監査役
尾崎義方	482	清水栄次郎	1,202	清水栄次郎	1,232	清水栄次郎	1,232
共立合資	383	清水益治郎	145	永田藤兵衛	199	永田藤兵衛	364
笹部専助	120	福本元之助	100	逸身豊之輔	175	永田富之助	125
木咲耕一郎	112	濱崎永三郎	75	古子喜十郎	120	福本元之助	90
山本善兵衛	105	辻吉敬	50	福本元之助	90	永田郁三	50
福本元之助	100	古子喜十郎	50	永田藤平	50	畠山壽太郎	50
辻吉敬	100	安井勝潔	50	水谷清兵衛	50	安田行蔵	50
今井勢左衛門	95	水谷清兵衛	50	鈴木伊兵衛	20	永田良	34
大島甚三	75	増田宇兵衛	35	逸身小一郎	17	中野喜七郎	5
濱崎永三郎	75	三浦観次郎	27	廣瀬岩太郎	12		
	2,700		2,000		2,000		2,000
	65名		30名		15名		9名

出所資料の1901年下期の役員と変更ないとの記述から推定。
6-1・2より作成。

家・永田家の親族となった。大阪鉱業会社は逸身銀行が破綻して家産を失った逸身家の再建の要であり、永田家は逸身家再建のために大阪鉱業会社を全面的に支援した。最終的に大阪鉱業会社は第一次世界大戦期に経営を持ち直し、三井鉱山会社に売却されたが、それなりの売却金が入り、それらは逸身家と永田家で分配された。

(2)　吉田善三郎家の事例

近世期から伊勢国野後で大規模に林業を営んだ吉田善三郎家は、幕末・維新期に茶業・養蚕業に展開し、近代期には吉田銀行を設立した。[14] 後掲の図6-7を見よう。吉田家は一八世紀末の当主三代善三郎が多くの子に恵まれ、徳太郎・善兵衛・久兵衛・忠兵衛・文蔵と五名の実男子が成人し、娘二名が

1897年上期	
氏名	職・株
①役員	
辻吉敬	専務
廣塚卯兵衛	取締役
岩佐厳	取締役
河野貞五郎	支配人
都築温太郎	監査役
大島甚三	監査役
②主要株主	
共立合資	735
備仲傳助	679
笹部専助	340
辻吉敬	250
木咲耕一郎	225
山本善兵衛	225
神谷佐兵衛	210
岩崎市郎衛門	185
大島甚三	150
島徳治郎ほか	150
株式総数	7,400
株主数	93名

注：1903年上期の役員は、
出所：北澤［2024］の表

それぞれ柏木定右衛門と小野相之右衛門へ嫁いだが、実男子が相次いで亡くなったため一九世紀前半に家督継承の困難に見舞われた。三代善三郎は一八世紀末に徳太郎に家督を譲り、徳太郎が四代善三郎を襲名したが病気がちのために家政は弟の久兵衛に任せた。ところが、一七九七（寛政九）年に善兵衛、一八〇一（享和元）年に忠兵衛、〇四（文化元）年に久兵衛と四代善三郎の弟たちが相次いで亡くなった。隠居していた三代善三郎も一八〇七年に亡くなり、四代善三郎は、最後に残った弟の文蔵に五代善三郎を譲り、自ら善右衛門と改名して分家を創出した。

しかし、五代善三郎は男子に恵まれず、柏木定右衛門の息子で久兵衛の娘と結婚した柏木又兵衛が吉田家の婿養子となり、六代善三郎を継いだ。四代善三郎が善右衛門となって自ら創出した分家（新宅）も、初代善右衛門が男子に恵まれず、吉田家の有力取引先の福川家から婿養子を迎えて二代善右衛門を継がせた。ところが二代善右衛門も子に恵まれず、六代善三郎の娘婿の善二に新宅三代目を継がせた。新宅の家督継承が安定するのは、三代目以降で、新宅三代の息子善太郎が四代を継ぎ、新宅四代の息子収蔵が五代を継いだ。

六代善三郎は三名の男子に恵まれたが、七代善三郎を継いだ長男は子に恵まれないまま二七歳で亡くなり、次男菊二郎は家を出て伊勢神宮門前町の山田御師職の高矢部家を継いだ。そのため、末弟の徳三郎が八代善三郎を継いだ。本家の家督継承が安定したのは、近代期に入った八代善三郎以降で、八代善三郎の息子が九代善三郎を、九代善三郎の息子が一〇代善三郎を継いだ。このように吉田は本家・分家ともに近代に入って家族が長生きをするようになって家督継承が安定し、多くの新たな分家が形成された。

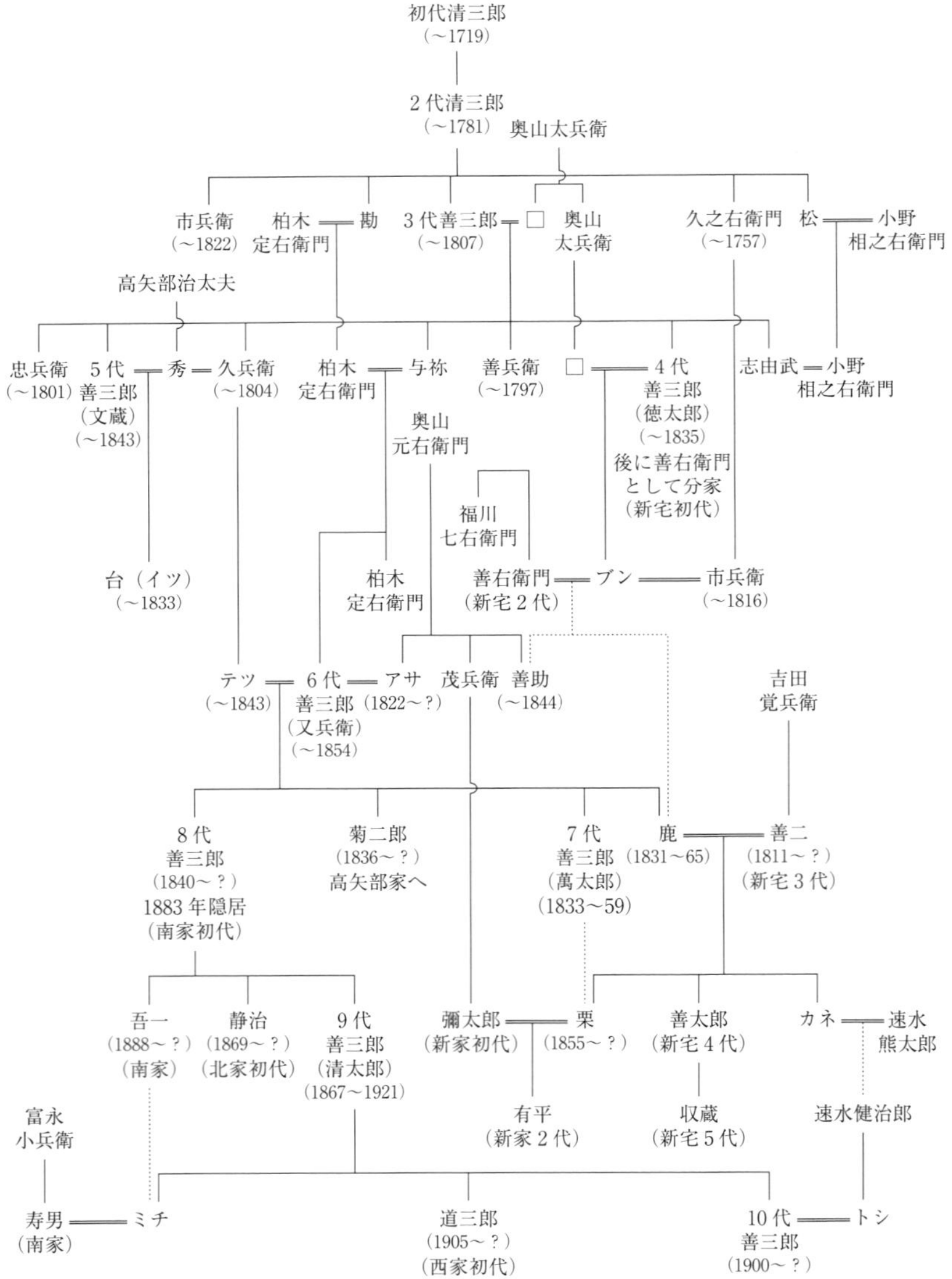

図 6-7　吉田善三郎家主要系図

注：吉田姓については姓を省略。
出所：「吉田善三郎家系図」（吉田家蔵）より作成。

七代善三郎は比較的若く亡くなったが、その前に新宅三代善二の娘を養女にしており、六代善三郎の妻の生家の奥山家から婿養子を迎えてその養女と結婚させて分家（新家）を創出した。新家初代彌太郎は、一八八三（明治一六）年に家督継承した九代善三郎が一七歳と若かったため、その後見となり、新宅四代善太郎と新家初代彌太郎が本家を助け、本家が吉田銀行を設立した際には、吉田善三郎・吉田善太郎・吉田彌太郎が役員となった。近世期に家督継承で苦しんだ吉田家は、近代期に積極的に分家を創出し、新宅・新家に続いて、八代善三郎が一八八三年に九代善三郎に家督を譲った後の隠居家が南家となり、九代善三郎の弟の吾一が南家を継承したと考えられる。九代善三郎は別の弟の静治も分家（北家）させ、一〇代善三郎の弟も分家（西家）を設立し、合わせて五つの分家が形成された。

(3)　鈴木摠兵衛家の事例

名古屋の材木屋（鈴木）摠兵衛家は、近世期から尾張藩御用商人として材木商を営んだが、廃藩置県により藩御用材を扱う特権を失い、近代初頭に経営危機を迎えた(15)。当時の鈴木家当主七代惣兵衛は、六代惣兵衛の長女せきの婿養子として鈴木家を継いだが、この経営危機に際して、材木屋惣兵衛（材惣）店の見習いとして入店した日比野茂三郎を見込んで養子とし、八代目を継がせた。茂三郎は酒造業を営む日比野茂兵衛家の長男であり、日比野家を継ぐ予定の茂三郎を養子として迎えることを七代惣兵衛は同家に頼み込んだ。日比野家は茂三郎の弟の廣吉が継いだが、後に日比野廣吉も兄の八代鈴木摠兵衛の事業を助けた。茂三郎は青木新四郎家の次女のぶと結婚して夫婦養子として鈴木家に入った。そして茂三郎が鈴木家に入った翌年の一八七五（明治八）年に七代惣兵衛は隠居し、茂三郎は二〇歳で八代摠兵衛を継いだ。

八代摠兵衛は、経営改革に着手し、木曽・飛騨の山に投資するとともに経費削減を図り、鈴木家の古参店員を別家として独立させて、グループとして経営危機を乗り切ることにした。そして一九〇〇年に別家を会員とする鈴木家同盟会を結成した。同盟会は、会員相互で資金を出し合って積立金を銀行に預け、鈴木家が積立金の一〇〇分の一五を上乗せして出金し、経営が困難に陥った会員がいた場合は積立金から年五%の低利で貸し付けた。そして、投資した木曾・飛騨からの出材の責任者を実弟の日比野廣吉に任せ、山方の出材事業へも進出した。家督継承では、八代摠兵衛も男子に恵まれず、尾張藩御用達の水野平蔵家から養嗣子として鈴四郎を迎えた。鈴四郎も材摠店に見習いとして入店し、働きぶりを見込んでの婿養子であった。鈴四郎は八代摠兵衛が一九二五(大正一四)年末に亡くなると九代摠兵衛を継いだが、三二(昭和七)年に九代摠兵衛も亡くなり、九代の長男摠一郎が一〇代当主となった。

おわりに

本章の事例から得られる知見をまとめたい。表6-1の分類欄で示したが、本章で取り上げた養子継承事例は、幼子を養子にする事例は少なく、婚姻を伴う成人養子がほとんどであった。廣海惣太郎家の二代は幼子で養子となり、三代も養子になる際に婚姻を伴わなかったが、二代と三代は兄弟で初代の養子となっており、乳児・幼児死亡率が高い時代におけるリスク分散の意味もあった。岡本家の三代目も二名の娘の両方に婿養子を取ったが、長女の婿養子に後継者が育たず、その対応が活きた場合もあった。そして幼児死亡率が高い社会では、幼子を養子に取っても必ず成人するとは限らず、家の継承が保証されるには、成人していることと婚姻を伴うことが必要条件であったと考えられる。特に家格の高い家は、血の継承よりも家の継承が優先されることが多かった。

とはいえ、成人養子は分家創出の場合も多かった。特に醸造家の高梨家の場合は、分家創出が蔵の増設による経営規模の拡大につながったため、各代で一つずつ次三男もしくは婿養子の形で分家創出が行われた。近世期に陸奥国野辺地で酒造業を営んだ野村治三郎家・野坂勘左衛門家はともに、近代初頭に酒造業から味噌醤油醸造業へ多角化する際に、分家を創出して味噌醤油醸造業を行わせた(16)。商家の場合も、図6-4に見られるように阿部家は、四代市郎兵衛が分家市太郎家を創出して家業の麻布取引を手伝わせて以降、後継者が存在しても娘に婿養子を取って分家させて、分家を増やすことが当たり前となり、本分家が共同して新しい会社を設立して経営に携わった。廣海惣太郎家も小売店を新たに開業してそこを分家に任せており、家業の拡大に分家創出が寄与した場合も多かった。そして、阿部家の場合のように分家を多く創出したことが、本家市郎兵衛家の継承が上手くいかなかった際のセーフティネットになって、分家が人材を提供して本家継承に寄与した。

林業家は、林地管理を基本的に地元の山守（監理人）に任せ、分家創出が事業の拡大に寄与する面は少なかった。そのため永田家が安田家に婿養子を、安田家が清水家や坂上家に婿養子を出すなど、養子を供給する側になった。吉田家は近世期に家督継承に苦しんだため、幕末明治期に多くの分家を設立したが、吉田銀行はそれら本分家の共同出資で設立されて本分家が経営者になっており、家業の会社化の際に分家の存在が大きかった。その点は盛田・中埜家の会社設立に典型的に見られ、両家が醸造業に加えて卸商・銀行・製パン業など多方面へ多角化する際に、本分家が分担して諸事業を担った。新事業への展開の際には、養子継承によって新しい高等教育を受けた人物や新しい人脈をもった人物を入れることが重要であり、例えば、阿部市太郎は、同じ近江国出身で慶應義塾を卒業して評判の房次郎を婿養子に迎え、自分が担ってきた金巾製織会社の経営を房次郎に任せた（熊川千代喜［一九四〇］）。廣海二三郎家でも、明治期に慶應義塾で学んだのは分家八平家の幾太郎で、分家を通して新しい知見や人脈を得た。中埜家でも、銀行経営を担った分家の中埜良吉は、慶應義塾出身であり、一九一二（大正元）年に知多商業会議所会頭に就任し、三七（昭和一二）年まで会頭として地元財界を牽引した（中村尚史［二〇一五］四四五～四七四頁）。

ただし、二〇世紀に入り高等教育を受けた経験が資産家階層や経営者階層で当たり前の時代になると、本家継承でも高等教育経験が重視される。廣海二三郎家は、幾太郎の影響もあり後に六代二三郎となる廣海四郎は慶應義塾大学理財科を卒業し、名古屋の材木商服部小十郎家は、六代小十郎が七代を婿養子に迎える際に、一九〇四年に慶應義塾大学理財科を卒業した橋本次郎吉に白羽の矢を立てた（慶應義塾塾監局［一九二四］）。服部小十郎家は鈴木摠兵衛と並ぶ名古屋の有力材木商で、八代服部與一は七代小十郎の実子であったが、與一が婿養子として迎えた九代目も、慶應義塾大学出身者であった。むろん、本家継承を養子に求める際には、高等教育による新しい知見のみでなく、新しい人脈やしがらみのない経営方針に期待する面もある。そのよい事例が鈴木惣兵衛家の八代摠兵衛の継承であろう。八代摠兵衛は夫婦養子であり、妻が養父と血縁ではないため、かなり思い切った経営改革が可能であったと思われる。そして、新しい山方への出材事業の進出は、先代に縁故のある別家ではなく、自分の生家の実弟に任せ、鈴木家にとって新しい人脈で新事業へ展開した。ただし、こうした人脈は地縁・血縁に大きく依拠していた。表6-1に戻って、本家継承のための養子取得先を見ると、小栗家・中埜家・阿部家・廣海惣太郎家・大家家・逸身家の場合は親族であり、岡本家・鈴木家も婿養子が多かったもののいずれも岡本家は地元高岡町かその周辺地域からで、鈴木家は地元名古屋の旧家からであった。分家創出の養子縁組になるとやや出身地域は広がるが、小栗家は同じ知多郡内、高梨家は地元か取引先の江戸、阿部家は滋賀県、吉田家は周辺村落とやはり何らかの地縁が感じられた。冒頭で、中国に比べて日本の養子縁組は範囲が広いことを指摘したが、それでも血縁・地縁による制限範囲は存在したと思われる。

そして最後に、こうした養子継承を動態的に位置付けると、一八世紀後半の飢饉があって人口が減少した時期は、酒造家の経営は苦しく養子継承は本家相続のための防衛的なものになっていたが、一九世紀に入り商品生産が拡大した時期に比較的積極的な分家創出が見られた。とは言え、近世期は乳児死亡率のみでなく青年期でも病死する事例が多く、子供の数が多くても家督継承が安定しない場合が見られた。その意味では、積極的に安定して分家創出が可能になったのは、病弱でもある程度長命になった近代期以降と考えられる。もっとも、幕末・維新期は、新事業へ展開するための分家創出もみられ、特に醬油醸造業は、原料が米でなく大豆・麦・塩のため飢饉の影響を酒造に比べると受けにくく、高梨家のように近世期から安定して分家創出をし得た醤油醸造家も存在した。

本書全体のテーマとの関連では、家族・親族の結合関係は、時代・家業の特徴・地域性などが大きな影響を与えており、事例研究の豊富化とその比較が重要となるであろう。

一次史料

「家史草稿」「家禄」（岡本家文書、高岡市立博物館蔵）
「廣海二三郎家系図」、「[諸資料]」（廣海二三郎家文書B-五五）（以上、橋本（廣海）滋子氏蔵）
「吉田善三郎家系図」（吉田家蔵）

参考文献

石井寛治・中西聡編［二〇〇六］『産業化と商家経営――米穀肥料商廣海家の近世・近代』名古屋大学出版会。

猪野三郎編［一九二七］『大衆人事録（昭和三年版）』帝国秘密探偵社・帝国人事通信社。

大藤修［二〇一二］『近世庶民社会論――生老死・「家」・性差』吉川弘文館。

岡田あおい［二〇〇六］『近世村落社会の家と世帯継承――家族類型の変動と回帰』知泉書館。

北澤満［二〇一四］「大坂鉱業株式会社と永田家」（後掲中西聡編著『近代吉野林業と地域社会』二七九～三一八頁）。

熊川千代喜編著［一九四〇］『阿部房次郎傳』阿部房次郎傳編纂事務所。

黒須里美・落合恵美子［二〇〇二］「人口学的制約と養子」（速水融編著『近代移行期の家族と歴史』ミネルヴァ書房）一二七～一六〇頁。

慶應義塾塾監局［一九二四］『慶應義塾塾員名簿』慶應義塾塾監局（国立国会図書館蔵）。

公益財団法人高梨本家監修・井奥成彦・中西聡編著［二〇一六］『醤油醸造業と地域の工業化――高梨兵左衛門家の研究』慶應義塾大学出版会。

国文学研究資料館史料館編［一九九三］『尾張国知多郡半田村中埜半左衛門家文書目録』（史料館所蔵資料目録第五八集）国文学

研究資料館史料館。

材惣３３０年史編さん委員会編［二〇二〇］『材惣３３０年史（本文編）』材惣ＤＭＢホールディングス株式会社。

財団法人鈴渓学術財団編［一九八三・八四］『盛田家文書目録』上下巻、財団法人鈴渓学術財団。

坂根嘉弘［二〇一一］『〈家と村〉日本伝統社会と経済発展』農山漁村文化協会。

商業興信所編［一九二六］『日本全国諸会社役員録（大正一五年版）』商業興信所（国立国会図書館蔵）。

人事興信所編［一九一五］『人事興信録（第四版）』人事興信所（国立国会図書館蔵）。

人事興信所編［一九二八］『人事興信録（第八版）』人事興信所（国立国会図書館蔵）。

竹内利美［一九六九］『家族慣行と家制度』恒星社厚生閣。

戸石七生［二〇一七］『むらと家を守った江戸時代の人びと——人口減少地域の養子制度と百姓株式』農山漁村文化協会。

中根千枝［一九七〇］『家族の構造——社会人類学的分析』東京大学出版会。

中西聡［二〇一九］『資産家資本主義の生成——近代日本の資本市場と金融』慶應義塾大学出版会。

——［二〇二〇］「北前船主系汽船船主の多角的経営展開」（『三田学会雑誌』第一一三巻第二号）一三〜九三頁。

——［二〇二一］「明治期日本における流通構造の変容と海運業者」（『企業家研究』第一八号）四三〜六七頁。

——［二〇二二］「近代日本における三重県南部地域の林業経営」（『経営史学』第五七巻第一号）三〜二五頁。

中西聡編著［二〇二四］『近代吉野林業と地域社会——廣瀬屋永田家の事業展開』日本経済評論社。

中西聡・井奥成彦編著［二〇一五］『近代日本の地方事業家——萬三商店小栗家と地域の工業化』日本経済評論社。

中西聡・二谷智子［二〇一八］『近代日本の消費と生活世界』吉川弘文館。

中村尚史［二〇一五］「知多鉄道の設立と知多商業会議所」（前掲中西・井奥編著『近代日本の地方事業家』四四五〜四七四頁）。

長谷部弘・高橋基泰・山内太編［二〇二二］『近世日本における市場経済化と共同性——近世上田領上塩尻村の総合研究Ⅱ』刀水書房。

服部由美［二〇二〇］『服部産業株式会社とその前身橋町板屋の３００年の歩み——板屋与三治や服部小十郎の足跡を求めて』東京図書出版。

東近江市史能登川の歴史編集委員会編［二〇一四］『東近江市史 能登川の歴史』第三巻近代・現代編、滋賀県東近江市。

平井晶子［二〇〇八］『日本の家族とライフコース――「家」生成の歴史社会学』ミネルヴァ書房。

二谷智子［二〇〇三］「商人ネットワークと地域社会」（武田晴人編『地域の社会経済史――産業化と地域社会のダイナミズム』有斐閣）三〇三～三四二頁。

――［二〇一五］「家業の継承と地域社会への貢献」（前掲中西・井奥編著『近代日本の地方事業家』）一二三～一六二頁。

二谷智子・中西聡［二〇一五］「近世・近代初頭の醸造経営」（中西・井奥編著『近代日本の地方事業家』）二〇五～二四四頁。

ミツカングループ創業二〇〇周年記念誌編纂委員会編［二〇〇四］『ＭＡＴＡＺＡＥＭＯＮ 七人の又左衛門 新訂版』株式会社ミツカングループ本社。

由井常彦・浅野俊光編［一九八八］『日本全国諸会社役員録』第五巻、柏書房。

由井常彦・浅野俊光編［一九八八］『日本全国諸会社役員録』第八巻、柏書房。

由井常彦・浅野俊光編［一九八九］『日本全国諸会社役員録』第一五巻、柏書房。

米村千代［一九九九］『「家」の存続戦略――歴史社会学的考察』勁草書房。

注

（1）小栗三郎兵衛家については、二谷・中西［二〇一五］二〇五～二四四頁を参照。

（2）以下の記述は、二谷［二〇一五］一二三～一六二頁を参照。

（3）中埜家と盛田家については、ミツカングループ創業二〇〇周年記念誌編纂委員会編［二〇〇四］を参照。中埜家は、近世期から一八八〇年代中頃までは「中野」を姓とし、一八八〇年代後半から「中埜」姓を称するが、本章では「中埜」姓で揃えて記した。

（4）高梨家については、高梨本家監修・井奥・中西編著［二〇一六］を参照。

（5）阿部市太郎家については、中西・二谷［二〇一八］、熊川編著［一九四〇］、および東近江市史能登川の歴史編集委員会編［二〇一四］を参照。

（6）廣海惣太郎家については、石井・中西編［二〇〇六］を参照。
（7）廣海二三郎家については、中西［二〇二〇］一三～九三頁を参照。
（8）人事興信所編［一九一五］、猪野編［一九二七］を参照。
（9）岡本家については、二谷［二〇〇三］三〇三～三四二頁を参照。
（10）以下の記述は、「家史草稿」「家禄」（岡本家文書、高岡市立博物館蔵）を参照。
（11）前掲「家禄」および二谷［二〇〇三］を参照。
（12）永田家と安田家については、中西編著［二〇二四］を参照。
（13）大阪鉱業会社については、北澤［二〇二四］二七九～三一八頁を参照。
（14）吉田善三郎家については、中西［二〇二二］三～三五頁を参照。
（15）鈴木摠兵衛家については、材惣３３０年史編さん委員会編［二〇二〇］を参照。
（16）野村治三郎家については、中西［二〇一九］第九章を、野坂勘左衛門家については、中西［二〇二一］四三～六七頁を参照。
（17）服部小十郎家については、服部［二〇二〇］を参照。

付記　本章作成にあたり、小栗家の皆様、小原祐樹様、髙梨家の皆様、阿部俊樹様、廣海健様、橋本（廣海）滋子様、岡本家の皆様、高岡市立博物館、永田家の皆様、安田家の皆様、逸身喜一郎様、吉田家の皆様、鈴木家の皆様、雨宮万里子様に、史料閲覧や系図の確認などで大変お世話になりました。末尾ながら心より感謝申し上げます。

コラム　ラテンアメリカの連帯経済に見る社会関係——ＣＯＰＡＶＩの事例

佐野聖香

はじめに

ラテンアメリカの歴史を紐解いていくと、闘争と抵抗運動が繰り返し起こっている。ヨーロッパ諸国による植民地支配に端を発する歴史的に構築された社会の不平等性に対する抵抗をはじめ、差別や社会的排除によって権利を奪われてきた当事者らを中心に様々な社会運動が展開されてきた。債務危機やインフレーションに苦しんだ二〇世紀後半にはコミュニティや地域社会を基盤とし、貧困者の生存戦略のための様々な相互扶助の実践も行われてきた。こうした多くの活動は、コミュニティやアソシエーション等が、主体的に相互扶助的に行っており、連帯経済（economia solidária）を彷彿させる動きであった。

さらに、二一世紀に入ると、ラテンアメリカ諸国では市場を重視する新自由主義への反発から、社会政策に力をいれる左派政権がブラジル、ベネズエラ、ボリビア等で台頭し、左派政権下の国々では連帯経済を支援するための制度や仕組みが整備され、連帯経済への注目が高まってきた。

1 ラテンアメリカの連帯経済

幡谷則子はL・ラセット（Luis Razeto Migliaro）の「連帯経済論」をもとに、ラテンアメリカの連帯経済を以下のようにまとめている。これまで「連帯」という概念は、二つの場面で使用されてきた。一つは、労働者運動が実践する社会的闘争における中心概念としての連帯である。これは共通の目的、理由、あるいは共有の利害、互助を意味し、ある集団や組織がその他の集団や組織と連携して行う社会的政治的闘争に際して利用される。もう一つはキリスト教思想における概念としての連帯であり、ここでは友愛と同義ないし代替的なものとして用いられてきた。特に、キリスト教の社会的教義の連帯では、単に他者を思う気持ちではなく、個人的にまたは集団的に他者の責任を互いに引き受ける、いわゆる公正なる社会的秩序の形成を目指す倫理的内容の意味合いが含まれている（幡谷［二〇一九］二九〜三〇頁）。

したがって、ここでいう連帯は、助け合いの契機を内包している社会関係であり、社会の結束を保障するもの、連帯を生みだす母体ないし基盤となる社会関係を指していると考えられる。さらに、こうしたキリスト教の社会的教義における倫理的意味としての連帯は、貧困者に対する救済の方法としてラテンアメリカの一般社会に広く受け入れられてきた。

だがこのキリスト教の社会的教義の連帯では、経済的不平等が発生した時に補完するものが連帯であり、連帯経済といった概念までつながっていなかった。これに対しラセットは、労働、資本、技術、管理というような資本主義における生産要素と同じように「連帯の経済」における経済的要素として、協力（la cooperación）、協働（colaboración）、コミュニケーション（cominicación）、コミュニティ（comunidad）、共有（compatir）等多くのCで始まる言葉が生産の場に関連しており、これらの要素が高まることで経済的連帯の作用を高めることになると考えた（幡谷［二〇一九］三一～三二頁）。

例えば、価値観等の共有されたコミュニティ等で生産活動を協働で行うことで心理的インセンティブが働き、より生産的な活動が行われることなどがあげられている。ここで重要なことの一つとして、連帯経済の実践の単位はコミュニティやアソシエーションといった社会組織の集合体であるということである。そこでは、ある集団を形成する人々の間で水平的な関係が築かれ、そこに参加する人々が平等の条件にある（幡谷［二〇一九］二八頁）。

このように連帯経済では、何らかの日常関係性を持つ場を共有する人々が、生存または経済的な緊急のニーズを抱え、それらに対し思想的・価値論的な動機をもって取り組む集合的主体として組織化されていることになる。そこで、次に連帯経済を担う組織やアクターがどのような関係性にあるのかをブラジルを事例にして検討していく。

2　ブラジルでの連帯経済の動き

ブラジルでも、他のラテンアメリカの諸国と同様に、連帯経済にかかわる萌芽的な動きが二〇世紀の後半に起こっている。一つは、カトリック教会とりわけ解放の神学[1]によるコミュニティ支援活動である。彼らは、零細農民への技術や販路拡大支援などをするコミュニティプロジェクトを実施している（小池洋一［二〇二二］一五五頁）。また、それ以外にも協同組合、倒産した企業の労働者を引き受けて経営する回復企業、コミュニティバンク等の多様な組織が、生存戦略として様々な実践が行われてきた。

そして二〇〇〇年代に入ると市場主義やグローバリズムへの抵抗運動と結びつき、左派政権のルーラ政権の下で、連帯経済にかかわる制度設計が行われた。二〇〇三年に連邦政府のＭＴＥ（Ministério do Trabalho e Emprego：労働雇用省）にSENAES（Secretaria Nacional de Economia Solidária：国家連帯経済局）が設立され、その後各州・市町村レベルでも連帯経済を担当する部署が設立された。また、二〇〇三年にはブラジル国内の連帯経済運動のネットワークとしてFBES（Fórum Brasileiro de Economia Solidária：ブラジル経済フォーラム）も発足している。こうしたことにより、ブラジルでは連帯経済への取り組みが単なる社会運動の一つとしてではなく、国家政策の一環として捉えるようになってきたのである。このブラジルの連帯経済に深くかかわっているのがP・シンジェル（Paul Singer）である(2)。シンジェルはSENAESの長として連帯経済支援のための制度を整備してきた。SENAESは、連帯経済を既存の経済システム、とりわけ市場経済とは異なる方法で、生存のために生産、販売、購入、消費、そして交換する経済行為であるとしている。「異なる方法」とは、他者から搾取せず、自らの行動に利益を求めず、環境を破壊しない経済活動である。小池洋一によれば、こうしたブラジルでの取り組みの拡大は、ブラジルが既存の国家主義、市場主義に代わるオルタナティブな開発への挑戦であり、その一つの形態が連帯経済への取り組みであるとしている。連帯経済は市場経済が本質的にもつ欠陥を補完するだけでなく、資本主義における生産関係・社会関係を揚棄する契機をはらんでいるとしている（小池［二〇一四］三三頁）。

連帯経済の実態を把握してきたSIES（Sistema de Informação de Economia Solidária：連帯経済情報システム）によれば、二〇〇九年から二〇一三年にかけて実施した調査では連帯経済事業体として全国で一万九七〇八体の組織、約一四二万人の人々が参加している。組織の多くは、二〇人以下の小規模組織が四割近くを占め、アソシエーションや協同組合といった形態が多いとしている（小池［二〇一九］二三九〜二四〇頁）。

3　農業協同組合による連帯経済——COPAVIの事例

協同組合は、ブラジルでみられる代表的な連帯経済の形態となっている。特に、一九八八年憲法で、農業生産に貢献せず非生産的に利用されている土地を農地改革のために接収し（第一八四条）、それを生産的に利用することが規定された。これを契機に、土地なし農民運動（MST運動：Movemento Sem Terra）は、生産的に利用されていない土地（農地）を集団的に占拠し、農地を再分配し、小規模農家からなるコミュニティで農地を生産的に利用することでその土地の占有権を得る運動を展開した。ブラジルでは、同時期に農地改革や合理的な占有に対しては、土地なし農民や小規模農家らのコミュニティに土地が譲渡されてきた。そのためMST運動を基盤としたいくつもの農業協同組合が設立されてきた。

そうした運動の中で設立されたのがCOPAVI（Cooperativa de Produção Agropecuaria Vitória）である。[3] 同組合は、一九九三年にブラジル南部パラナ州のパラナシティーに設立された。COPAVIでは、約二二家族が定住地（Santa Maria）で共同生活・協働作業を行いながら、約二五七ヘクタールの農場を構え、サトウキビ、野菜、果樹、乳牛・豚・家禽などの生産を行い、サトウキビ精製施設・パン工房などを整備している。設立当初は、乳牛生産と野菜・果物生産を中心に行っていたものの、現在はサトウキビ蒸留酒を輸出できるまでに成長している。また当初は、野菜・果物は近隣の最大都市であるマリンガ市で開催される市場などで商品を提供していたものの、現在はPNAE（Programa Nacional de Alimentação Escolar：学校給食国家プログラム）と連携し、学校給食への提供が主となっている。パン製造・製品の九〇％（残りは消費者への直接販売）、野菜・果物は生産量の約半分（残りはレストランや消費者への直接販売）、牛乳の生産量の約二〇％（地元市場・パン工房で四〇％、消費者への直接販売が四〇％）がPNAEに提供されている。そして、現在収入の半分近くを占めているサトウキビ蒸留酒も、有機栽培認証を受けフランスなどに輸出している。

COPAVIでは設立当初は資金調達をしていた時期もあったが、現在では新たな資金調達に頼らず自己資金での経営が行われている。余剰金の配分についても、当初は均等割りをしていたものの、現在は組合員の労働時間と労働生産性を考慮して三五％が配分され、四五％が組合の次年度投資、二〇％が利益準備金に割り振られている。二〇〇〇年以降は、継続的に組合員への配分なども行っており、協同組合の財政も安定化している。またカトリック教会をはじめ、大学・その他の公的機関や地元住民との関係なども強い。COPAVIの事例では、これまでの伝統的な協同組合に比べると売り上げ規模・組合員数も少ないが、女性の参加比率は一〇〇％と高く、労働時間のフレキシブル性も有している。

そしてCOPAVIの最大の特徴は、組合員による協働作業を導入する中で、対話的かつ連続的に議論をする場、あるいは価値観を共有する場を提供していることである。COPAVIではすべての組合員が、生産・協働活動に関連する部門に配置され、一週間あたり約四四時間（月曜日から土曜日）の労働時間が割り当てられている。COPAVIでは、従来の協同組合のような総会を通じての役員の選出など民主的な意思決定を行うこともしているが、組合員が朝食・昼食をコミュニティキッチンで食し、朝食ではその日の農作業をはじめとする生産活動を確認し、改善が必要な場合（例えば他作業者が必要などの場合）はその場で他作業者を決定する。昼食時間を共有することで、コミュニティ内の結束を維持している。こうしたコミュニケーションは、コミュニティ内における問題認識を日常的にすべての組合員で把握する場となっており、日常的なコミュニケーションの中で、継続的かつ反復的な価値観の共有へとつながっている。

すなわち、MST運動を通じて形成されてきたCOPAVIは、組合員の生活向上を図るというのもあるが、何よりもコミュニティ内における価値観を共有する中で、より幅広い公益、具体的には環境配慮・貧困削減・社会的弱者への支援などを追求している。そうした点は、サトウキビ蒸留酒でのアグロエコロジーへの取り組み、野菜・パンなどをＰＮＡＥへ提供するといったことに現れている。このように、彼らは価格よりも社会的価値を重視する傾向にあり、そうした価値観は協働作業やコミュニティ内における教育機会（勉強会など）によって育まれている。

おわりに

ＭＳＴ運動を基盤としたＣＯＰＡＶＩのような協同組合では、共通の価値観が共有されていることにより、個の利益や富の追求が第一義的にならない。しかしながら、その一方でコミュニティ以外のアクターとの関係では排外主義的な姿勢、共同体主義に陥る可能性もあるが、ＣＯＰＡＶＩの場合は地元住民、教会、大学など様々な組織と連携することで、その活動をより広めていることからもそうした悪循環に陥っていないと考えられる。これは、一つに、現在の連帯経済は、思想的・価値論的な動機がありながらも単純な二極的な思想から脱し、内部からの刺激のみならず、多種多様なより広い公的な領域で組織化できる方向に動いていると考えられる。彼らの生活向上の手段の一つとして協同組合活動が位置づきながらも、彼らにおいてはより幅広い公益を追求する社会運動の一環なのである。

今日の社会は、必ずしも国家と市場の相乗効果が完璧に機能し、労働と社会保障とを相互に結合させるものとはなっていない。すなわち市場経済のみでは雇用や所得を保障することが困難な中で、そうした欠損部分を補完する活動の一部を担うことができるのがこうした連帯経済の動きであるといえる。

参考文献

小池洋一［二〇一四］『社会自由主義国家――ブラジルの「第三の道」』新評論。

――［二〇一九］「ブラジルの労働者協同組合――市場経済のオルタナティブになり得るか」（幡谷則子編『ラテンアメリカの連帯経済――コモン・グッドの再生をめざして』上智大学出版）二三五～二六六頁。

――［二〇二二］「もう一つの経済を求めて――パウル・シンジェルの連帯経済論」（小池洋一・子安昭子・田村梨花編『ブラジルの社会思想――人間性と共生の知を求めて』現代企画室）二四九～二六八頁。

佐野聖香［二〇一七］「ブラジルの農業協同組合の新たな展開――ＣＯＰＡＶＩの事例」（『立命館経済学』第六五巻第六号）一三一～一四一頁。

幡谷則子［二〇一九］「ラテンアメリカにおける連帯経済とは」（前掲同編『ラテンアメリカの連帯経済』上智大学出版）二五～六三頁。

注

（１）解放の神学はラテンアメリカで起こった宗教改革の一つである。

（２）シンジェルの思想とブラジルの連帯経済については小池洋一が詳細に論じている（小池［二〇二二］）。

（３）本事例は二〇一六年に実施した現地調査によるものである。

終章　総　括

坂口正彦・飯田恭・河野正

1　日本・中国・台湾の農村比較から

本書の第I部では、まず日本・中国・台湾における農村の「結合関係」を、重層的に、そして動態的に考察したが、その結果、これまでの日中村落比較史の認識枠組みに対して、どのようなことが言えるであろうか。

第一章（坂口正彦論文）では、一九〇〇～三〇年代の滋賀県神崎郡五峰村佐生村落を事例に、これまで中国農村社会との比較で指摘されてきた日本村落の特質を再検討した。かつて戒能通孝は、中国には見られぬ日本村落の特質として「高持本百姓意識」があると述べ、その重要な要素として村落の有力者が同じ村落に住む貧困者を救済する役割を果たす点を挙げた（戒能通孝［一九四三］一五四、一五八、一五九頁）。この指摘を受けて本章では、日本村落における貧困者救済が、誰によって、いかなる範囲で、なにゆえなされるものであったのかを一九〇〇～三〇年代の滋賀県神崎郡五峰村佐生村落を事例に検討した。まず、佐生村落では「一戸前」以上の有力な家々が合議で村落を運営していた点、またその村落の合議で定められる小作料減免において小作人（「一戸前」に満たない）が議論に参加できなかった点で、この村の態様は「高持本百姓意識」を体現していたと言える。貧困者救済は、具体的には村落の組織

（佐生区長事務所）が、村落内小作人に肥料資金の低利貸付、共同購入、困窮時の米の無利子貸付を実施しており、小作人は積極的にこの事業を利用していた。この意味で地主は村落を単位として小作人の保護・救済をはかっていた。ただし、小作米滞納には地主が個別的に対応している。そこで貧困者が同じ村落に住む地主に対して負債（小作米滞納や借金）がある場合の地主の対応について検討した。その結果、同じ村落に住むという理由だけでは負債は見逃されなかった。地主の親族である、または基幹労働力が老齢者であるという条件が加わってはじめて、地主は滞納や借金を見逃した。村落を単位とした貧困者救済機能はたしかに存在するものの、それには同時に限界もあったのだ。

また、村落が貧困者救済事業を行ったのは、村落を構成する家々が濃密かつ強固な関係を維持していたからでは必ずしもないこともわかった。佐生村落の事例では、むしろ家々の「結合関係」の希薄さを村落が補完する側面が見られた。すなわち商人地主層が村落の大勢を占めていたこの村では、商人地主の家と小作人層の家々との関係がむしろ希薄になっていたため、商人地主が個々に対応するのではなく村落がまとめて管理する必要があったのである。つまり、近代日本村落の家々の関係は濃密であり、それゆえ村落レベルの結合も自然と強固になるとの見方は相対化して捉える必要がある。

それでは、有力者によって運営される村落組織は、いつまで続いたのであろうか。先行研究は両大戦間期において「高持本百姓意識」が変化する姿を示している。すなわち、地主小作関係の緊張化を受けて、村落のなかで地主と小作人が対等に小作料減免などを協議する体制が成立する事例を明らかにしている（坂根嘉弘［一九九〇］六一～九九頁、庄司俊作［一九九一］七五～一九二頁、森武麿［二〇〇五］二九六～二九九頁）。それに対して佐生村落では、両大戦間期においてもこうした体制が成立せず、「高持本百姓意識」にもとづく村落運営（なかでも地主小作関係の管理）が戦後農地改革まで継続していた。

さらに第一章では、日本農村と異なり中国農村では貨幣を介した「合理的打算性」にもとづく行動が見られるとの福武直の比較史像を検討するため（福武直［一九五二］四九七頁）、有償労働か無償労働かという点に注意を払いながら、労働をめぐる人々の「結合関係」を探った。その結果、無償労働と想定されがちな葬儀手伝い、屋根葺きの助力、「むら仕事」にさえも有償労働の側面が存在した。つまり、たしかに「むら仕事」という村落を単位とした共同労働が定期的に存在すること自体が中国の村と比較した場合の日本農村の特徴であるとは言えるものの、相互扶助の典型たる「むら仕事」（水路整備）や葬儀手伝いには、貨幣を媒介とした「結合関係」が生じる場合があったのである。

議論を戦後日本に移そう。村落の運営において、有力者のみならずより多くの人々が合意形成の輪のなかに参加していく様を示したのが、第四章（相川陽一論文）である。この論文では、島根県弥栄地域を事例として、高度経済成長期の過疎化から人口減少社会に至る過程のなかで、いかなる「結合関係」が構築され、地域が運営されたのかが検討された。そしてこの地域では、一九七〇年代以降に来村した移住者（コミューンの担い手）と地元住民との協働が成立するなど、むしろ移住者が地域運営の核となっていったことが明らかとなった。ここでは一九六〇年代以前から「よそもの」が多く、たたら製鉄や木炭製造を生業とするため社会が流動的であり、一九六〇年代の過疎化では約三割の人口が流出していた。このような前提の上で、移住者と地元住民の協働が実現したのである。地元住民と移住者は、「葛藤を経て、時間をかけて」、「結合関係」を構築していった。その際、移住者は①「地域経済の牽引役」、②「地域内外の諸主体のつなぎ役」となったほか、③「「帰農」促進の先駆者として事業活動と村内における公益活動の双方に寄与」する役割を果たした。移住者は、広義には①②③、狭義には③を通して村落機能の維持・発展に貢献したのである。

以上の調査結果を受けて相川論文は次のように指摘する。「村落内外の相互扶助関係と「結合関係」はやがて消えゆくもの、という前提で村落社会を捉えることには留保が必要ではないか」、現代「においても、弥栄ではいくつもの「結合関係」が存在しており、住民間の「結合関係」は発生と消滅を繰り返し、アクターの退出や登場の中で、それらは単線的な歴史像として捉えることができない」と。序章で述べたように現代日本農村分析では、「新たな社会編成」が現れてくる局面において「個々の単位が取り結ぶ関係」に注目することの重要性がすでに共有されている（秋津元輝［一九九八］二四、三八頁）。相川論文の新しさは、「過疎の激甚地」を対象として、人々の「結合関係」の「発生と消滅」の「繰り返し」を第二次世界大戦後から現在というタイムスパンで歴史的に捉えたことにある。

第一章（坂口論文）と第四章（相川論文）を合わせてみると、近現代日本の歴史において、村落内の家々の関係が固定的かつ濃密であったがゆえに、村落という枠組みが維持されたというわけでは必ずしもない、と言える。まず、明治後期から昭和戦前の滋賀県村落を対象とした坂口論文からは、家々の「結合関係」の希薄さを村落が補完する面があったことがわかった。ここでは、村落の大勢を占める商人地主層と小作人の関係は、流動的なものとなっていた。商人地主・田附家と関係する村落住民が小作人から日雇に、村落外住民が日雇から小作人に変化する態様がそのことをよく示している。この地主の家と小作の家の「結合関係」の弛緩を補うために、村落が重要な役割を果たしたのである。続く第二次世界大戦後の時期を対象とした相川論文は、一九六〇年代過疎化以後の山間村落において、人々の「関係」が、村外からの移住者をも含めて、あるいは村外からの移住者が中心となって結び直される過程を明らかにした。つまり、村落内の家々ないしメンバーが様々に入れ替わるなかで、村落という枠組みは、消滅せずに維持されてきたのである。

それでは、本書の論考から、中国や台湾の農村については、どのようなことが言えるのであろうか。

第二章（河野正論文）は、一九四九年～五〇年代の中国華北農村を対象とし、ここでは従来議論されてきたように、たしかに日本に見られたような村落の強固な枠組みが存在したわけではなかったが、村落という枠組みの意義が超歴史的に小さかったわけではない、という点を明らかにした。まず土地改革の過程で、限られた土地や財産を分配する必要に迫られるなかで、「ヨソモノ」が「発見」され、「村民」にのみ土地分配がなされるという傾向が見られるようになった。これにより村落という枠組みが顕在化した。だが初級農業生産合作社が設立され、その規模が拡大すると、「生産隊の耕作区」を基礎とした、村落よりも小さなまとまりによる結びつきが強まった。これは近隣や血縁など、旧来の結びつきの単位と重なるものでもあった。しかしその後、高級農業生産合作社の設立にともない合作社の大規模化が進められると、各地で組織の分割要求がおこり、複数の地域において村落の範囲での集団化が進められることとなった。すなわち村落という枠が再び顕在化してきたのである。

序章で見たように、現代中国農村について、田原史起は次のように述べている。「バラバラ（原子）でありながら時として『つながり』（関係）、『まとまる』（団結）こともできる中国農民のあり方は、どれか一つの状態が真実であるというよりは、動態的な社会相というべきである。これら三つの社会相は原子→関係→団結→原子……のように、時々の局面に応じ循環的に立ち現れると考えた方がよい」と（田原［二〇一九］三七頁）。このような動態は、さしあたり現在の中国農村社会について指摘されたものであるが、河野論文はそれをより長期の歴史のなかに見出した。すなわち、中国華北農村は「普遍的に結びつきが弱い地域なのではなく、時に応じて様々なレベルで結合し、そして時として結合しない社会である」と捉え、一九五〇年代後半の中国華北に、「様々な結びつきが村という範囲に収斂」していく局面を見出したのである。

このように一九五〇年代以降の華北農村は、時に村落を単位に、時に近隣や血縁を単位にと、結びつきの範囲が柔軟に変わるのであり、村落を単位とした固定的な「高持本百姓意識」が中国華北において顕在化したとまでは言えない。たとえば村の有力者による貧困救済については、明清史などの文脈では郷紳による救済や慈善事業などの存在が指摘されている（岸本美緒［二〇一二］一〇六頁）。しかし本書で見た人民共和国の時期においては、そのような例はあまり見られない。とりわけ華北地域ではいわゆる大規模地主は一般的ではなく、十分な救済能力を持つものは多くない。そもそも郷紳など有力者による貧困救済には、地域差があると言えるだろう。

また一九五〇年代の華北農村では、第一章で見た近代日本の佐生村落のように村落を単位として小作料減免がなされる事例も確認できない。しかし、中国華北では災害などで収穫が減った際、地主が個別に小作料減免に応じている（中国農村慣行調査刊行会編［一九五五］一六二頁）。加えて、何らかの事情で小作料が滞った場合、地主は理屈の上では小作地を引き上げることができたが、実際には回収しない例や、小作料の支払いに猶予を与える例も見られた（中国農村慣行調査刊行会編［一九五二］一三頁）。このように「高持本百姓意識」なき状況でも、地主・小作間で個別的に小作料減免に応じる場合があったことは、華北村落における「結合関係」の在り方を示すものと言える。一方、近代日本の佐生村落では、たしかに村落を単位とした小作料減免が存在したものの、地主・小作間の個別的な関係のなかでは、小作料滞納を含む貧困者の債務不履行が大目に見られぬ局面があったことは重要である。

第三章（前野清太朗論文）は、植民地期（一九世紀後半）から現代の台湾農村を事例として、次のことを示した。まず、台湾農村では親族や「祭祀圏」（宗教的結合）が農村末端における基礎的な集団とみなされてきたが、その実態は日本の村落のように恒常的かつ組織的な活動を行う集団ではなかった。こうしたなか、農村末端における政策の受け皿となったのは、一九四六年以降は村里であったが、村里といえども独自の予算を持った自治体ではなく、恒常的かつ組織的な活動を行ったわけではなかった。つまり村里は、公選制の村里長（リーダー）が外部との政治的「関係」を築くことにより、地域に対する利益誘導を行う単位として機能してきたのである。近代日本では、村落を基盤としつつ、新たに行政村を範囲とした「地域的公共関係」が作られ、そこで新たな事業が恒常的かつ組織的に展開されていく過程が明らかとなっている（大石嘉一郎・西田美昭編著［一九九一］）。一方、台湾農村の末端における「地域的公共関係」とは、恒常的かつ組織的な活動によって生み出されたものではなく、選挙、陳情、利益誘導に特化した、その意味で政治的な関係であったと言えるのである。

以上から一九五〇年代の中国華北農村を見ると、たしかに日本ほど村落の枠組みの意義は大きくないものの、村落を枠組みとした「結合関係」が超歴史的に弱いというわけでは決してないことがわかる。一方、台湾農村には、日本や中国華北農村とも異なる固有の歩みが存在することが判明した。

2　より広い世界からの照射を通じて

本書の第Ⅱ部では、より広い世界との比較のなかで日中農村の特質を考察するという作業を行った。

第五章（飯田恭論文）では、近世プロイセンの農村社会との比較で、近世の日本と中国の農村社会の特質を考察した。第一章（坂口論文）に示された通り、戒能通孝は、「高持本百姓意識」をもった村落のエリート層を日本の村落に見出し、中国にはそれが無いとしているが、その際、日本を独逸（ないし西欧）の農村社会と類似のものと捉えている（戒能［一九四三］一五八、一六〇頁）。この意識をもつ「高持本百姓」そのものは、まさしく近世に成立したものであったため、近世農村の比較考察はこの問題を考える上で有意義だと言えるだろう。たしかに農場不分割や土地財産の一体性を基礎に、近世のプロイセンと日本ではともに村落エリート層が形成されたが、その農村社会における位置や役割には大きな違いがあった。そしてその違いは、ヨーロッパと東アジアの農業・農村構造の差に由来する面が大きく、それゆえむしろ日本と中国の間の共通性を浮き彫りにするものでもあった。

そもそも日本とプロイセンの農村における階層性（土地所有構造）には大きな違いがあった。プロイセンの農民農場では、大規模な農地の資本集約的経営が行われ、多数の家畜が投入される一方、労働力の意義は相対的に低かった。また個々の農場の処分権が最終的に領主に存するなかで、領主は、農場の分割相続を厳しく禁じて農場の数を一定に保ち、農民たちが市場を介して土地を融通し合うことも許さなかった。その結果、農場の非相続人は、他の農場に婚入する機会を得られぬ限り、土地なしの小屋住層となり、各種の日雇い労働、手工業、兵役などに従事することとなった。こうして、一八世紀ともなると、分厚い土地なし層が形成されるに至ったのである。このような農場保有者と土地なし層への鋭い階級分化は、農場不分割が定められたドイツ諸邦において一般的に見られた現象であった（Wunder, Heide［1996］pp. 82-84）。一方、日本や中国では、農業の労働集約性と自由な農民的土地市場（ないし土地所有の開放性）を基礎としつつ、農村の人々の大半が何らかの形で農地を所有したり、借り受けたりすることができた。たしかに日本の農家では、中国のように土地財産の均分相続が行われず、土地財産の単独相続が広く行われてはいたが、農業が労働集約的であったために、土地の細分や貸借を通じて、比較的多くの人々に土地を融通することが可能であった。つまり余裕のある農家では土地財産の分割による分家が行われたし、またそうでない場合にも、家族サイクルに合わせて借地の増減を行ったり、分家させるのに小作地を借り入れたりすることも可能であった。そのため、土地財産を継承しない傍系子孫も、様々な形で土地を割り当てられ、容易にプロレタリアにはならなかったのだ。

以上のような土地所有構造を前提に、近世日本では、できるだけ個々の農家が永続的に土地との結びつきを維持できるような配慮がなされた。その際、村請制の枠組みのなかで、有力農民が村落内の困窮者が年貢を滞納した場合にそれを立て替えてやるような慣行が形成された（坂根［二〇二四］三〇頁）。また、個々の農家ができるだけそのまま存続できるようにするため、無年季的質地請戻慣行を通じて、困窮農家がいったん質流れとなった土地を取り戻すことができるようにし、また請戻しが不可能な場合でも元の土地を直小作できるよう配慮された（白川部達夫［一九九四］一九～五六頁）。こうして村落の中で有力農民が小前百姓を救済する体制ができていったのである。ここに「高持本百姓意識」が育まれていったということができるであろう。

一方、プロイセンでは、農場保有者に関する限り、そのような村落内での助け合い（困窮者の救済）は、農家を個別かつ密接に支配する領主によって、ほぼ排除されていた。農場の処分権を保有した領主は、困窮した個々の農民に農場からの立退き（ないし農場の譲渡）を命じ、封建地代の負担能力のある「有能な」後任を新たに採用したのである。

その際、村落内で農民は単層ないし複層に編成され、同一階層（フーフェ数）の農民は、同じ条件で農場を貸与されているがゆえに、常に領主によって互いに比較されることとなった。同じ階層の隣人がおおむね有能な経営を維持しているなかで自分だけ経営難に陥ったり、また同じ階層の隣人が地代・賦役の義務を履行できているのに自分だけ履行できなくなるなどした場合には、個別に立退き処分を受けざるを得なかった。また隣人たちにとっては、農場に空きが出ることは、自分の家の農場非相続人に農場を獲得させるチャンスを意味したため、村落内にはむしろ競合関係が存在したとさえ言える。

こうしてプロイセンの農民農場は、「有能な」人材によってのみその保有が許されたため、救貧の対象は基本的には土地をもたない小屋住層になった。そして小屋住層は、自由な移動を認められ、実際に高い移動性を示す階層であったために、領邦国家がその救貧を司る必要が出てきた。神聖ローマ帝国内の諸領邦では、救貧は一四九七年以来、各ゲマインデ（村落や都市）の役割であるとされていた。だが、一八世紀には、人口増加とそれにともなう浮浪者の増加により、ゲマインデだけではそれに対処できなくなり、領邦国家が救貧院や強制作業所などを建設することとなった。国家による救貧事業の必要は、ゲマインデの自立性がプロイセンより強かった他のドイツの諸領邦にも見られた傾向であった（Harnisch, Hartmut［1989］pp. 216–217; Troßbach/Zimmermann［2006］pp. 134–137; Iida, Takashi［2019］）。

国家がいちはやく救貧に乗り出さざるを得なかった原因は、村落救貧の脆弱性のみならず、そもそも家族・親族の救貧機能が不安定であったことにもあった。プロイセンでは、いったん出身農場を離れ、小屋住層として生活していた人々が、困窮した場合に、出身農場に「避難所」を求められる保証はなかった。なぜなら、各農場（農家）を同一の家系が連綿と保有し続けることは必ずしも重視されず、農場はしばしば家系の外に移動してしまったからである。プロイセンでは農場不分割にもかかわらず、家産に対する個々の家族メンバーの権利が男女を問わず確立し、それが領主（裁判所）によって保証されていた。農場を相続せず、外に出ていく家族メンバーに対して相続分が支払えない場合、農場相続人は、その支払い能力のある「有能な」第三者に交代せざるを得なかった。つまり農場における家系の連続性を犠牲にして、個々の家族メンバーの財産権を優先する傾向が見られたのである。またプロイセンでは、夫婦関係を中心とした西洋家族的構造を基礎に、農場保有者夫婦の頻繁な再婚（夫婦関係の更新）を通じて、農場がしばしばヨコに移動し、必ずしも家系に沿ってタテに（世襲的に）継承されていったわけではなかった。そのため、いったん農場を離れた者が、血縁を頼って出身農場に戻るチャンスが失われることもしばしばだったのである。これに対し、日本や中国では土地財産は、家系の線に沿って、タテに伝わっていった。中国では、家産が個々の男子によって激しく分割されるなかで家々の超世代的な「結合関係」は維持できず、「個家エゴイズム」が現れてきた。だが、宗族の機能が強い地域や、比較的大規模な共有財産などを有する宗族などでは、困窮したメンバーの救済が存在したことも事実である。（寺田浩明［二〇一八］一一五～一一六）。

日本では、家系の連続（家系のなかでの土地財産の安定的な継承）がことのほか重視されたが、有賀喜左衛門は、その基本的な理由を、家が家族の生活保障をする単位であったことに求め、またそれは――ドイツとは異なり――社会政策が極度に貧弱だという政治的条件によるものだと述べている。その際、個々の家が孤立してメンバーの生活保障を実現しえたわけではなく、家が様々な連合体を組織してこの課題に当たったことを有賀は重視している（有賀喜左衛門［一九七〇］一三一～一三三頁、木下光生［二〇一七］、をも参照）。

だがそもそも、家系のなかでの土地財産の安定的な継承は、自然に実現したわけでは決してない。家系を人為的につないでいく必要がしばしば生じたのである。中国では、南方に多く見られる大規模な共有財産を有する宗族が、必ずしも純粋な血縁関係のみに基づくものであったわけではなく、人為的に作られた擬制的な血縁関係を含む場合も多かったという（陳鳳［二〇一七］）。日本では土地財産が一体性をもったまま一本の家系を伝わっていくことを原則としたが、その家系を継続するためには、様々な工夫が必要であった。これまで、本家を継続するために分家をつぶすパターン（岡田あおい［二〇〇六］二四二～二四三頁）や、本家とともに同族団を維持し、本家を支える家集団を構成するパターンなどが明らかにされてきたが（長谷部弘・高橋基泰・山内太編［二〇一二］四六三～六二一頁）、第六章（中西聡論文）はこれらの家の連合体に関する議論を発展させ、豪農層や地方資産家層の家について、兄弟の分家と婿養子の分家の双方を駆使して家連合を作り、家系の断絶に備えるほか、事情が許せば家業の拡大をはかっていくという行動パターンを極めて具体的に明らかにした。中国とは違って、男系の兄弟のみならず、婿養子にも財産を分与しつつ家連合を形成したところに、日本独自の「結合関係」が見て取れるだろう。

最後に佐野聖香によるコラムは、有力農民のもつ「高持本百姓意識」を基底に置く社会（第一章）や、恒常的な「自治」が弱いために、有力者による利益誘導がより強く求められる社会（第三章）とは違い、より多くの人々が合意形成に参与する社会の態様を論じたものである。その意味で、一九六〇年代の過疎化以後の弥栄（第四章）と共通する事例と言えよう。ブラジルにおけるCOPAVIという生産農業協同組合（一九九三年設立）では、共同作業に従事する者が昼食時間をともにすることを通して、日常的に開かれた形で連続的に議論し、価値観を共有している。こうした対話のなかで、個の利益追求だけでなく環境配慮・貧困削減・社会的弱者への支援などの「公益」を追究する価値観が育まれていることが明らかになった。

以上、本書では、人々の様々な「結合関係」に着目して、日本・中国・より広い世界の農村社会のありようを、比較的長い時間軸をとって、比較考察してきた。本書の試みが、従来の農村比較史の豊富かつ良質な蓄積に対し、少しでも新たな知見を付け加え得たか否かは、各々の読者の判断に委ねたい。

参考文献

日文

秋津元輝［一九九八］『農業生活とネットワーク――つきあいの視点から』御茶の水書房。

有賀喜左衛門［一九七〇］「家制度と社会福祉」『有賀喜左衛門著作集Ⅸ』未來社。

大石嘉一郎・西田美昭編著［一九九一］『近代日本の行政村――長野県埴科郡五加村の研究』日本経済評論社。

岡田あおい［二〇〇六］『近世村落社会の家と世帯継承――家族類型の変動と回帰』知泉書館。

戒能通孝［一九四三］『法律社会学の諸問題』日本評論社。

岸本美緒［二〇二一］『明末清初中国と東アジア近世』岩波書店。

木下光生［二〇一七］『貧困と自己責任の近世日本史』人文書院。

坂根嘉弘［一九九〇］『戦間期農地政策史研究』九州大学出版会。

――［二〇二四］『アジアのなかの日本――日本の農業集落と経済発展』清文堂出版。

庄司俊作［一九九一］『近代日本農村社会の展開――国家と農村』ミネルヴァ書房。

白川部達夫［一九九四］『日本近世の村と百姓的世界』校倉書房。

田原史起［二〇一九］『草の根の中国――村落ガバナンスと資源循環』東京大学出版会。

中国農村慣行調査刊行会編［一九五二］『中国農村慣行調査』第一巻、岩波書店。

――［一九五五］『中国農村慣行調査』第三巻、岩波書店。

陳鳳［二〇一七］『伝統的社会集団の歴史的変遷――中国山西省農村の「宗族」と「社」』御茶の水書房。

寺田浩明［二〇一八］『中国法制史』東京大学出版会。

長谷部弘・高橋基泰・山内太編［二〇〇二］『近世日本における市場経済化と共同性――近世上田領上塩尻村の総合研究Ⅱ』刀水書房。

福武直［一九五一］『中国農村社会の構造　増補版』有斐閣（初出は一九四六年刊）。

森武麿［二〇〇五］『戦間期の日本農村社会――農民運動と産業組合』日本経済評論社。

欧文

Harnisch, Hartmut [1989] "Die Landgemeinde in der Herrschaftsstruktur des feudalabsolutistischen Staates: Dargestellt am Beispiel von Brandenburg-Preußen," *Jahrbuch für Geschichte des Feudalismus*, 13, pp. 201–245.

Iida, Takashi [2019] "Coping with Poverty in Rural Brandenburg: The Role of Lords and State in the Late Eighteenth Century," Masayuki Tanimoto and R. Bin Wong (eds.), *Public Goods Provision in the Early Modern Economy: Comparative Perspectives from Japan, China, and Europe*, California: University of California Press, pp. 118–129.

Troßbach, Werner and Clemens Zimmermann [2006] *Die Geschichte des Dorfes: Von den Anfängen im Frankenreich zur bundesdeutschen Gegenwart*, Stuttgart: Eugen Ulmer.

Wunder, Heide [1996] "Agriculture and Agrarian Society," in Sheilagh Ogilvie (ed.), *Germany: A New Social and Economic History*, vol.2, 1630–1800, London: Arnold, pp. 63–99.

あとがき

これまで私自身は近現代日本の農村社会を対象とした事例研究を行ってきた。そもそも事例研究とは潜在的に比較史の要素を持つものである。先行研究が示した事例と比べながら自らの事例を位置づけ、提示するからである。それゆえ私自身は意識的に時代、地域、および狭義の学問領域をこえて事例研究を読み、論点をひき出す訓練を少しずつであっても続けている。こうした作業をもとに、たしかに単著や書評原稿において比較史ともいえそうな論点を萌芽的に示したことはある。しかし私個人の力ではこれ以上前進することができなかった。

こうしたなか、政治経済学・経済史学会春季学術大会（総合研究会）の組織者となる機会をいただき、迷うことなく国際的な村落比較研究をテーマに設定した。政治経済学・経済史学会研究委員会、なかでも高柳友彦氏、細谷亨氏、齋藤邦明氏からの的確な御助言を得つつ、報告者として河野正氏、相川陽一氏、コメンテーターとして飯田恭氏、松村圭一郎氏、司会者として沼尻晃伸氏、佐野聖香氏、大会記録者として出口雄大氏、鈴木智行氏にお願いし、大会を実現することができた。以下に大会報告の構成を示す。

「結合関係」の比較社会史（二〇二二年六月二五日・オンライン開催）
問題提起　坂口正彦
報告

一　坂口正彦「戦前日本地域社会の結合関係――町場の性格を持つムラの事例」
二　河野正「中華人民共和国初期、華北村落に見る人的結合の複層性――対策としてのむすびつき」
三　相川陽一「現代山村における集落自治の存在形態と存続条件――島根県浜田市弥栄町の事例から」
コメント
一　飯田恭「ヨーロッパ農村史から」
二　松村圭一郎「文化人類学（アフリカ農村）から」

次の目標は書籍化である。できる限り視野を広げ、分析を深めた上で書籍化することを目指した。学会報告から間を置かずに出版し得たかよりも、書籍それ自体が熟読に堪え得る分析視点と実証を備えたものであるかが重要であろうと考えたからである。

大会前の四回にわたる事前研究会の後半から、遠慮しつつも議論が行き詰った際に効果的な一言を発するなど、とりわけ期待と不安をこめて行く末を見守る人物の存在に気づいた。飯田恭氏である。飯田氏には、坂口から共編著者になっていただくことをお願いし、御承諾を得た。そのうえで坂口、飯田氏、河野正氏、相川陽一氏を実行委員とし、出版化を進めた。実行委員は視点と実証の充実のため中西聡氏、前野清太朗氏、佐野聖香氏に執筆者となっていただくことをお願いし、御快諾を得た。

共同研究だからこそ、また比較史だからこそ、どの学問領域でも通用する言葉でまとまった序章・終章を提示したい。この方針に基づいて、実行委員は序章・終章の検討を開始した。たしかに原案作成を担当した関係で序章・終章とも坂口が筆頭著者となっている。しかし、この序章・終章は文字通り共同で築いたものであり、序章では飯田氏、終章では全体として飯田氏、中国華北については河野氏による少なからぬ加筆がなされている。三者は幾度も原稿を交換した。序章・終章という骨組みの部分を議論しながら共同で完成したことを個人的には喜ばしく思う部分があるが、やはり本書の最終的な評価は読者に委ねられるべきである。

「コロナ禍」であったがゆえのエピソードを添えさせていただく。そもそも実行委員四人（前述の飯田氏、河野氏、相川氏、坂口）は互いに面識がなかった。坂口がそれぞれの論稿を拝読し、「この人なら」と大会報告者・コメンテーターとして登壇をお願いした方々だからである。オンラインで実施された学会報告の九ケ月後（二〇二三年三月二〇日）、公益財団法人東洋文庫にて四人が初めて対面し、「序章・終章検討会」を開いた。気まずさはなかった。むしろ運命づけられていたかのように熱く共同体論を語り合った。学問における共同の一形態を経験し、うれしさがこみ上げた。

最後に、出版を引き受けていただいた日本経済評論社の柿﨑均社長、幾度も重要なアドバイスをいただいた出版部の新井由紀子氏、宮川英一氏に感謝申し上げる。

本書は、科学研究費補助金・研究成果公開促進費（学術図書　課題番号二四ＨＰ五〇六七）を得て刊行されたものである。

二〇二四年一〇月

坂口正彦

相川陽一（あいかわ・よういち）　第４章

長野大学環境ツーリズム学部教授
1977年生まれ
一橋大学大学院社会学研究科総合社会科学研究専攻博士後期課程単位修得退学、博士（社会学）
主な業績：「三里塚闘争における主体形成と地域変容」（『国立歴史民俗博物館研究報告』第216集、2019年）。
「地方都市における自主上映者の肖像――長野県松本市における映画上映運動の個人資料を手がかりにして」（『社会運動史研究３（メディアがひらく運動史）』新曜社、2021年）。

中西　聡（なかにし・さとる）　第６章

慶應義塾大学経済学部教授
1962年生まれ
東京大学大学院経済学研究科博士課程単位取得退学、博士（経済学）
主な業績：『海の富豪の資本主義――北前船と日本の産業化』名古屋大学出版会、2009年。
『資産家資本主義の生成――近代日本の資本市場と金融』慶應義塾大学出版会、2019年。

佐野聖香（さの・さやか）　コラム

立命館大学経済学部教授
1978年生まれ
立命館大学大学院経済学研究科博士後期課程修了、博士（経済学）
主な業績：「ブラジルにおける大豆生産と契約栽培――ルッカスドリオベルジ市の事例研究」（『アジア経済』第56巻第４号、2015年）。
「新興国ブラジルの農業・食料分野にみられるリスクとその対応」（『国際経済』第75号、2023年）。

執筆者紹介

坂口正彦（さかぐち・まさひこ）　序章、第１章、終章

大阪商業大学経済学部准教授
1978年生まれ
国学院大学大学院文学研究科日本史学専攻博士課程後期修了、博士（歴史学）
主な業績：『近現代日本の村と政策――長野県下伊那地方　1910〜60年代』日本経済評論社、2014年。
「戦時山村の移動と家族経営――徳島県名西郡上分上山村を事例に」（『歴史と経済』第256号、2022年）。

飯田　恭（いいだ・たかし）　序章、第５章、終章

慶應義塾大学経済学部教授
1967年生まれ
東京大学大学院経済学研究科経済史学専攻第二種博士課程修了、博士（経済学）
主な業績：*Ruppiner Bauernleben 1648–1806: Sozial- und wirtschaftsgeschichtliche Untersuchungen einer ländlichen Gegend Ostelbiens* (Berlin: Lukas Verlag, 2010).
『農場と森林のプロイセン史――16〜19世紀の御領地・御領林経営』慶應義塾大学出版会、2022年。

河野　正（こうの・ただし）　第２章、終章

国士舘大学21世紀アジア学部講師
1982年生まれ
東京大学大学院人文社会系研究科アジア文化研究専攻博士課程修了、博士（文学）
主な業績：『タバコ産業の政治経済学――世界的展開と中国の現状』昭和堂、2021年（共著）。
『村と権力――中華人民共和国初期、華北農村の村落再編』晃洋書房、2023年。

前野清太朗（まえの・せいたろう）　第３章

金沢大学人間社会研究域附属グローバル文化・社会研究センター特任助教
1987年生まれ
東京大学大学院農学生命科学研究科農学国際専攻博士課程修了、博士（農学）
主な業績："The Reproduction and Inter-Generational Aspects of Jia: Case Studies from a Hoklo Village in Southwestern Taiwan," *Taiwan Journal of Anthropology*, 17(1), 2019.
『「現代村落」のエスノグラフィ――台湾における「つながり」と村落の再構成』晃洋書房、2024年。

農村における結合関係の比較史
――日本・中国・より広い世界

2025年1月31日　第1刷発行

編著者　坂口　正彦
　　　　飯田　恭

発行者　柿﨑　均

発行所　株式会社　日本経済評論社
〒101-0062　東京都千代田区神田駿河台1-7-7
電話 03-5577-7286　FAX 03-5577-2803
URL：http://www.nikkeihyo.co.jp/

印刷：藤原印刷株式会社／製本：誠製本株式会社
装幀：渡辺美知子

乱丁・落丁本はお取り替えいたします。　Printed in Japan
価格はカバーに表示しています。

ISBN978-4-8188-2674-8